走进**稻城** 最后的香格里拉

寻访千碉古国美人谷**丹巴**

感受**木里**浑金璞玉的遗世之美

徒步行走**中甸** 千年茶马古道

品味**丽江** 慵懒古城时光

昌都 神秘而深邃的探险气质

大香格里拉

足以让你一生向往的**美景天堂**

BOOK

广东旅游出版社
GUANGDONG TRAVEL AND TOURISM PRESS

大香格里拉

Grand Shangri-La

·张广夏 / 著

走甘孜（四川）

进迪庆（云南）

入昌都（西藏）

寻找消失的地平线

（修订版）

图书在版编目(CIP)数据

大香格里拉：寻找消失的地平线 / 张广夏著. - 2 版

广州：广东旅游出版社，2009.1

ISBN 978-7-80653-879-1

Ⅰ.大… Ⅱ.张… Ⅲ.旅游指南—西南地区

Ⅳ.K928.97

中国版本图书馆CIP数据核字（2008）第167035号

图片摄影：张广夏　徐志荣　韦国栋　程树民　苏晓宁　沈绍柱

出版发行：广东旅游出版社出版发行

（广州市中山一路30号之一　邮编：510600）

邮购电话：020-87348243

广东旅游出版社图书网

www.tourpress.cn

印刷：深圳市希望印务有限公司

（深圳坂田吉华路505号大丹工业园二楼）

开本：889毫米×1092毫米　　24开

印张：10印张

字数：130千字

版次：2012年10月第2版第2次印刷

定价：40.00元

本书如有错页倒装等质量问题，请直接与印刷厂联系换书。

本书所提供的地图仅为旅游示意图，不作区分界线之用。

CONTENTS

滇西北篇——秘境"香格里拉"

4

前　言

旅行是一次心灵的放飞，是一段生活在别处的经历。别处意味着别样的风景、别致的风情和别具一格的故事，吸引着充满好奇心和求知欲的人们。好奇心和求知欲是人类生命的本质，其中潜藏着探索未知物质世界和精神世界的诉求。流水不腐，户枢不蠹。人总是不断追究未知神秘的谜底，永无餍足；而神秘一旦被洞悉，便又会竭力探索新的神秘，直到耗尽一生的精力。对于生活在钢筋水泥城市中的我们来说，身处的环境和生存的压力使我们厌倦，总是想出去走走，换换空气。于是，"到远方去"、"到别处去"成了我们的口号，行动主义者开始背上行囊，抛开一切，去一个没有去过的地方。

而西部，总是那个让我们眺望和向往的地方。

如果说西部地区是国内旅游的皇冠，那么横断山脉的川滇藏大香格里拉区域就是皇冠上的一颗明珠。那里不仅有美丽原始的峻山碧水，更有不为人熟知的奇风异俗。那里与我们是同一片天，而风土人情却是那么独特，仿佛在另一个世界。在笔者独行走遍中国的经历中，大香格里拉是最钟情的地区之一。那里有蔚蓝如洗的天空、清纯新鲜的空气、雄伟峻峭的高山、毫无污染的甘泉，还有热情善良的西部人民，令我一而再、再而三地前往，并且常常是乐而忘返。正是因为那里体验的多样性和丰富性，就像一个强大的磁场，吸引着许许多多热爱大自然、追寻淳朴民风的人们。在叹服山区人民顽强的生命力的同时，我也深切感受到他们那份无奈的随遇而安。

横断山脉地区的高山急流阻隔了当地人与外界的交流，但同时也挡住了外界"病毒"的入侵，保留了千百年来沉淀下来的传统文化、生活习俗和生存理念。恶劣的自然生存环境并没有摧毁当地人的意志，他们不怨天尤人，世世代代简单而又和谐地生活着。比起许多城市人来说，他们的精神世界却更充实、更富有，因而他们活得真实。由此看来，封闭和隔绝在某种意义上来说并不是一件坏事，至少，那里有很多我们在一路奔跑中遗落下来的宝贵东西。

"怀着谦卑的态度接近新地方，对有趣的东西不带成见，严守让自己开心同时也让别人开心的旅行者义务，敏锐地感受被覆盖在风景之下的层层历史。"这是被洋驴（即外国背包客）奉为旅游"圣经"的《Lonely Planet》中的一段话，也是我多年独自行走所奉行的原则。旅行中我不仅仅"感受被覆盖在风景之下的层层历史",更重要的是去感受人生,感悟怎样活比活着更重要的哲理。

"美景可以用双脚去找寻,用双眼去发现,美却无处不在,需要用心灵去感受。"这是我多年前写下的一句话。来吧,让我们都带上心灵去放飞,去大香格里拉感受吧!

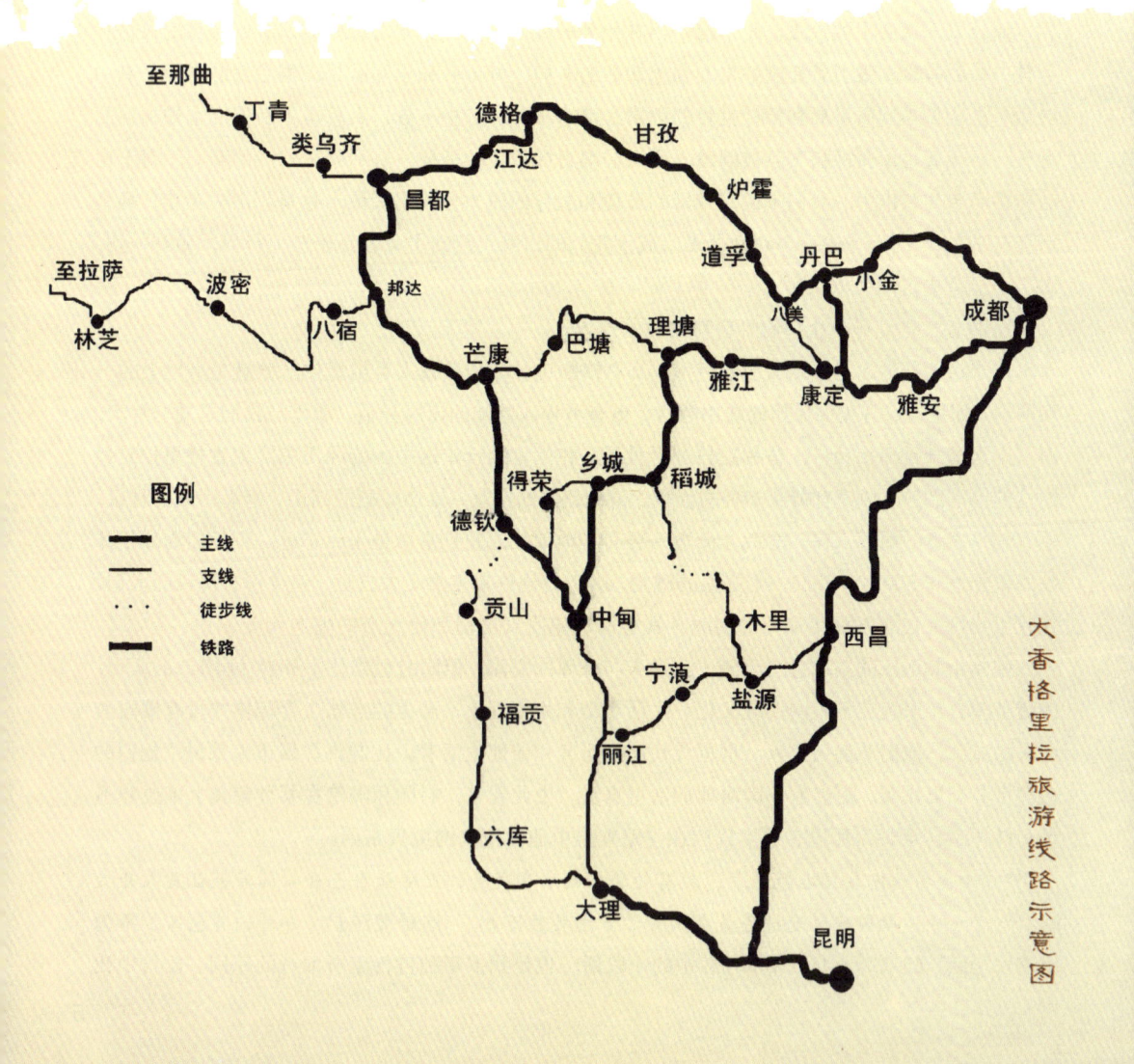

说明

本线路示意图是作者多年来数次实地考察所得，自助游者和自驾游者可根据自己的假期时间长短、喜好、能力等情况灵活选择景点，自行设计出适合自己的线路。

起点选择在成都和昆明比较方便。其次是拉萨和昌都、中甸（香格里拉）、丽江、西昌等地，这几个地方都有支线飞机到达。

试以成都出发为例：成都—四姑娘山（日隆）—小金—丹巴—康定—新都桥—雅江—理塘—稻城—乡城—中甸—德钦—盐井—芒康—邦达—昌都—江达—德格—甘孜—炉霍—道孚—八美—塔公—康定—泸定—雅安—成都。这样走了一个平放的8字，以康定作为中间的交叉点，线路没有重复，以最短的路程看最多的景点，性价比最高，沿途坐班车的话，包括吃住3000多元人民币就可以走完这三省（自治区）的黄金8字线，时间30~40天（时间和花钱因人而异，仅供参考）。也可从中甸向东南：中甸—丽江—宁蒗—泸沽湖—盐源—木里—盐源—西昌—成都（或昆明）。从芒康向东可到巴塘—理塘，向西可到八宿—然乌—波密—林芝—拉萨。

成都（或昆明）—西昌—盐源—木里是一条很好的支线，条件虽然艰苦些，但正因如此才能亲历常人无法接触到的独特风土人情。在下文《木里》一章中有详细介绍。

昆明—大理—六库—片马—六库—福贡—贡山—丙中洛（或独龙江）是一条支线，进了贡山后除非徒步去西藏或德钦，否则得原路返回。

行者无疆，路在脚下。没有飞机就坐火车，没有火车就坐汽车，没有汽车就徒步。这样，每个人都可以按自己的实际情况来选择设计，就有无数条个性化的旅行线路，"一人有一个梦想"，百人有百条线路。正因如此，本书就不依照某一具体线路的顺序作介绍，而是按三个省（自治区）各自为篇，章和节都尽量用地名或景点名作小标题，并且都附有示意图，使读者可以在目录中方便地查找到相关的内容。

引子
寻找"香格里拉"

　　1933年，英国作家詹姆斯·希尔顿发表了惊世之作——小说《消失的地平线》，书中描述英国外交官康威、马林森，美国人巴纳德和传教士布琳克洛乘坐的飞机迫降在一个神秘的峡谷中。这是一个和平、安宁、永恒的地方，这里有漫无边际的花海，有辽阔的茵茵草原，有白雪皑皑的山峰，有峻峭奇险的峡谷，有金碧辉煌而又充满神秘感的庙宇，还有淳朴善良的人民，他们不分种族、不分性别，奉行适度的原则，过着和谐、宁静、知足的生活。在这片遗世净土中没有战争、没有罪恶、没有教派和领土纷争，各种民族文明与信仰和平共存，美妙的音乐在清新的空气中飘荡。人到了这里，灵魂就会得到净化，生命就可以达到永恒。作者告诉人们：这个神奇、美丽、圣洁的地方叫香格里拉，是人类一切美好理想的归宿。书中创造了一个风靡世界的词：香格里拉。以至于很多国家、地区（如克什米尔的拉达克，尼泊尔、不丹、巴基斯坦的Hunza山谷等）和我国多省、区争认"香格里拉"所在地，甚至有人说"香格里拉"就是藏族史籍描述的"香巴拉"。拥川派认为：希尔顿根据美籍地理学博士约瑟夫·爱佛·洛克在中国西南地区特别是三次走进木里、稻城所走的线路和发表在美国《国家地理》杂志的考察报告，创作了小说《消失的地平线》；拥滇派坚称：希尔顿是根据法国女旅行家亚历山德莉娅·大卫·妮尔《一个巴黎女子拉萨历险记》或刘曼卿的《康藏轺征》创作了《消失的地平线》，迪庆藏语"心中的日月"与Shangrila（其实应为Shangri-La）发音非常接近；拥藏派的说法是：书中说的是在西藏边缘某个不为人知的地方，当然是西藏最正宗！

　　撇开哪个地方更像小说描写的香格里拉的争论，我国川、滇、藏交界的横断山脉地区确实是旅游界公认的黄金地带。高山急流的阻隔，使这片地区保留、沉淀了外界早已消失了的生活理念、风俗习惯和生存方式，保留了原始质朴、少有人工雕琢的自然风光，是一个尚未被外人熟悉的美好世界。于是就有了"大香格里拉"的概念：从地理位置看，它西至西藏的林芝地区；东至四川的泸定，还包括岷江的上游；北至四川若尔盖、石渠，包括青海果洛州及甘肃最南端一部分；南到云南丽江一线。若用经纬度来表示，则是东经94~102°，北纬26~34°围成的一个大致区域。

　　这是一块真正的净土……

川西篇

遗世『香格里拉』

是梦幻的天堂

还是人间的仙境

或者，是很多年以来

一个关于乡村记忆的

遥远而芳香的画面

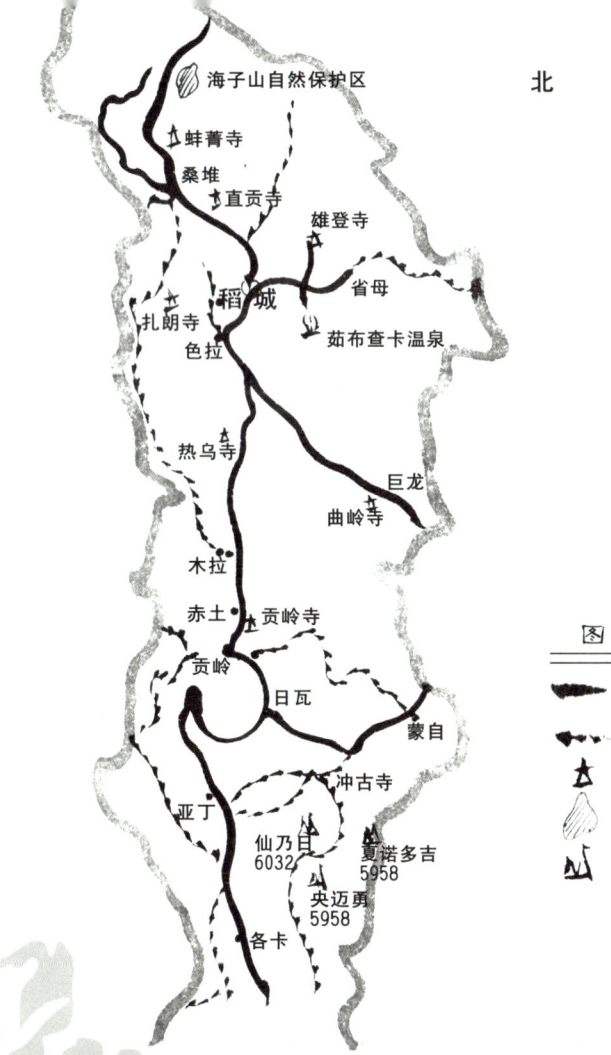

稻城旅游示意图

北

海子山自然保护区
蚌菁寺
桑堆 直贡寺
雄登寺
省母
稻城
扎朗寺
色拉
茹布查卡温泉
热乌寺
巨龙
曲岭寺
木拉
赤土 贡岭寺
贡岭
日瓦
蒙自
亚丁
冲古寺
仙乃日
6032
夏诺多吉
5958
央迈勇
5958
各卡

图 例

━━ 公路
┅┅ 驿道
⛰ 寺庙
〰 湖泊
⛰ 山峰

稻城

——"最后的香格里拉"

仙乃日如白莲初开

央迈勇挺拔峻峭

夏诺多吉犬牙交错

三座纤尘不染的雪山巍峨耸立

这——是上天给人类的最佳馈赠

"香巴拉" 四姑娘山

20世纪末，我打听到一个叫"稻城"的地方被称为"最后的香格里拉"。那里风景原始质朴、丰富多彩，号称"大自然的调色板"。于是匆匆收拾了点行李便赶到机场。

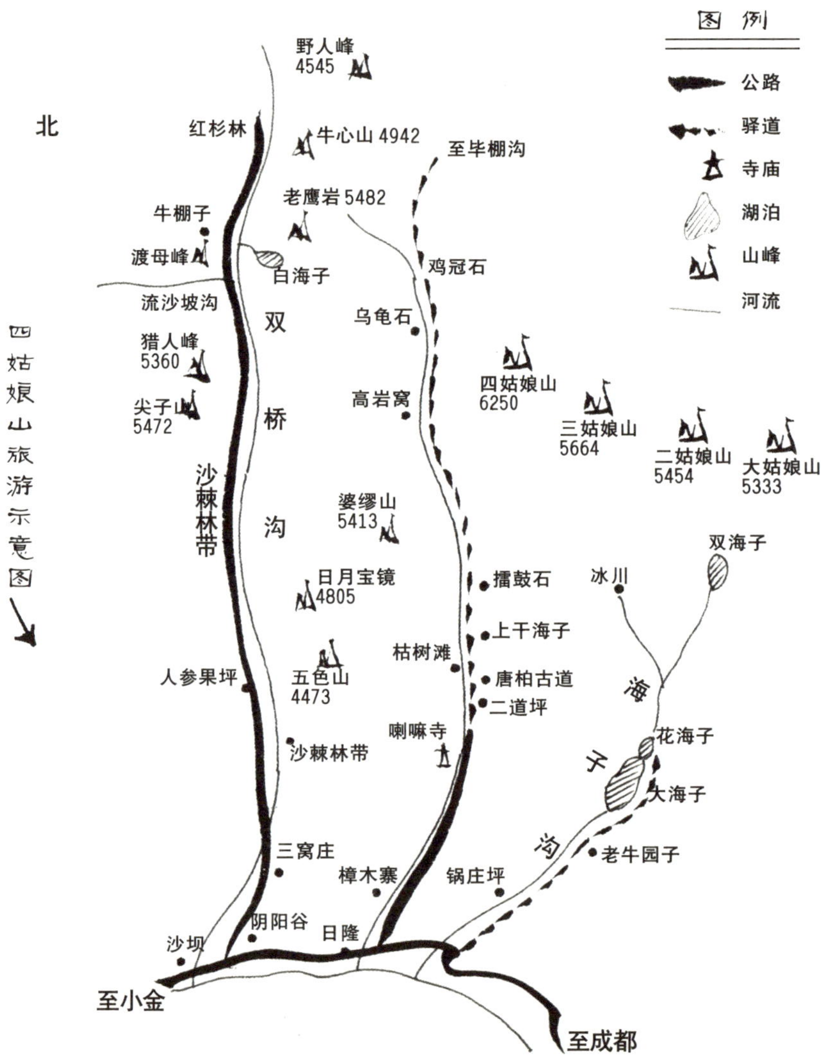

北

四姑娘山旅游示意图

图例

公路
驿道
寺庙
湖泊
山峰
河流

野人峰 4545
红杉林
牛心山 4942
至毕棚沟
牛棚子
老鹰岩 5482
渡母峰
白海子
鸡冠石
流沙坡沟
乌龟石
猎人峰 5360
尖子 5472
双桥沟
高岩窝
四姑娘山 6250
三姑娘山 5664
二姑娘山 5454
大姑娘山 5333
沙棘林带
沙棘林沟
婆缪山 5413
双海子
冰川
日月宝镜 4805
擂鼓石
上干海子
枯树滩
唐柏古道
人参果坪
五色山 4473
二道坪
海子沟
花海子
喇嘛寺
大海子
沙棘林带
三窝庄
樟木寨
锅庄坪
老牛园子
阴阳谷
日隆
沙坝
至小金
至成都

遗世「香格里拉」

3

四座雪山一字儿排开，紧紧相依而雪线永不相连。

乘飞机到达成都时天色已晚。辗转到了西门车站，车站已是人去门关。我找到旁边一间像是值班室的房子，见里边有几个大汉脸红红地正围在一起吃他们的四川火锅。我叫句"师傅"问声"好"："请问明天几点钟有班车到四姑娘山？"

"明早六点半来吧。"声音中夹带着酒味。

这么早就要赶车，只得在车站附近的酒店住下了。

打个电话给1993年游九寨沟时认识的成都朋友，问清了一些四姑娘山的情况：到小金每天只有清晨发的一班车，想睡懒觉迟点起床是不可能的了，除非花高价包车。可人少包车划不来啊，我又不是钱多到塞坏了脑。

到四姑娘山应在还未到小金县城的日隆下车，可票还是要买到小金的全价。

过都江堰、经卧龙、翻越海拔4000多米的巴郎山，到达日隆已是下午时分。我立即包了一部小面包车进

破败的喇嘛寺，墙身一角仍然倔强地指向天空，是否在诉说沧桑？

4

四姑娘山长坪沟雪山下的枯树滩，有一种难以言说的原始之美。

枯树滩里，一群牛在美景中悠闲地休憩。

双桥沟。

游四姑娘山风景区有三条沟：双桥沟、长坪沟、海子沟。只有双桥沟可全程坐车进去，其余两条沟要徒步或骑马进去。四姑娘山既是国家级风景区又是国家级自然保护区，位于青藏高原东部边缘、横断山脉北段向四川盆地过渡的地带上。主峰四姑娘峰海拔6250米，为邛崃山脉最高峰，与紧紧相连的三姑娘峰、二姑娘峰、大姑娘峰终年银装素裹，雪线却又互不相连。四座海拔5000米以上的雪峰如同四位头披白纱、身穿白衣的仙女亭亭玉立于蓝天绿地间，给人一种圣洁、高贵和美艳的震撼。

双桥沟全长34.8公里，景点主要有阴阳谷、杨柳桥、三锅庄、白杨林带、日月宝镜山、五色山、人参果坪、沙棘林、撵鱼坝、尖山子、阿妣山、野人峰、猎人峰、犀牛望月、企鹅嘴、牛心山、牛棚子草坪、长河坝、九架海、万年雪塘等。游双桥沟比较舒服，有新修的公路直通沟底。沟里分布着草甸、森林、民居、雪山、蓝天、白云，游人只恨两只眼睛不够用。长坪沟全长29公里，四姑娘山就坐落在沟内16公里处。四座高昂着头的雪峰呈南北向有序排列，沟内古木参天，莽莽苍苍，显现出一种原始粗犷的自然之美。特别是已倒塌荒废的喇嘛寺，墙身一角仍倔强地高昂着头，与远处洁白的雪峰形成强烈的对比，相得益彰。下了坡再往前走，眼前出现了一个绿色的草坪。清清的溪流包围着大大小小的鹅卵石滩，一大片枯树立在其中，三五成群的牦牛悠闲地徜徉河畔，显得那么安逸，那么与世无争。沟内景点主要有藏寨、喇嘛寺、唐柏古道、枯树滩、干海子、擂鼓石、两河口、婆缪山、虫虫脚瀑布、鸡冠石等。深入长坪沟只能徒步或骑马，虽然有点艰苦，但美景当前——春有山花，夏有翠柏，秋有赤桦，冬有清溪在枯树林中悦耳地哗哗流过，也是乐在其中。

海子沟全长19.2公里，有花海子、大海子、蓝海、黄海、白海等十余个美丽的高山湖泊，属于第四纪古冰川退缩后所形成的冰碛堰塞湖和冰斗湖。海子沟是最漂亮的一条沟，与其余两沟景色完全不一样。前半段（锅庄坪、朝山坪）以高山草甸为主，是欣赏拍摄四姑娘山的最佳地方。每年农历五月初五，当地藏民都要在此面对四姑娘山举行隆重的朝山仪式。海子沟的后半段主要以海子为主，但由于距离太长，有海子的地方海拔太高（4200米左右），一般游人到不了。位于海子沟18公里处的花海子是沟内最大的一个海子，湖水清澈见底，无鳞鱼游弋其中，湖面野鸭成群，香獐、扭角羚等珍稀动物常到湖边饮水，湖周绿草野花遍地，一派"香巴拉"极乐世界景色。"香巴拉"藏语含意是"神仙居住的地方"，引申为"令人向往的美好地方"、"遗世净土"也可以。何以这种地方都深藏在常人难到之处？真的要先苦其心志、劳其筋骨才能寻到吗？

实用资讯

（本书资讯截至2007年底）

成都到日隆260公里左右，全程柏油路。坐成都到小金方向的长途班车在日隆镇下车，茶店子车站（原"西门车站"搬迁后改名为"茶店子车站"，电话：028-87506610）6:30发车。票价60元/人左右。日隆镇家庭旅馆20~30元/人，没有卫生间。日隆镇海拔约3200米，昼夜温差很大，记得带御寒衣物、防晒用品。

淡季（12月1日~次年3月31日）门票：双桥沟50元/人，观光车60元/人；长坪沟50元/人，观光车20元/人；海子沟40元/人。

旺季（4月1日~11月30日）门票：双桥沟80元/人，观光车80元/人；长坪沟70元/人，观光车40元/人；海子沟60元/人。

穿越大渡河峡谷

　　班车到丹巴后已是中午，再也没有班车到康定。我见路边停了一部农夫车，于是找到司机，拿出地图、纸和笔，通过听懂一半、另一半靠猜的交流，终于弄清楚顺着大渡河有一条可走小型车的小路到康定，不过路上有个叫"亚堡"的地方塌方了。先坐农夫车到亚堡，然后下车徒步翻过塌下来的山石，那边就有车接到孔玉。到孔玉再转车到姑咱，到姑咱后就有很多车到康定了，包括出租车，路也很好。在咨询过多个当地人证实可以这样走后，我跟那个腰挂藏刀的农夫车司机讲好价钱，上了这部可载5人的双排座客货两用车。谁知司机却塞了七八个人才肯走，让我深刻体会了沙丁鱼罐头里面的情形。

　　车终于开了，开上了凹凸不平的土石路，开始了穿越大渡河峡谷的艰苦旅程。

　　大渡河大峡谷北起丹巴县城，南至康定姑咱，全长约108公里，最大高差竟达2600多米。大渡河河水湍急，乱石又多，所以整条河不见一艘船；两岸绝壁相连，如同刀劈斧砍。大渡河是岷江水系最大的支流，三个源头

神秘的夕阳照在大渡河峡谷谜一样的大山上

都发源于四川、青海交界的雪山草原。大渡河上游为大金川、小金川，在章谷镇北三岔河口汇流，始称大渡河。据传女人在汇流处沐浴，可求子保胎；婴儿用此处的水洗澡，可变得强壮、聪慧；当地人要出远门或身体不适时，都要到此洗浴，以求平安吉祥。

　　满脸大胡子的司机老是放那首"我要走出大山，去看外面的世界"的歌。可我面前除了大山还是大山，怎么也看不到外面的世界。

　　车开着开着，过了一座吊桥开到了河的对岸。我发现方向不对，忙问大胡子司机："怎么要开回去？"大胡子狡猾地嘿嘿一笑，狠狠地说："就是要送你回去！"

遗世『香格里拉』

我吓出了一身冷汗，手指扣紧车门的开关，随时准备跳车。总不能坐以待毙吧？

人在陌生的环境里神经总是绷得特别紧，可有时是反应过度。

原来这个司机大佬只是载几个客到一条小山村，然后再折回原路。刚才只不过是跟我开了个玩笑罢了。

我长出了一口气。心中在暗骂这个不适时宜的"幽默"家伙，也笑自己的神经过敏。

在拥挤、颠簸、灰尘和烈日的夹攻下，好不容易才捱到亚堡。

下车一看，前面是一大堆白色的乱石盖住了路，一直泻到大渡河中。

我试探着手脚并用、心惊胆战地爬过挡道的石堆。真不敢想象如果踩上了一块松动的石块而摔到汹涌的河里会是怎样的结果。

一帮修路工人正在路边休息。据他们说会有最后一班私营中巴来载客到18公里以外的孔玉乡，只有到孔玉才有住店。

徒步18公里起码要4小时，正好天黑时可以到孔玉。我作了万一车不来的最坏打算，背起背囊就往孔玉走。反正一边是高山一边是大渡河，路只有一条，车来了我肯定看得见。

顶着烈日走了一两公里，我觉得实在是太热了，于是停下来脱衣服。正在此时，中巴迎面开来。又再过了一个多钟头才见中巴开回来，大概是在塌方处等够了客才开吧。

一脸土一头尘地赶到孔玉已近傍晚。这是一条沿山路建起二三十间房子的小山村，楼高全不超过两层。没有车冉肯往前走了。我只好找了家私人旅店住下，几元钱一张床，还有一部14英寸的黑白电视机。吃过饭，按饭店老板的指点我找到5元钱洗一次澡的地方。澡堂老板正在起劲地打扑克牌，显然是专为一人烧水划不来，而且不及打牌吸引力大。我洗个澡的希望破灭了。

孔玉到姑咱的路也是极差，中巴摇摇晃晃地跳着有气无力的慢板"的士高"，约3个小时才到了姑咱镇。

姑咱镇比孔玉相对来说"繁荣"一点，起码街上能见到出租小车。到康定的路也很好走，加上山区的司机轻车熟路开得快，所以时间不长就到了康定车站。

我看过到理塘、稻城班车的时刻表，两班都是清晨发车。下午是不可能再赶路了，那就在康定逛半天吧。

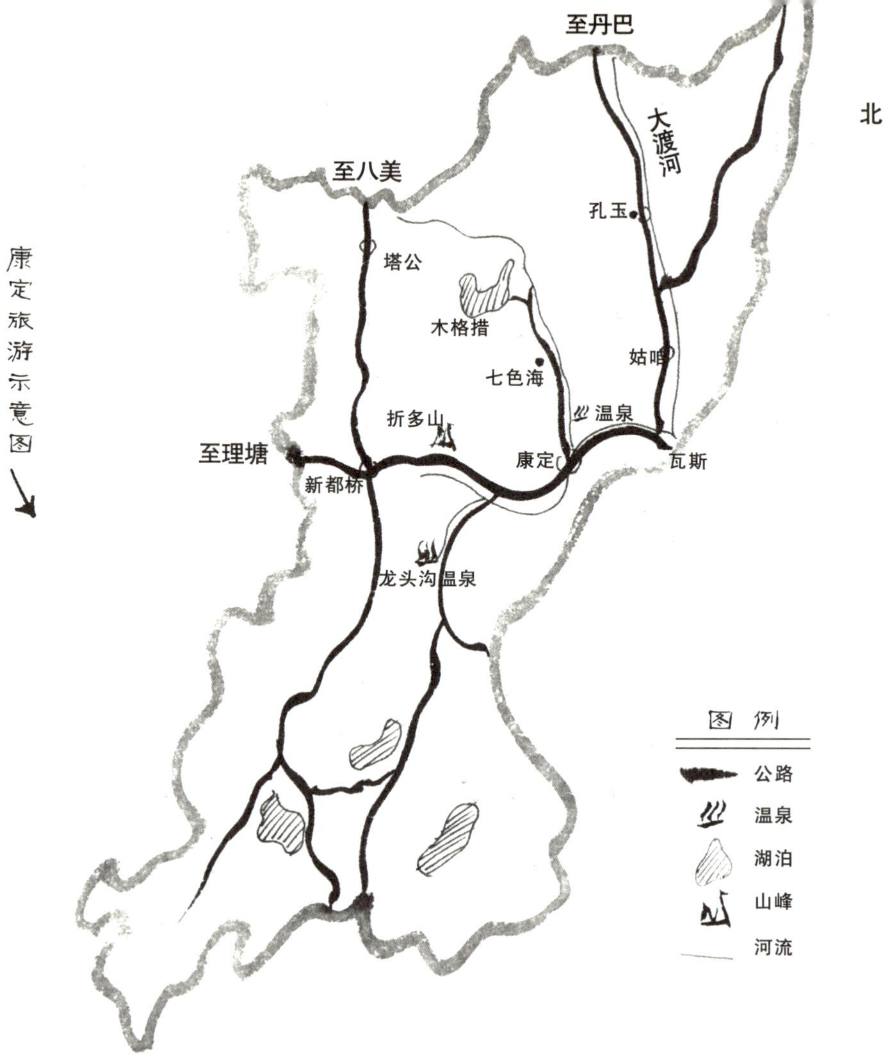

至丹巴

大渡河

至八美

孔玉

塔公

木格措

姑咱

七色海

折多山

温泉

至理塘

康定

瓦斯

新都桥

龙头沟温泉

康定旅游示意图

公路

温泉

湖泊

山峰

河流

遗世『香格里拉』

康定——一朵溜溜的云

　　康定城坐落在大渡河支流折多河和雅拉河汇合处的贡嘎山北端的跑马山山麓，海拔2616米，古称"打箭炉"，自古以来就是康巴地区的政治、文化中心，也是汉藏茶马互市的中心。离县城比较近且有名气的地方有两个，一个是因《康定情歌》而名扬四海的跑马山，另一个是高原湖泊木格错。

　　"跑马溜溜的山上，一朵溜溜的云哟，端端溜溜的照在，康定溜溜的城哟……"

一首旋律优美流畅、简单易学，而内容又是追求永恒的爱情自由的歌曲当然有理由流行全球。据说20世纪90年代，美国宇航局为了到宇宙空间寻找人类的知音，曾在发射的一颗人造卫星上录制了地球上各种动物和人类的声音，在全球范围内选录了10首最具代表性的歌曲，其中我国唯一的一首就是《康定情歌》。从此，《康定情歌》不仅令地球人耳熟能详，说不准哪一天外星人也哼着"跑马溜溜的山上"驾着"溜溜的云"溜来地球和我们打招呼呢！

一首《康定情歌》唱红了康定，连带着也红了跑马山。

跑马山原名"拉姆则"，藏语意为"美丽的神女"，是藏族著名神山之一。相传公元8世纪70年代，印度高僧莲花生大师派弟子碧如扎拉来此传教送经，见此山怪石嶙峋，山下洞穿深谷，实在是秀雅怡神，故写《拉姆则》一书赞颂，从此"拉姆则"之名流传。后因明正土司每年农历五月十三日在山腰占地祭祀山神，并举行赛马会，参赛前几名者获得分量不同的奖品，一年一度的跑马赛延续到民国初年，民间便称此山为"跑马山"并流传至今。

跑马山在康定城南。由于山顶开阔平缓，森林茂密，故成为当地藏族同胞休憩游玩的好场所。每年农历四月初八，为纪念佛主释迦牟尼的诞辰，佛门弟子要念"哑巴经"，用鲜花和净水洒向佛像，以食物供奉坐禅的喇嘛，表达自己信佛的一片诚意，这一天的"转山会"遂成为康定人民一年一度最为盛大隆重的民族传统节日。

"木格错"，藏语意为"野人海"。位于康定县北部雅拉乡境内，距县城26公里。景区由七色海、药池沸泉、杜鹃沟、木格错、红海、黑海、白海、无名峰等一系列景点组成，景区面积500平方公里。木格错是川西北最大的高山湖泊，湖面面积4平

高山湖泊木格错，有着与海边一样的沙滩，这的确罕见

方公里，最深处达 70 米。

　　七色海是一处高原湖泊与温泉交融的"海子"，湖泊一角有大流量的温泉水涌出与湖水相融，湖水随光线及天气的变化而出现不同的色调，因而得名。七色海距木格错 6 公里，是去木格错的必经之道。湖边植物茂盛，野花遍地，湖面轻烟似的水雾袅袅，更增添一种仙境的神秘感。

　　杜鹃沟从沟的下游到木格错直线水平距离仅 5 公里，但落差竟达 700 米，自然形成了 8 公里的叠瀑，十分壮观。瀑布两边冷杉林和杜鹃林交混，每到夏季，整条杜鹃沟从低到高按海拔依次开遍各色杜鹃，沟谷至湖边变成一片花的海洋。杜鹃花枝俏皮地把"手"伸向瀑布，惹得多情的水花不停地拍打，来回摇曳，似是向游人招手。

山溪在秋林中奔涌，汇入神秘的野人海。

　　车至药池沸泉，天上下起了秋雨。我躲进泉眼边的亭子，见到有人在卖鸡蛋套餐：一个鸡蛋、一个纸杯加一条白色的小方巾。药池沸泉有泉眼数十个，水温高达 60~90℃，不同泉眼分别对治疗眼疾、胃病、风湿关节炎等各具特殊疗效。纸杯是给人装水喝的；方巾给人洗脸，据说可美容养颜；鸡蛋自然是放到温泉里浸熟来吃的了，这已是众多温泉景点的"指定项目"。药池附近不到半公里，还有一处杜鹃坪温泉，可供温泉浴。

　　雨点落到水面溅起朵朵雨花，热气腾腾的温泉水汽与丝丝细雨，再加上远山的云雾，构成一幅烟雨凄迷、空灵缥缈的水墨画，正是"山色空蒙雨亦奇"。

　　冒着雨，车开到路的尽头——木格错边的停车场。雨还是下个不停，另一部车上来后掉头就走了。我千里迢迢到来可不愿空手而归，我相信"坚持就是胜利"。奇迹往往是对坚持下来者的最好奖赏。

　　等了好一阵子，雨慢慢小了。我下车踩着满地落叶向木格错走去。

　　木格错景区植被极好，空气本来就很清新，现在刚下完雨，透明度就更高了，用

遗世『香格里拉』

只有高山湖上才能见到白云水上飘的奇景

"一尘不染"来形容一点也不为过。太阳静静地穿过厚厚的云层，悄悄地把暖暖的亮色抹在湿漉漉的五彩秋林里，抹在高原湖泊少有的沙滩以及木亭、经幡上。真是"山区的天，孩子的脸——说变就变"！我心中不禁喜出望外："雨后复斜阳，青山分外苍！"

这时，一种我调动全身的想象力细胞也想象不出来的绝美情景出现在我眼前：一朵白云在静静的湖面缓缓飘过，宛如凌波仙子披着轻纱在曼舞。

"梦中的香格里拉！"我惊得目瞪口呆。

"蓝蓝的天上白云飘"，这是老师从小就教导我们的。如果我在作文里写"白云在水面飘过"，相信和我同是低海拔地区长大的老师会给我一个"零分"。可现在是事实摆在我的面前，不由得我不信。为了确信出现在水面的是白云而不是轮船，我狂按着相机的快门，直到胶卷用完才惊觉：我忘了随身带着备用胶卷！

康定汽车站班次时刻表

次序	发车时间	发往地点及班数
1	6:00	成都六班(城北大巴车一班、豪华大巴车一班、高级大巴车一班、武侯祠一班、依维柯一班、中型客车一班)、自贡一班。
2	6:15	甘孜四班、稻城两至三班、石渠一班、道孚一班、新龙一班、得荣一班。
3	6:30	雅安二班、炉霍一班、西昌一班。
4	6:45	巴塘两至三班、炉霍一班、白玉一班、甘孜一班、汉源一班、九襄一班。
5	7:00	成都四班(城北中客一班、豪华大巴一班、高级大巴两班)、乐山一班、理塘四班、九龙一班。
6	7:15	炉霍一班、道孚一班、雅江一班、乡城一班、石棉一班。
7	7:30	理伍一班、德格一班。
8	8:00	丹巴一班、眉山一班、雅安一班。
9	9:00	邛崃一班、双流一班。
10	9:30	九襄一班、汉源一班。
11	10:30	雅安一班。
12	13:00	雅安一班。
13	15:00	石棉一班、雅安一班。

说明:以上各点班次全部为固定班次,未在表上体现的成都班次为滚动班次,滚动班次由康定站按滚动班次运作。

康定汽车站电话:0836-2822211;康定县旅游文化局电话:0836-2822928;甘孜州旅游局电话:0836-2835469。

康定是甘孜州的首府,县城海拔2616米,距省城成都328公里。去附近地区各个方向的长短途班车都有,交通便利。住宿的高、中、低档旅馆齐全。吃的更不用说了。

跑马山门票5元,乘索道缆车往返30元/人,约15分钟就可上到山顶。徒步上山约2小时。

木格错景区距县城康定26公里,海拔2900~3800米。门票35元,学生凭学生证28元,车辆门票60元/辆。租的士每辆150元包来回,租吉普车每辆200元/天,冬天有冰雪时路难走,要注意安全。

遗世「香格里拉」

理塘——高原反应与赛马节

由成都坐车去稻城,必然经过理塘。

理塘有"世界高城、草原明珠"的美誉,海拔4010米。藏语称理塘为"勒通","勒"意是铜镜,"通"为草坝,合起来意思就是:平坦纯净如铜镜般的草原。皆因境内有广袤无垠的毛垭大草原。理塘建于公元1278年，已有700多年的历史。自古以来，理塘就是四川连接西藏、云南的交通咽喉要地，是茶马古道上的重镇，商贾云集之地。理塘还是一个人杰地灵的"雪域圣地"，出过许多宗教界名人，如第七世、十世达赖喇嘛，第七、八、九、十世帕巴拉呼图克图；这里还是第五世嘉木祥呼图克图、外蒙古国师三世哲布尊丹巴，第一、二、三世香根活佛等高僧大德的故乡。活佛，藏语称为"朱古"，意思是化身、肉身。藏传佛教相信人的灵魂不灭，死后可转世为人、鬼、畜牲等，俗称"轮回"。活佛通过"转世"而产生的高级僧人，和普通到寺庙出家的僧人是不同的。当某位高级僧人逝世后，通过占卜降神等一系列宗教仪轨来确定一位新生婴儿为他的转生，由此代代相传，称为"几世某某"，这些转世而来的教派首领或寺主，汉语一般统称为"活佛"。活佛大致分为四个等级，最高位的活佛是达赖和班禅两大系统，下面还有呼图克图及巴克希（教师）。真是不明白这么缺氧的地方为何出了那么多聪明人，我就被这里的缺氧搞得头昏脑涨、思绪混乱。

吃晚饭的时候我遇见一个在广州市军体院毕业的成都人，现在理塘当武装部副部长。三四十岁头发就已花白了，让我亲眼见识了高原缺氧对一个低海拔地区来的人的摧残。到了晚上，

我的呼吸感到越来越困难，有一种快窒息的感觉。大脑缺少了养分，思维也有些混乱，老是觉得一闭上眼便不会再醒来。过了好长时间才想起这是高原反应。于是找出舒张血管的药吃了两次，慢慢地感到好一点才睡着了。

不知是药力还是心理作用，早上起来后就觉得好很多了。人适应了自然环境便可与之和谐相处。

每年的8月，理塘县都要在县城附近的草原上举行赛马节。从8月1日至8月10日，全理塘万人空巷，农牧民、机关干部、寺庙僧人等同庆这一节日。他们把白色绘花的帐篷搭在绿油油的草原上，几百上千顶的帐篷使草原变成一个帐篷城，蔚为壮观。这颇有地方特色的景观只能在牧区才能看得到，因为帐篷已经伴随着牧民们从古走到今，是他们生活中密不可分的部分。

赛马节的活动内容除了几千人参加比赛的赛马外，还有马术表演、跳锅庄和弦子舞、举办物资交易活动等。由于节日时间长、内容丰富多彩，所以成了当地人最高兴的日子，赛马节盛况空前，场面宏大，气氛热烈。

比赛开始，万马奔腾。草原上男子汉的阳刚之气尽情显现在马背上，妇女们则把柔情倾泻到锅庄和弦子舞中。康巴人热情奔放的形象和风采一览无余。

康巴汉子的阳刚之气在奔驰的马背上挥洒无遗

15

可与九寨沟相媲美的措普湖

巴塘措普湖

　　海拔3800米、面积约0.8平方公里的措普湖，位于甘孜州南部巴塘县茶洛乡境内，距县城105公里，离G318国道（川藏公路南线）15公里。景区由措普湖、措普沟、格洛温泉群等景点组成。

　　整个措普湖景区（又名措普沟景区）面积400平方公里，属寒温带湿润性高山复合带生态系统，湖周由茂密的高原云杉、冷杉、杜鹃树和灌丛草原环绕，从海拔3200~4500米的垂直范围内，分布有亚高山针叶林、高山栎林、高山灌丛草原和高山流石滩植被，植物群落带谱明显，森林茂密原始，生态完整。

← 措普沟草原在远处雪山的掩映之下

措普湖水质洁净，碧绿透明，完全可以与九寨沟媲美。湖中游鱼成群，历历在目，由于无人捕捉，会随当地人有节奏的呼唤声迅速聚集到湖边争抢食物。措普湖在挺拔的云杉、冷杉和多姿多彩的杜鹃林、灌丛草原包围下，与藏传佛教古寺措普寺、巍峨的扎金甲博神山组成一个人间仙境。

措普沟宽谷草原长达十多公里，夏秋两季草原遍地鲜花，如巨大的织锦彩缎铺在山沟。宽谷两岸杜鹃等山花烂漫，令人眼迷神醉。

在措普沟海拔 3400~3450 米之间的谷坡上，分布着我国西藏以东罕有的间歇温泉。温泉区面积 0.15 平方公里，其中有四处间歇喷泉最为壮观奇特，约每 16 小时喷发 1 次，持续 1~2 个小时，喷高最大高度达 30 米。每每在喷发前，可听到其地下有轰鸣之声，令人惊叹！茶洛温泉区地面还有很多冒气孔、脉动温泉、沸泉，不仅是洗温泉浴的最佳去处，也是温泉景观不可多得的观赏胜地，还具有很高的科研价值。

惊艳红草滩

班车还没有到稻城县城，我的视线就被路边一片红红的、长在洼地的小植物牢牢地吸引住：那是如火焰燃烧般热烈的一大片红！足以令人眼前一亮，进而精神振奋，终至热血沸腾！红草滩面积约有一个足球场那么大吧，边上有金黄色的草地和一排金黄间绿的杨树，掩映着零零星星的藏族民居，天上是一蓝如洗的纯净天空飘着棉絮般的白云，倒映在红草间隙的水中。这简直就是一幅色彩丰富的油画啊！我暗下决心：回头时无论如何也要在这里停一下，哪怕是停一分钟也好。事实上当人一走进这样的美景中时便会在不知不觉中融进去了，此时再也不想走了。不是司机再三催促，往往没有人愿意离开的。所以我劝大家不要在金秋十月到这里，见了这仙景一样的大自然调色板，你会像磁石吸铁般被吸进去走不了的。人走了，心也收不住。三思而后行啊！

一马当先杀到冲古寺

我早早就起了床，租了马从日瓦乡第一个赶到冲古寺营地。因为我知道国庆节期间冲古寺仅有的几个帐篷肯定人满为患。果然不出所料，帐篷已被早一天上山的游客住满了，只剩下一个喇嘛们放食物、钱箱的帐篷，再迟一步，连这个帐篷都租不到，因为我知道跟在我后面还有几十名游客。在20世纪的90年代，到稻城的游客毕竟不多，喇嘛们储存的食物也不可能多，除了即食面外只有酥油、塑料盆等等，还有就是一只放了一本记数的笔记本和现金的用木板钉成的小钱箱。因此帐篷空出了三分之二，我就在这空出来的地方打起了地铺，充当起临时的仓管员。管钱的喇嘛收了钱也没有任何收据，只是叫游客在笔记本上写上金额和签名便完事，还拿出面额大得吓人的民国时期的纸币给我看。那个时候那种环境人和人之间一见面就可以信任，我也没有注意喇嘛们的钱箱是否有上锁，一夜守着一堆乱放的碗面根本就没想过就地取材。那种陌生人一见如故、互相信任的感觉真的很美妙，莫非这就是"香格里拉"的感觉？

一放下行李，一个胖喇嘛就拉着我热情地介绍起冲古寺的历史和三座神山，说"你们大老远地跑来，我不介绍一下就对不起你们了"。他这"一下"就如大江决堤滔滔不绝，大有连讲三天三夜不罢休的势头。我好不容易才脱身趁天未黑一个人穿过灌木丛赶往珍珠海。

冲古寺里的走地鸡

18

珍珠海边迷了路

　　珍珠海又叫"卓玛拉错"或"木底错"，是仙乃日雪山下的一个高原湖泊。因高原湖泊大多呈大海的蓝绿色，所以藏区人都把它们叫"海子"。

　　先是经过坍塌破落的冲古寺。围墙外花丛边一只睡懒觉的花猫被我吵醒，半睁着惺忪的眼睛不满地望着我的镜头；几只骨架粗大毫无赘肉的鸡在院里觅食。按刚才胖喇嘛的介绍，建冲古寺是为了镇住山上的妖魔鬼怪，800多年前始建，修建过很多次，但总是屡建屡衰。这不会是下面镇住的家伙太"猛"以致地基不稳吧？想起胖喇嘛说过"虽然冲古寺塌了，但仍能镇住妖魔鬼怪，不让它们兴风作浪"的话，我不敢往下想了。透过寺庙断墙残壁的缝隙向上望，可以见得到被称为"菩萨"的仙

绿宝石般的珍珠海

落叶松换上了金黄的衣装，映得珍珠海也一片秋色。

乃日那座像金字塔一样的山峰。我边走边拍，来到珍珠海边。只见落叶松在一阵紧过一阵的秋风催促下已换上了金黄色的衣装，一种带刺的小灌木也在展示它那成熟饱满的深红。一人不能合抱的大树倒在湖中，经岁月的冲刷已被侵蚀得只剩下光溜溜的粗干和奇形怪状的树根；雪山上流下来毫无污染的小溪流汇集成湖，翡翠绿色的湖面被风吹皱，粼粼点点、闪闪烁烁，就像数不清的珍珠熠熠生辉，怪不得人们把她叫"珍珠海"了。圣洁的仙乃日雪山顶上总是被云层挡住，于是我在海子附近走来走去想等云散去雪山露出真容后再拍照，后来干脆躺到一块大石上闭目养神，在神秘的寂静中倾听大自然天籁般的声音，享受着这仙境般的美景包围着自己一个人、不受任何凡尘俗世干扰的美好时光。

谁知乐极生悲，太阳下山后我发觉灌木和树林到处都差不多，找不到下山的路了。山上本来就没有什么路，上山时只顾拍照也没注意东西南北，现在搞不清冲古寺在哪个方向了。我努力在回忆的片段中寻找着有用的信息：上山时我听见有流水声。于是我往有水声的方向一直走，走着走着，终于隐隐约约看到冲古寺了。有了参照物就有了方向，我有惊无险地赶在天黑前回到了冲古寺营地。

晚上寒风刺骨，吹得帆布帐篷啪啪地响。营地只有即食碗面卖，又没有电。我找了根手臂般粗的树干用力插在帐篷里的地上，作为蜡烛台。临睡前出帐篷刷牙，不经意地往上一瞥，又令我惊讶了好一阵：天上的星星密得好像连针也插不下，布满了整个夜空，仿佛架个梯子上去伸手就可以抓一大把。银河清晰可见，凝思静听，宇宙仿佛在与万物对话。人站在旷野，真有一种天人合一的感觉。

登临牛奶海、五色海

晚上看到令人惊喜的满天星斗，我以为明天一定是个大晴天，谁知高原山区的天气又一次跟我这个远道而来的客人开了个玩笑。上山的第二天整天都多云间阴，太阳只是偶尔露一露朦胧的小白脸。看来我的低海拔思维在高海拔地区真的要改一改了。

五色海和牛奶海是亚丁的主要景点之一，在央迈勇和仙乃日两座神山之间。因有雪山和草甸的倒影，水色会随光线的变化而幻变，十分迷人。在当地的藏胞心目中，泛着青、蓝、白、绿、紫的五色海更是一个能够感知未来的神圣之湖。

从海拔3880米的冲古寺营地徒步上牛奶海、五色海是一段颇为艰苦的旅程，既要翻山，又要过沼泽地，虽说是有马骑，但有些险的路段还是要下马徒步走的。在这么高海拔的地方，游客下马后往往走不过马和马夫，于是距离越拉越远，也不知马夫是听不懂还是故意装作听不见，任凭你在后面大呼小叫他也不停下来，再想上马那就难了。（后来离开日瓦乡时在旅馆的留言簿上，我前面的一位成都小帅哥这样概括："除了马帮，都是好人。"）有些涉水的路段如果游客不想湿脚而骑马过河，我就亲眼见有些马夫"趁水打劫"额外收钱。吃一堑，长一智，再次下马后我就坚持走在马的前面。

从五色海回头俯瞰，牛奶海像一块镶了白边的翡翠玉坠。

经过几个钟头艰难的跋涉，牛奶海终于到了。由于所处的地方海拔高，湖边连灌木也长不成，只有一些粗生的低矮花草在冷风中顽强地生长。

五色海还在上面。但马夫说马上不了这么陡的坡，怎么说也不愿动，自个儿找个背风的地方吃干粮去了。我想，跑几千里的路来到这里，吃了无数的苦头，时间和金钱花了不算，令人痛不欲生的高原反应也熬过了，就差那么区区几百米吗？即使是累死了也要死在五色海上面，能够死在风景这么美的地方也无憾了！

决心一下，牙关一咬，我迈步向上爬。人家说，十步之内，必有芳草。我是十步之内，必要停下来，不是去寻芳草，而是大口大口地喘粗气。吸进去的是海平面60%含氧量的空气，而且是从雪山上吹来的寒风！肆无忌惮急促进出的冷空气令鼻孔像被塞进了火辣辣的指天椒，从鼻尖到肺腔都成了冰箱的制冷管，难受极了，有一种将要断气的感觉。这段路，我就把它看成是人生的历练吧。最艰难的都走过了，前路还有迈不过的吗？

到了。终于到了。脑子好像一片空白，也不知用了多长的时间。我体会到什么叫"吃奶的力气都用尽了"，而且刻骨铭心，终身难忘。

回头一望，在下面看起来宽阔的牛奶海变成了一块镶着白边的翡翠，呈醉人的蓝绿色，与在下面看时完全不同。这如同人的世界观：不同的高度、不同的角度就会有不同的看法。大自然教会我怎样看待人生。这点点滴滴的感悟成为我终生受用的宝贵财富，无人能够夺走，即使物质上一贫如洗的时候也一样。这是对不畏艰辛的最好奖赏，不需要鲜花，不需要掌声，亦不需要金牌。

神山圣地三怙主雪山

稻城亚丁三座圣洁美丽的雪山分别是海拔6032米的北峰仙乃日（意为观世音菩萨）、海拔5958米的南峰央迈勇（意为文殊菩萨）、海拔5958米的东峰夏诺多吉（意为金刚手菩萨），被统称为"三怙主雪山"，在世界佛教二十四圣地中排名

央迈勇英姿

秋林拥抱的稻城最高峰——海拔6032米的仙乃日。

为第十一位，是众生朝圣积德之圣地。据传，公元8世纪，莲花生大师为贡嘎日松贡布开光，以佛教中除妖伏魔三菩萨——观音、文殊、金刚手分别为三座雪峰命名加持。据《三怙主雪山志》记载："法王噶马巴曾称赞此地：二十四圣地两大神圣之地，一切之主是三座怙主雪山圣地，地神勇士们守护着。莲花生大师也曾有诗赞曰：嶙嶙怙主雪山如坛城，无数宝物建无量宫。圣洁莲花日月法座，空行母护法神守。具有信佛缘分的众生敬奉朝拜三怙主雪山，能实现今生来世之事业。转三次三怙主雪山，能消除屠杀八条人马的罪恶。转一次相当于念一亿遍六字真言的功德，转十五次神山脚下的冲古寺相当于念一亿遍六字真言的功德。藏历鸡年朝拜，功德增倍。"因此自古稻城亚丁即成为神山圣地，又是藏传佛教信徒朝神拜佛、净化灵魂和洗涤罪恶的地方。

从外形上来看，三座雪山又各具风姿：仙乃日像初开的白莲，高洁雅丽，雍容华贵，西北侧"一座裁剪过的金字塔"（洛克语）仿佛是观音手捧的护法宝塔，神圣而威严，令人过目难忘；央迈勇挺拔峻峭，像个英伟潇洒的白马王子；夏诺多吉犬牙交错，一定会令妖魔鬼怪想到大白鲨利齿的闪闪寒光。这三座纤尘不染的巍峨雪山互不相连却又相隔不远，

夏诺多吉雪山秋色醉人。

呈品字形坐落在与木里交界的稻城亚丁境内，这的确是大自然恩赐给人类的珍贵礼物。

手中的佛珠——乡城

甘孜州的乡城县，海拔 2920 米。藏语称为"恰称"，意思是"手中的佛珠"。位于州的南部，南与云南省中甸县毗邻，东和稻城县接壤。如果从中甸坐车进出稻城，乡城是必经之地。

乡城境内高山耸峙，河谷深切。海拔在 4000 米以上的山就有 32 座，山势磅礴，姿态万千。高山湖泊星罗棋布，一尘不染。硕曲河、玛衣河、定曲河三条金沙江支流自北往南纵贯全境，勾画出壮丽秀美的山川景色。

绒绕神山在西藏有"康森扎冲林"之说法，意为"康巴狮子溶山"。距县城 28 公里，位于松乡境内，景区南面与云南省中甸县接壤，自古就有栈岩小道连通两县。

绒绕神山有几十处景点，"天梯十八阶"、"狮子洞"、"食人洞"等分布在悬崖绝壁上，"避邪窟窿洞"、"神潭冷泉"等在遮天蔽日的原始森林中。还有猕猴、松鼠、藏马鸡常在这里觅食，一派"伊甸园"般祥和景象。"神潭冷泉"泉水清澈纯净，溢出的泉水像一条洁白的哈达从崖壁倾泻而落，形成瀑帘。附近有一小楼阁，一直是历代高僧修炼的地方。楼阁正面有"狮子洞"，洞内有千奇百怪的钟乳石，更添神秘色彩。

在两省接壤处的然乌乡克麦村，有泉眼众多的

乡城的森林，晚霞绚烂。

然乌温泉。然乌温泉距乡城县城37公里，在0.5平方公里的范围内就有温泉出水点108处，分布于小溪边、岩石下。温泉泉水清澈透明，温差明显，最高的达80℃以上，可以浸熟鸡蛋。

扫布尤景区位于然乌乡与稻城县交界处，距县城50公里。区内从海拔2000米的谷底到扫布尤主峰的海拔5186米，垂直高差3186米，构成了亚热带到高山寒漠带的垂直自然带谱，形成了完整的自然生态景观。在海拔2000～3000米的沟谷内，农田葱绿，气候温和，一片秀丽的田园风光；海拔3000～4000米为森林带，各种树木高低错落，层林叠翠；在海拔4000米以上，高山湖泊星罗棋布，其中的"务尼错"湖水幽深，湖岸草甸、森林、雪山环抱，加上蓝天白云倒影入湖，迷人景致使人流连忘返；"次乔错"的湖岸有大片的杜鹃林，花开时节，从湖滨到山坡成了姹紫嫣红的花海。

距县城50公里的冷晒溶洞位于白依乡，深不可测，洞内钟乳石密布，造型令人遐想联翩。洞外古松高大，杜鹃林茂密，草甸绿草茵茵，整个溶洞就像神仙府第，甚至还可清楚地听到嗡嗡的声音，更触动人们想象的神经。

遗世「香格里拉」

西部太阳谷——得荣

得荣是甘孜藏族自治州西南端的县城，东南面与云南中甸接壤，西面与云南德钦隔金沙江相望。金沙江、定曲河、硕曲河、岗曲河流经境内，地势北高南低，最高海拔5545米，最低海拔1990米，垂直高差达3555米。县城海拔2420米。地理位置的特殊性，构成了独特秀丽的峡谷景观。

得荣，藏语有"谷地"、"分布在河谷地带的村落"之意。因光照充足，人民崇尚太阳，被称为"太阳谷"。得荣的东南有集雪山、森林、草甸、峡谷、高山湖泊于一体的下拥景区，北部有白松、茨巫农业生态旅游区，西北部有终年积雪、雄伟壮丽的嘎金雪山，中部有翁甲风景名胜区。险、峻、秀、奇的自然生态风光和灿烂的康巴文化、独特多姿的民族风情吸引着中外游客。

得荣的晨曦中，袅袅炊烟在深沉大山的衬托下更加婀娜。

嘎金雪山坐落在得荣县城西北部40公里处，海拔4921米。如登上山顶，向西南眺望可观赏云南著名的雪山——白茫雪山全景。去嘎金雪山途中，一定经过下荣村和甲子村，世居这里的人们在特殊的环境中创造了特殊的房屋建筑风格，保持着古老而朴实的风俗习惯。在喜庆的日子里，他们无论是唱山歌还是跳弦子，都一定要穿"下涛"，"下涛"是得荣最古老的藏装。这里的人们在生活、生产中处处充满得荣藏族古老的传统和习俗。

翁甲区，以翁甲寺为中心，距县城15公里。翁甲寺坐落在东旺亚山西麓山腰。东旺亚山主峰海拔4764米，被当地藏民视为神山，统称"翁甲神山"。翁甲寺主经堂坐落在面积1000多平方米的溶洞中，洞壁石岩上有天然形成的藏文"翁"字样数百个，寺名由此而来。洞内有惟妙惟肖的岩溶景观：菩萨观音、飞禽走兽、台凳家私等一应俱全。这里溶洞众多，洞洞都有传说。绝壁上天然形成虎、豹等形象逼真的岩画，近看似白塔，远看有21女神像，传说是开启藏区108处圣地门户的金钥匙。

白松农业生态旅游区距县城30公里，海拔2500米。白松是一处山环水绕的山间盆地，三面环山，山坡上松林四季常青，四边溪水潺潺，田间郁郁葱葱。错落有致的白色藏房房前屋后的核桃、苹果、梨树在春夏是绿色的海洋、花的世界，在秋季是一片金黄色的波浪。鸟雀、青蛙、蝴蝶悠然自得地生活于其间，呈现出一派令人陶醉的高原田园风光。

煨桑的轻烟把晨诵带上天国。

定目河中的鱼儿，更让人目不暇接，尤以固顶寺附近的放生河段为甚。鱼群黑压压，人们用糌粑等做鱼饵伸手入水中，可以捉住鱼。夏天下水游泳，鱼儿与人戏耍，会给人回归自然的美好感觉。

白松的古引水渠历史近500年，是康巴地区规模最大、历史最长的引水渠。

茨巫农业生态旅游区，地处得荣县北部，距县城38公里，与白松农业生态旅游区相距8公里。夏秋季节，茨巫的庄稼生长正茂，一片绿色的海洋，白色高大的藏房星星点点地散落其间，反差鲜明突出，景色诱人。"神鱼池"更引人入胜，池面积虽然小，水深1米多，但池中生长着黄、绿、红的水草，池中大小鱼成千上万，一年四季始终如是，构成了极妙的景观。

实用资讯

咨询
稻城县旅游文化局电话：0836-5728276
理塘县文化旅游局电话：0836-5321066
巴塘县文化旅游局电话：0836-5623868
乡城县文化旅游局电话：0836-5826937
得荣县文化旅游局电话：0836-5922417
最佳旅游季节：山花烂漫的4～5月；草红树黄的10月。

交通
红草滩所在的桑堆距稻城县城金珠镇28公里，是从北进入稻城必经之地。稻城东南与木里县接壤，夏诺多吉雪山就是两县界山；西傍乡城并与云南省中甸毗邻；北连理塘。距甘孜州府康定432公里，距省会成都市800公里，距云南省中甸334公里。
成都新南门车站（电话：028-85433609）有时有直达稻城的班车，票价约230元，如没直达班车，可先坐车到康定。康定每天有班车发往稻城和理塘。现中甸也有班车发往稻城，时间是早上7：00，每天一班，票价98元。也可先坐车到乡城，中甸开往乡城早上7：30发车，222公里，65元。
稻城汽车站电话：0836-5728762，旅游旺季稻城至亚丁有班车，每人110元。淡季无班车时可先坐车到日瓦乡（现称香格里拉乡），每人35元，然后再转车到亚丁龙龙坝，每人60元（往返）。

门票
亚丁自然保护区门票128元/人，学生凭证购买票68元。
租马费：亚丁管理站（海拔3700米）—冲古寺（海拔3880米），7公里，30元，一人一马一马夫；
冲古寺—珍珠海（海拔3950米），2公里，10元，一人一马一马夫；
冲古寺—洛绒牛场（海拔4150米），12公里，35元，一人一马一马夫。

住宿
冲古寺和洛绒牛场现在虽说比前几年的接待能力有所提高，但黄金周仍是应接不过来。冲古寺木屋35～50元/人/天，自带帐篷每人收费10～15元，藏民家借宿15元/人。稻城中低档旅馆比较多，淡季约30元/人，旺季约50～100元/人。

饮食
冲古寺营地开水供应充足（87℃就开了），唯一的餐馆供应套餐，25元/人/餐。

遗世"香格里拉"

至石渠

北

格萨尔纪念堂　　打滚乡

吉苏雅格康多　　亚丁乡

阿须乡　　所巴乡

至邓柯

俄支乡　　俄支寺

浪多乡

绒戈寺

三岔河

雅砻江

俄南乡

温拖乡

金沙江

卡松渡寺

雀儿山（垭口5050米）

直达村

卡松渡乡

柯洛洞乡

窝公乡

德格

新路海

马尼干戈

印经院

玉隆乡

德格旅游示意图

错阿乡

龚垭乡

至甘孜/康定/成都

汪布顶乡

普马乡

图　例

八帮寺

达马乡

公路

至西藏江达

岳马乡

寺庙

湖泊

白垭乡

山峰

至白玉

江河

德格

——格萨尔王的故乡

苍穹下

巍峨高峻的雀儿山闪耀着寒光

犬牙交错的尖峰峭崖

刺破洁白的千年冰雪

裸露着钢铁般的黛青色

峥嵘毕露

印经院里看印经

　　德格印经院，全称为"德格吉祥聚惠院"，藏语称"德格巴宫"，坐落在海拔3270米的德格县城。始建于清雍正七年（1729年），是由当时德格第十二世土司兼德格第六代法王却吉·登巴泽仁为发展事业、弘扬佛法，组织学识渊博、精通佛法经典及藏文书法的名人和千名雕刻人员书写、刻版、印刷的经典。他还同时招雇土木匠和画匠，动工修建印经院，占地面积约5000平方米，总建筑面积9000余平方米。1996年被国务院列为全国重点文物保护单位。院内藏有各类典籍830多部，木刻印板29万余块，文字达5亿之巨，这在当今世界绝无仅有。

　　印经院藏有译成藏文的释迦牟尼经典著作《甘珠尔》及其解释的刻版。印经院的这一大藏经刻版是镇院之宝，在整个藏区享有盛誉。另外，印经院藏有藏传佛教各派的经典、名著、历史传记、诗词音韵、天文历算、医药、画版和壁画等大量资料，印版在藏区一直被视为标准刻版。收藏有近500年历史的用梵文、藏文、乌都尔文三种文字刻就的《般老八千项颂》、在佛教发源地印度早已失传的《印度佛教源流》、早期医学名著《居悉》和《汉地佛教源流》等孤本和珍本文献。在藏区乃至世界上被奉为神圣的宗教圣地和藏族文化宝库。藏传佛教信徒不畏艰辛、千里迢迢赶来朝拜，中外专家学者纷纷来这里考察研究。就凭此，德格人自称为"康巴敦煌"、"康巴文化中心"，并非为过。

　　藏区分别有德格、拉萨和日喀则三座古老的印经院。日喀则印经院在"文革"时被毁。其他印经院的经版都以黄教（格鲁派）经文为主，只有德格兼收黄、红、白、花和黑各派经典。

　　印经院是座集寺院与民居风格于一体的建筑，外观上当然秉承藏族文化显著的棕红主色调。经版库占了主殿建筑面积的一半，版库里光线暗淡，隐约看见墙边都是一层一层的木架，放满带手柄的经版。制作经版的材料是当地常见的红桦木，要在秋天砍伐，经熏烤干燥，放在畜粪里沤制，半年后再经水煮、烘干、刨光成型，然后才能刻版。刻好的版子要在酥油里熬煮，据说只有这样才能经久耐用。

　　印经的场面十分壮观：60多位年轻人每2人一组，在那里飞快地印制着经文——木制的刻版斜放在支架上，其中一人负责往刻版上刷红颜料，另一人拿过藏纸蒙上去；

前者再用布球飞快地碾压过去，后者拿开纸放好，一页经文就告完成。如此周而复始，再换版，以快动作持续不断地印经。他们中间放置着一经版架以搁置经版，身边摆着白纸架、经纸架、颜料和印过的经版。其他的小屋里还有人负责分页排序、装订成册。

印经院这个大作坊，从刻版、造纸、制墨、印刷等诸多工序流程都从古至今地用双手操作，无疑是一次传统工艺的博览会；还有建筑、壁画、雕塑等艺术，称"藏文化大百科"的确不过分，许多工艺在其他藏区早已失传。加上数量巨大的经典和刻版收藏，堪称"藏文化大宝库"。

印经院上午约9:00开放到12:00，下午从14:00开放到17:00，有专人带领讲解。内部须经同意方能拍照，严禁吸烟。

《格萨尔王传》和格萨尔王故里

藏族英雄史诗《格萨尔王传》被当今世界上的研究学者们一致认定为世界上最长的叙事诗，与《伊里亚特》、《罗摩衍那》、《罗诃婆罗多》一起被誉为世界文学艺术宝库中的璀璨明珠。它广泛流传于我国藏族地区民间，除被藏族人民世世代代传唱外，在我国蒙古族、土族、纳西族以及印度、不丹、尼泊尔、锡金等国家的一些地区也流传。全书有100多部，100多万行诗，是我国藏族地区特别是康巴地区人民世代相传创造的文学艺术瑰宝。该作品以其篇幅浩繁、场景壮阔、结构宏伟、诗文绚丽的特点，形象生动地通过对藏族英雄格萨尔的塑造，反映了11世纪前后藏族地区的一些重大历史事件，表达了藏族人民厌恶动荡、渴望和平的美好愿望。《格萨尔王传》是藏族人民最喜爱的说唱文学，同时也是藏族文化、历史、地理、宗教、社会、语言等方面的一部百科全书，有着鲜明的民族特色，而且有特殊的艺术魅力。

"格萨尔"的意思是"永不屈服"，引申为"永不言败"、"永远不败的人"。《格萨尔王传》的主角——岭·格萨尔是否真有其人？从18世纪70年代俄国旅行家帕拉莱师最先把《格萨尔王传》介绍到世界上开始，到20世纪末，研究《格萨尔王传》的专家学者们争论激烈，最终得出统一的结论：岭·格萨尔是藏族历史人物，1038年出生在德格县阿须乡（旧名熊坝）吉苏雅格康多，1119年逝世，享年81岁。藏语

作者策马大草原

"康多"，意为三条河的交汇处。吉苏雅格康多，三面临水，一面靠山，自然生态环境秀美，景色怡人。

据《格萨尔王传》里描述，出身在贫苦牧民家庭的岭·格萨尔自幼聪明，少时放牧，好骑马射箭，在一次赛马中得胜称王，建立了一支有30员勇猛将领、数万精兵的武装，打遍今青海、西藏昌都地区和康巴地区无敌手，他戎马一生，建立了强大的岭国政权。

雀儿飞不过的雀儿山

德格县玛尼干戈镇境内的雀儿山，属沙鲁里山脉北段，地势呈西北向东南走向。东北部属川西北高原的一部分，地貌为高原丘状地形，生态平面保存完整，高山湖泊众多；西南部属金沙峡谷地带，河谷深切，石峰峥嵘，森林茂密。

雀儿山海拔5000米以上的高峰有100多座，新路海正上方绒麦昂扎峰为其最高

遗世「香格里拉」

夕阳金晖下的雀儿山

峰，海拔6168米，终年积雪，是康北的第一高峰。"绒麦昂扎"，意即"山鹰飞不过的山峰"。举世闻名的川藏公路雀儿山垭口海拔5050米，这是川藏北线上的最高点，也是"川藏第一险"。据德格县粗略统计，自此路修通不到半个世纪里，已翻车无数，直接和间接的经济损失难以计算。

我就是在最艰险的冬季翻越天险雀儿山的。未走过雀儿山的人听着"雀儿山"这个轻巧的名字，甚至会觉得充满浪漫和诗意。如果你敢在刀锋上跳舞，那当然充满惊悸的浪漫；如果你敢在高空钢丝上散步，那也会有一身冷汗的诗意。但当你身临其境目睹那些"喘着粗气"的汽车在铺满冰雪、从陡峭山崖上硬刨出来的窄路上打滑失控惊险交加慢慢地爬过的时候，心一定会提到嗓子眼上。

翻越垭口前，司机把车停在一个稍平的路段，然后脸色有点凝重地下车，认真仔细地把铁链捆在车轮上，然后走一段又不得不停下来，等前面的车一辆一辆地通过。如果不拉开一点距离，万一前面的车冲不上而滑下来，就会像多米诺骨牌一样连锁反应——成串的车都可能翻到山沟里去。

然而，险峰上一定会有无限的风光。苍穹下巍峨高峻的雀儿山闪耀着银白色的寒光，犬牙交错的尖峰峭崖刺破洁白的千年冰雪，裸露着钢铁般的黛青色，峥嵘毕露。随着峰回路转，这些壮观的剑峰像古代的战场上高举的兵器之林不断地变换着位置。车到经幡猎猎作响的垭口，同坐一车的藏族人高呼着"啦索索"，把风马纸从车窗抛洒出去，霎时间，急劲的北风把五彩的纸片卷上高空、带向天国。雀儿山山体为典型的冰川地貌，有大小冰川30余条，远隔数十里外也能看到冰川的壮丽景色，让人叹为观止。其山麓有七处较大的高山湖泊，均分布在雀儿山东北面，为冰蚀湖。尤其是雀儿山东北面竹庆寺沟顶的雀儿山山体，冰川发育良好，山脚、山腰冰川运动形成的冰蚀湖成群，像天神不经意散落的一把宝石在山野间闪闪发光。

苍穹下巍峨高峻的雀儿山闪耀着银白色的寒光

新路海湖面冰清如玉，绵延山峦和蓝天白云倒映入
湖中，真乃纯洁宁静之仙境。

新路海周边的草原绿草如茵，与远处雪峰构成一幅奇异的天然油画。

心倾神湖新路海

　　新路海位于德格县境内的雀儿山下，川藏公路侧，距甘孜县城98公里，距德格县城100公里，湖面海拔4040米，平均深度10米，最深处15米，是甘孜州著名的冰蚀湖。水源由雀儿山冰川和积雪消融供给，湖尾流出的溪流为措曲河源头之一。

　　新路海据说是因修通了川藏公路北线而得名，更因这条闻名的公路而扬名天下。藏语名为"玉龙拉措"，"玉是心，龙是倾，拉措是神湖"。相传《格萨尔王传》中的英雄格萨尔的爱妃珠姆来到湖边，被秀丽的湖光山色和幽静的环境所吸引，徘徊湖边，流连忘返，她那颗眷恋美丽河山的心犹沉海底。后人为了纪念珠姆，取名为"玉龙拉措"。"新路海"这个汉名

饮马新路海

对于汉人来说显浅易记，便于传播，但却过于直白；而"玉龙拉措"这个藏名充满了藏族历史文化色彩，更是浪漫诗意有美感，与翡翠碧绿的湖那种摄人心魄的纯净亮丽更吻合贴切，因而深得我的喜爱。看来走得藏区多的我在某种程度上已"藏化"了，但我觉得并不是一件坏事，因为随着对藏族文化的深入了解，我觉得藏族人精神上比我们富有。他们那种在信仰上坚定不移的精神状态，不是每个沉浸在"向钱进！向钱进！"的社会里的人所能理解的。

新路海及周围生态原始、完整。晶莹的大型冰川从雀儿山主峰绒麦昂扎、海拔5000米的粒雪盆迤逦直泻湖滨草原，冰川与湖泊相融相辉，极为壮观。湖泊周围由高原云杉、冷杉、柏树、杜鹃树和草甸环绕，蓝天白云、雪峰皑皑、冰川闪烁、青山融融、绿草茵茵、波光粼粼。湖岸林间珍禽异兽时有出没，湖中悠闲的野鸭成群，在明镜般的湖面拨起清漪微涟，大队鱼儿结伴翩然游弋于湖水中。夏秋季节，湖畔山花烂漫，争芳斗艳。湖周布满云杉树，其中新路海上游冰川侧碛上的云杉林，树龄均在100年以上，而新路海下游冰川终碛垄上的云杉树龄达580年。暗绿色的云杉，映衬着冰清如玉的湖面，连同绵延的山峦和蓝天白云倒映入湖中，再配上点缀湖边刻着六字真言的石头，真乃纯洁宁静之仙境。我想，不仅是珠姆，每一个热爱大自然的人都会心倾的。

←头戴皮毛帽的马尼干戈小帅哥

西部小镇马尼干戈

马尼干戈，藏语意为"崖坎下的六字真言"，传说是格萨尔王爱妃珠姆的出生地，群山拥抱下一座神秘而凄美的西部小镇。从古到今这里都是一个驿站，一条川藏北线穿越其间，路旁几排藏式平房，向西北一条岔路过石渠通到青海玉树，是茶马古道的一个要冲。海拔4180米的马尼干戈是一个纯

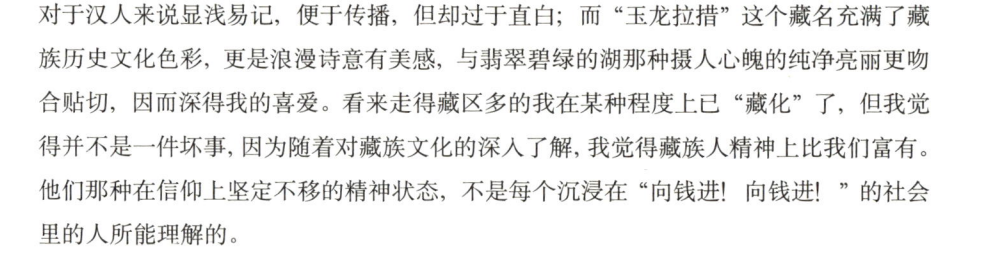

遗世「香格里拉」

35

纯牧区，小镇上来往的行人都是典型的康巴人，康巴汉子头系红色英雄穗，身佩藏刀，帅哥很多。骑马来小镇上的牧民，像许多西部电影中的情节，他们将马系在专门立的木柱上，便在矮小的藏式木屋采购东西、喝酒、唱歌、聊天，因真实而生动、亲切。

小镇附近的风光也很漂亮，雪山、森林、草甸、牲畜、藏居、经幡阵，样样入画上镜，处处弥漫着康藏风情。

实用资讯

咨询

德格旅游局电话：0836-8223355。

住宿

马尼干戈帕尼酒店 地址：德格县马尼干戈；电话：0836-8222788；小灵通：0836-8637788、8637728。

德格绒麦昂扎宾馆 地址：德格县城茶马上街18号；电话：0836-8222146、8222127。

门票

德格印经院25元/人次；新路海景区20元/人次。

至金川观音桥

北

图　例

公路

草原

湖泊

山峰

寺庙

温泉

银恩温泉

银恩

维它

维它大草原

甲宗

玉科温泉

七美

玉科大草原

七美温泉

七美

海子山

至炉霍

孔色

雄狮飞泉

云祝措

麻孜

灵雀寺

新娘沟温泉

古拥

道孚

勒德学母神山

朱倭

龙普

沙冲

金佛大神山

葛卡

然姑寺

珠姆措

下甲

木茹

龙灯大草原

桑珠寺

龙灯

惠远寺

协德

热水塘

至新龙拉

日马草原

仲尼

红顶

红顶寺

龙灯

至丹巴

亚卓

扎拖

莫洛古碉

桑卡寺

至雅江

泗水塘草原

亚日亚措

至康定

亚拉雪山

道孚

——藏居艺术之都

一个爱美的民族
肯花心思装扮家园的民族
就是一个充满希望的民族
道孚民居——
藏人的精神家园

精美的道孚民居

道孚民居是康北地区最具特色的
民族建筑。其以县城以东的大片民居
为代表，是典型的"崩科"藏式建筑
风格。该建筑以原木做骨架，石、泥

道孚街景，有一种宁静温暖的感觉。

筑成墙，冬暖夏凉，坚固无比，抗震防湿。外观朴素大方，室内精雕细镂、描金绘
彩，每一图案或图画就是一个吉祥物或一种神奇的传说，以其独特的建筑风格和奇
绝的建筑艺术著称于世。奇绝的另一层意思是因现在实施天然林保护工程，以大用
量的大原木建造的"崩科"再难新建，而成"稀奇绝版"。如果你有幸走进当地人的
家里，一定会被里面富丽堂皇的装饰所吸引。当地人都会花巨资精心打扮他们的房
子，创造一个赏心悦目的居住环境。一个爱美的民族、一个热爱生活的民族、一个
肯花心思装扮家园的民族，肯定是一个充满希望的民族。这是我走遍大香格里拉区
的观后感。

遗世『香格里拉』

道孚民居装饰得很漂亮，成了道孚旅游一张亮丽的名片。

大塔小塔落玉盆——八美塔林

从镇向东徒步八九分钟就可到达，就在去康定和去丹巴的分岔路口。由一大群小白塔簇拥着一个高大的白塔，还有一条玛尼经筒长廊。东面是一个小盆地，远处是错落有致的群山，是拍日出日落的好地方。

我到八美镇时天正下着雪。雪刚小点，我便背上摄影器材向塔林走去。

天阴沉沉，但我担心明天雪更大，还是抓紧天黑前的时间拍了好几张。

由于卫生和饮食规律在旅途中都难以得到保证，加上气温低，使我着了凉，肚子里闹起了"革命"。我只得急急赶回住处。

等上完洗手间，拉开窗帘往外一看，不知什么时候天空也拉开了乌云做的"窗帘"，露出了蓝天。几朵红云在风的驱赶下变换着身形匆匆上路。我急忙拿起脚架和摄影包往外走。等我气喘喘地赶到塔林时，晚霞已消失了。

第二天清早由于要退房，刚起床的值班人员又要到外面拿钱退我押金，我出门迟了一点，又重蹈覆辙看着朝霞消失了才赶到塔林。就差几分钟，又让我留下遗憾。这宝贵的几分钟！真是一寸光阴一寸金，寸金难买寸光阴!

大塔小塔坐落在一个小盆地上很壮观，据说有108个。

雪后一片银装素裹的八美岔路口，往东北去丹巴，往东南去塔公、康定。

川藏北线能见到这种塔状的经幡，美丽而神圣。

莲花宝地——惠远寺

　　惠远寺地处省道S303线八美去丹巴方向8公里处的山间小盆地内，海拔3600米。惠远寺是唯一一座由清朝政府拨专款建造、维修、供奉香火的黄教寺庙。雍正七年（1729年）清廷因西藏准噶尔之乱局势不稳而请七世达赖喇嘛格桑嘉措避难于此，特拨白银，征地500亩修建庙宇、楼房作为七世达赖的行宫，享有佛教"九龙九狮"的崇高尊号。也可能是应了"天时、地利、人和"，十一世达赖凯珠嘉措就出生于惠远寺附近的甲洼绒群，是第一位由中央政府金瓶掣签选中的转世灵童。活佛圆寂后，被寻认的转世婴儿称为"转世灵童"。首先，僧职人员要请其他的大活佛预言占卜或请乃琼寺的神巫降神、打卦等等，还必须经高僧观湖（即到神湖去看影像），通过许多宗教仪轨来确定活佛已转生在某个方向，甚至可以预言出生在某家中，父母叫什么名字，有什么特征等。这婴儿一般是在活佛圆寂10个月后出生的。根据以上各种条件和范围，僧职人员组成一个寻访团去各处寻找，寻访过程中要详细探求何地、什么人家有新生婴儿，以及一系列细节和详情。如婴儿父母的名字、婴儿诞生时和诞生地有什么奇怪现象发生，据说恰有与事先占卜的情况相吻合的，经多次寻访和僧界的反复研究后，还要对婴儿进行面试。面试时要拿出前世活佛生前用过的几件小物品如念珠、宝瓶、小佛像等，混在其他物件中让婴儿抓取。如果婴儿随手抓取了

一看大殿正面敢用皇家专用的黄色就知道惠远寺来头不小，里面还有九龙九狮的装饰也不是一般寺庙能用的。

这几个天真活泼的小和尚站在殿门口，像不像戴红领巾的学生站在小学门口？

前世活佛的物件，即可证明确系前世活佛转世。为了防止不正之风，清朝乾隆皇帝在公元1792年特意颁发了两个金奔巴瓶，用金瓶掣签的方法确定灵童。这两个金瓶，一个供在拉萨大昭寺，一个供在紫禁城雍和宫。按照清政府和西藏僧俗官员共同制定的章程规定：历代达赖喇嘛和班禅喇嘛圆寂后，先由西藏地方政府和三大寺共同选出"灵童"三人，占卜出一个良辰吉日，并将三个灵童的名字用满、汉、藏三种文字写在象牙签牌上，密封在金奔巴瓶内，选出有真正学问的活佛，祈祷七日，然后会同西藏僧界、政界要人及清朝驻藏大臣，由一位德高望重的高僧抽出任何一签，签上所写的灵童即成达赖喇嘛或班禅喇嘛的转世灵童，掣签后，还要报请中央政府批准和册封。出了十一世达赖喇嘛后，惠远寺从此就在藏区声名大振。

　　远远望去，占地面积庞大的惠远寺两边各以一排几百米长的白塔作围墙，给人一种磅礴的不凡气派。远处有森林牧场，近有村舍农田，组合成秀丽的画卷，被誉为"莲花宝地"。

我去参观时刚好是雪后初晴，蔚蓝的天空下大地一片洁白，寺庙的棕红间白图案、黄色的正面墙身、走动的喇嘛腥红的僧袍格外醒目，几排大小对比强烈的黄铜玛尼筒泛着金光，呈现出一派庄严的王者风范。

宽敞的院落很多人在打扫积雪，几个小和尚在门口玩耍。热情的喇嘛逐一为我介绍寺庙里的一切，包括后面新建好还未挂上牌匾的大殿。要不是有知情人的指点，我还不会在意惠远寺享有"九龙九狮"浮雕门坊装饰的尊贵地位呢！

八美变色土石林

八美变色土石林隐匿在横断山脉深处，位于八美镇东南卡玛村、川藏公路S215线路旁，距镇6公里，从公路边的售票处徒步约10分钟即可到达。变色土石林是喀斯特地貌奇观，其成因是远古海底地质构造运动的结果。岩石随地壳剧烈挤压而隆起，被强大的地心引力破碎，之后在漫长的岁月里逐渐衍变成糜棱岩。石林含钙盐，其所含的结晶水受空气湿度的影响，会随着季节天气的不同而变色，春秋一般为银灰色，夏日多雨时节则为苍黑色。大自然的鬼斧神工仿佛刀劈一般，自然磨砺出石笋、石柱、石槽、石丫、石蘑菇、石莲花，有的似猛虎下山，有的像猕猴酣睡，有的如企鹅迎宾，各具姿态，栩栩如生。八美变色土石林规模不大，却是世界罕见、国内独有的糜棱岩石林。道孚的山多是雄浑圆厚，石林就像是横空出世、偶露峥嵘的特立独行者，其尖尖的石峰犹如雨后春笋破土而出，千姿百态地裸露它们仙风道骨的身躯，毫不扭怩、绝无造作，与周围坦荡的草地、迷人的藏寨、悠闲的牛羊互相映衬。谁会想到，千万年前深埋海底的它们，竟会有出头露面的一天？真是沧海桑田世事难料啊！

看过云南、广西、粤西的石林的人一定会认为八美石林是"小儿科"，但其会变色却举世罕见。

"第二香巴拉" 亚拉雪山

在看见海拔5820米的亚拉神山时，我请司机停了车。

峰顶终年积雪的亚拉神山是《格萨尔王传》所记载的藏区四大神山之一。藏传古籍《神山志易入解脱之道》中称其为"第二香巴拉"。它如稳坐的大佛，显现出雪域神山的威严，还有几分佛界的神圣。气势磅礴的雪峰云雾缭绕，峰下有现代冰川、湖泊、瀑布、温泉，四周古木抱湖，珍禽异兽时有出没，高山生态组合得十分完美。

亚拉神山位于康定、道孚、丹巴三县的交界处，属于甘孜藏族自治州的心腹地带。离公路主干线只有22公里。干尔隆巴河和亚拉河就发源于此山，并汇入大渡河。在亚拉神山的周围有海拔4904米的大炮南山及众多高低错落有致的山峰，形成了大大小小几十条风光旖旎的沟壑，其中尤以八美的亚拉风景区为最美。

景区外已建好大门围墙，正在修进山的公路，估计也要好些时日。现在不用买门票，但要包吉普车才能深入。

亚拉神山如稳坐的大佛，显现出雪域神山的威严和神圣。

实用资讯

咨询

道孚旅游局电话：0836-7123149、8815157。

交通

从成都进入道孚有两条路可走：一是成都—雅安—天全—泸定—康定—新都桥—塔公—八美—道孚，全程577公里，两天时间，中途在康定住一晚。成都新南门车站及康定宾馆每天有发往康定的滚动班车，票价99~118元，康定每天早上7：00有一班到道孚的客运班车，票价50~70元，也可坐到炉霍、甘孜等地的班车在道孚下车。二是成都—都江堰—卧龙—四姑娘山—小金—丹巴—八美—道孚，全程近500公里，没有直达班车，可沿途转车到达。

道孚向西北方向有到德格、甘孜、炉霍的班车，向东南方向有到康定、塔公、八美、丹巴的班车，向北有到金川观音桥方向的班车，向南有到雅江方向的班车。

住宿

道孚新月宾馆 地址：县城以西省道S303公路旁；有豪华套房、标准间、普通间，共103个床位。电话：0836-7121292；餐饮电话：0836-7123900。

八美新月宾馆 电话：0836-7155700。

门票

土石林20元/人次。

道孚主要节庆

地点	活动名称	时间
鲜水镇	安巴农耕文化节	藏历五月十三日至十七日
灵雀寺	酥油花	藏历正月十五日
灵雀寺	江刻大法会	藏历九月二十二日至二十九日
灵雀寺	安却大法会	藏历十月二十一日至二十五日
惠远寺	传召大法会	藏历一月六日至十六日
惠远寺	亚却大法会	藏历六月三日至六日
龙灯牧场	赛马节	公历七月一日至二日
玉科草原	赛马节	公历七月一日至二日

遗世『香格里拉』

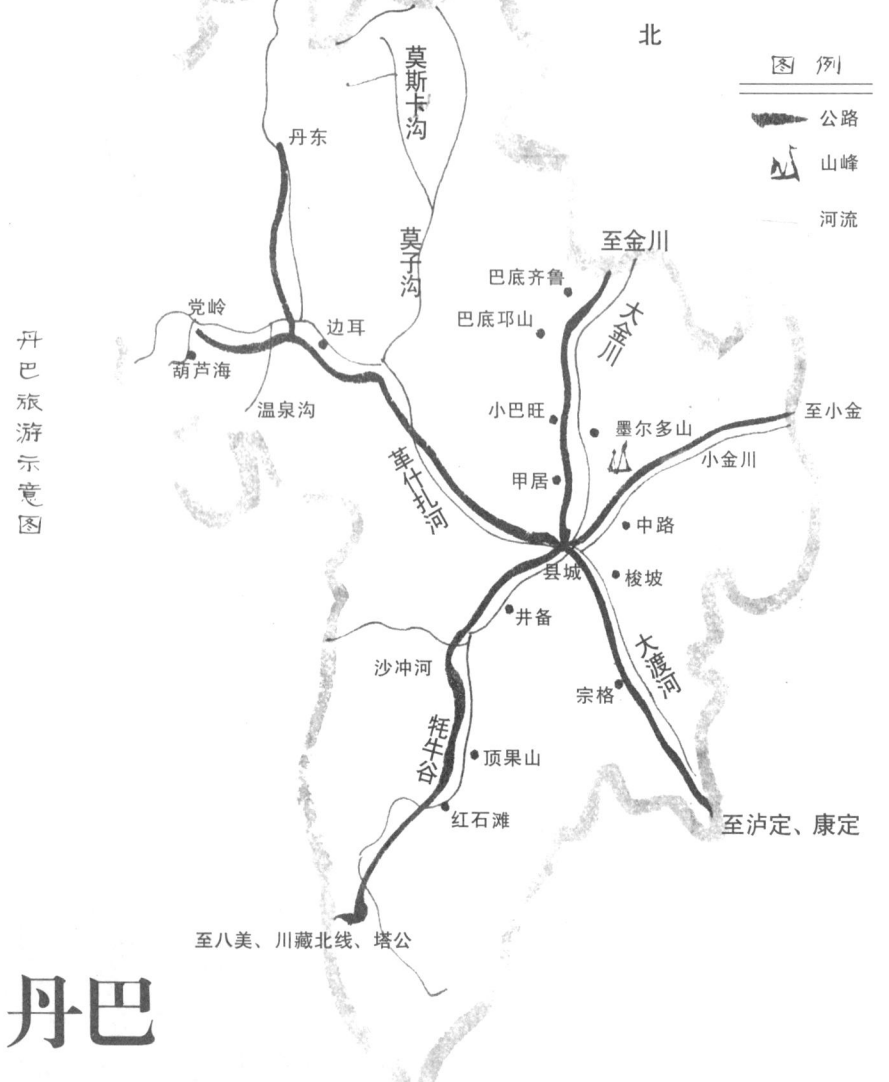

北

图例

公路
山峰
河流

莫斯卡沟

丹东

莫子沟

至金川

党岭
边耳
巴底齐鲁
巴底邛山
大金川
葫芦海
温泉沟
小巴旺
墨尔多山
至小金
小金川
甲居
黄什扎河
县城
中路
梭坡
井备
沙冲河
牦牛谷
宗格
大渡河
顶果山
红石滩
至泸定、康定

至八美、川藏北线、塔公

丹巴旅游示意图

丹巴

—— 千碉古国美人谷

风景画廊
美人芳踪何处
童话世界
自是人间仙境

岩石上的城——章谷

丹巴据说是以丹东、巴旺和巴底三土司首字音译成汉语为县名，县城所在地是章谷镇，海拔 1935 米。丹巴古称"章谷"，藏语意思是"在岩石上的城镇"。从空中看丹巴，五条河流把大地分成五条山脉，以县城为中心呈 360°的辐射状，形成一个巨大的绿色漩涡。先是革什扎河在县城西北汇合大金川向南流，遇上从西南来的牦牛河后合力向东，在城东碰上东北来的小金川河后改名叫"大渡河"，浩浩荡荡向东南一路奔去。

县境属岷山、邛崃山高山区，是川西高山峡谷的一部分。地势西南高，东南低，海子山海拔 5820 米，为全县最高点；东南方大渡河海拔 1700 米，为全县最低点。这种独特的地理构造形成了峰峦重叠、峭壁耸峙的大峡谷。年均气温 14.2℃的丹巴气候温和，日照充足，冬无严寒，夏无酷暑，有"一山看四季，十里不同天"的气候特点。

丹巴以直指苍天、雄姿英发的古碉和出气质高贵、肌若凝脂的美人而名闻天下，所以有"千碉古国"和"美人谷"之别称。丹巴历史悠久，根据境内中路罕额依村古遗址的考古发掘证明，早在 5000 年前就有人类在这里生息繁衍，到现在还完整地保留了嘉绒藏族的生活习俗。

20 世纪末和本世纪初我都曾到过丹巴，给我印象最深的是热情有礼的丹巴人。不仅是在景区，甚至在街上、路上碰到很多素不相识的途人都会热情地向你打招呼，真使我有一种宾至如归的温馨感觉。

章谷——岩石上的城

风景画廊牦牛谷

牦牛谷位于丹巴到道孚八美的路上约20公里处，曾被前中共总书记胡耀邦誉为"天然盆景"。整个景区在一段高山夹峙的峡谷中，牦牛河贯穿全境。植被随海拔升高依次为阔叶、针叶林带、高山草甸、雪山，把横断山区的峡谷地貌特征和春夏秋冬四季展现得淋漓尽致。不仅游人喜欢这里，连野猴也选中这里作为栖息地。我坐车经过的时候就看到一群猴子在悬崖峭壁的树上嬉戏，立即停车拍摄，可惜只拍了录像来不及再拍照片。

牦牛谷中还有一处红石滩奇观，它没有丝毫人工雕饰，大大小小的深红色石头堆满山溪边，一切都是浑然天成。大自然这个高明的画师，总是以人们意想不到的方式、意想不到的色彩、看似不经意的轻轻一笔就勾画出一幅令人惊讶的画图。

石头一向给人顽固不化、冷漠的印象。可这一滩如烈火燃烧般红色的石头却颠覆了人们的陈旧观念。石头仿佛有了生命，有了热血，有了灵性，可以向人倾诉，可

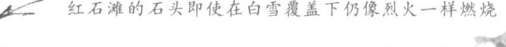

红石滩的石头即使在白雪覆盖下仍像烈火一样燃烧

以让人亲近，可以与人交流。如果有哪个非色盲患者在第一次见到这些红石时无动于衷，我相信那一定是个冷漠、顽固不化、"铁石心肠"的家伙。

走这一段路前我就知道路上的精彩，如果不能停车拍摄必将终生遗憾。于是我放弃了坐班车，改为坐私人小面包车，并跟司机说好：路上风景好的地方我要停车拍照。

由于前一晚下过雪，司机在翻越海拔3500多米的疙瘩梁子时给车轮捆上了铁链。

趁捆铁链和解铁链的时间，我又可以下车拍照了。

如果不是当地的司机开这样的路恐怕就有点危险了。哪里坡陡、哪里路弯、哪里有暗冰，何时捆上铁链又何时取下，当地的司机都心中有数。

田园诗画——中路

"中路"是藏语，意思为"向往的好地方"。从县城沿小金河走三四公里，路边有座桥，过桥顺盘山公路再走6.5公里就到中路乡克格依村。20世纪80年代初，在中路罕额依发掘了古遗址和古石棺墓葬群，经四川省文物考古工作者鉴别，认定分别属于新石器时代和春秋战国时期遗址。发掘的8个灰坑、2处房基遗址，出土有大量石器、骨器、陶器及装饰品。石器有打制和磨制的石斧、石刀、石锄、石锤和水晶石磨制的细碎石器等；骨器以锥、针数量居多，另有少数的刀、管、梳、矛及装饰品；陶器以饰粗、细绳纹，夹砂红褐、灰陶和素面或磨光的泥质灰陶为主，有杯、罐、钵、瓶等。从遗址出土文物中可以明显看出，当时的人们对钻孔技术的运用达到较高的工艺水平，无论是在陶器、石器、骨器上都可以看到钻孔技术的广泛运用。

经对地层和出土的遗物分析、比较，并经C14

远山、古碉、树林、藏房、绿田，构成一首凝固的田园交响乐。

49

测定证实，早在距今 5000~2000 年间，这一地区的土著先民已创造了自己的文化，"石砌建筑"已达到了相当高的水平，其建筑风格和建筑艺术与西藏"卡若文化遗址"水平相当，但石砌技术上更趋成熟。遗址中所显现的石砌建筑及其技术与后来的嘉绒藏区所盛行的民居和古碉相近，表明一脉相承的渊源关系。1996 年，中路罕额依遗址及石棺墓葬群被列为四川省第四批省级重点文物保护单位。

中路的山村田园风光堪称如诗如画。这里地势相对丹巴其他村子而言算比较平坦，因此房子建得比较大，几十座古老的碉楼散落村中，处处显出一派古朴宁静的乡村风韵。加上日照时间又长，看墨尔多神山角度又佳，还有帅哥美女，不谋杀游人的菲林才怪呢！

我到中路是徒步上山的。同路的还有一个当地少妇，她带着我走比公路近很多的小路，还主动提议帮我背行李。她也提着东西，我一个大男人实在不好意思还要女人帮我背东西，况且我边走边拍还不时要停下喘喘气，便婉言谢绝她的好意，叫她先走不用管我了。

没有了向导，我就走得更慢了，因为不时会走错路。甚至不经意中进了人家的院子又不愿意走回头路，便爬高跳低的逃出来，遭到那些凶恶看家狗扯开嗓门的严重警告。幸好主人都很和善，并没有把我看作是偷鸡摸狗之辈。

依山而建的中路乡碉楼藏房林立，山中一块平地像铺上了大大的绿地毯。

碉楼林立的梭坡

远眺梭坡，座座碉楼镶嵌在山坡的树林里，蔚为壮观。

嘉绒藏区最集中的碉楼在丹巴，丹巴最密集的碉楼在梭坡。到梭坡最主要的目的是为了看碉楼。

出县城往东南方向走约5公里，路边就有一个观景台。隔着大渡河向东北方向望去，几十米高的座座碉楼镶嵌在山坡的树林里，特别是太阳快要下山前，暖暖的光线把碉楼照得金灿灿，蔚为壮观。

如果不满足于远眺，可以过学校边的铁索吊桥，顺大渡河走三四十分钟便可到那四座碉楼前看个究竟。其中的一座八角碉楼，据说以前是属于土司头人的。

古碉楼按其功用可划分为要隘碉、烽火碉、寨碉、家碉、界碉等。其造型有四角、五角、八角、十三角等，而又以四角碉楼最为普遍。石碉技术融几何、力学为一体，碉身光滑，角如刀锋，碉楼的墙体用不规则的石块和泥作材料修砌，砌墙是非常讲究石料的料面安排，遵循的基本原则是石块平整的一面向上、上下左右的石料大小组合在一起要相互契合，上下石料错缝而砌，小缝隙用小石块填充塞紧，技艺高超的工匠们调度得十分得体，棱角面体如斧削刀切。墙体由下而上渐渐收窄，墙体底部一般在 0.4～0.6 米左右。碉楼在立面上呈下大上小的台锥形，碉顶凸顶角作尖角耸立，给人一种向上飞升的感觉，虽历经战争、风雨侵蚀、地震考验，仍巍然屹立。

碉楼内各层用圆木作梁，梁两端平置碉体墙体内，梁上密铺树棍，再铺树枝，然后填泥土夯实，最后铺木板作为上层的地面。各层之间用木梯上下。碉楼的底层一般都没有窗户和门，为全封闭式。二层以上根据建碉楼的用途分别开大、小窗户或瞭望孔、射击孔，数量不定。窗户都是竖长方形，一般高0.6～1.2米，宽0.1～0.15米左右的竖长方形或"十"字形。碉门多建在二层或三层某一面墙体上，一般高1.6～2.2米、宽1～1.4米左右，进出都在碉门外下方，架用独木梯作上下用。通常门、窗的大小与建筑结构有关，棱角越多门窗越小。碉楼在修建时，层积而上，碉楼外墙的墙面、碉角原线条直度、墙体的收分度由两名有经验的技师站在墙体上方同一面上方在两角上凭目力斜视对角及由上往墙基外侧倒水线来掌握确定。碉楼虽高达数十米，而碉墙墙体面并不倾斜，墙体外部平面及每条棱角线都非常规则，加之碉体的坚固性（墙体下大上小）处于抗高压状态。每层的木梁从内部支撑着碉体不向内坍塌并将碉身连接成为整体，碉楼外墙的棱及棱角形成外墙的支撑柱，这种高明的石建技术堪称我国建筑史上的一绝，令人叹服。

路边山上的蒲角顶有几个寨子，同属于梭坡乡，但民居建筑风格却迥然不同。其中有一座十三角碉楼很出名。爬上蒲角顶再下来要一天时间，对人的体能是一个不小的考验。

丹巴的古碉楼，其建筑技艺堪称精湛绝伦，与藏寨古树交相辉映，形成世界独有的奇观，是嘉绒藏族人民聪明才智的集中体现。

藏区童话世界——甲居

甲居，藏语本意是指"百户人家"。这"百户人家"错落有致地点缀在离县城7公里的一片面积约5平方公里、绿阴葱郁的山坡之上，建筑风格都惊人地相似。由于村民有在过年前粉刷房屋的习惯，所以在大山深沉颜色的衬托下房子显得格外亮丽，就像仙童搭起的彩色积木，怪不得被人家称为"藏区童话世界"了！早春，簇拥着寨楼的桃树、梨树、石榴树嫩绿吐翠，粉红、白色、红色的花竞相开放，让整个山寨融入花的海洋；盛夏，那幢幢寨楼又似害羞的少女藏进万绿丛中，偶尔林海随风涌动，那齿白唇红若隐若现；深秋，树木换上了黄色、红色的盛装，楼背上堆满了金黄饱满的玉米，房檐边挂上了串串的红辣椒，寨楼四周的果树枝头缀满了累累的果实，好一派丰收、喜悦的景象；隆冬，整个寨楼才肯露出她的全貌，任由人们尽情欣赏她那迷人的身影。每到这个季节，村民便会按当地的习俗把寨楼粉刷一新，再涂上如"拥忠"等具有

碧玉般翠绿色的小金川河缠绕在崇山峻岭间，养育着热情、勤劳、勇敢的嘉绒藏族人。

一定象征意义的图案，把整个山寨打扮得雪白如玉，格外的玲珑浮凸。这就是每年的冬月十二日为纪念驱妖除魔的藏族英雄"阿尼格尔冬"而过的嘉绒藏历年节。

那些墙角顶的白色小石塔"拉乌折"把屋顶装饰成半月形，便是村民崇拜的传统图腾象征的标志。每幢寨楼占地约200平方米，高约15米，都

那童话世界般漂亮的藏房星罗棋布散落在山坡的树林梯田中，好一幅美丽乡村风景画！

为石木结构。墙体是以当地的天然石块加上黄泥砌成。楼层一般为3~5层，每层间用大圆木作梁，上铺有小圆木、劈柴、柏枝等，之后盖上15厘米厚的稀黄泥，待泥干后捶实抹平，就成了不透水的结实屋面。最引人注目的是墙角上插有迎风猎猎作响的经幡，把寨楼装扮得如堂皇宫殿，更增添了莫测的神秘感。

沿路前行几公里便到聂呷村，上有土司官楼等碉楼。再走两三公里便到小巴旺。

人间仙境——党岭

雪山、彩林、草甸、群海、温泉，集诸多自然美丽元素于一身的党岭风景区，处于刚开发阶段，她的迷人风光恰似刚揭开面纱的新娘吸引着人们的目光。

从县城向西北方向行约68公里，便可到达党岭。从党岭景区东部海拔2780米的两河口，至党岭雪山主峰夏羌拉直线距离仅21.5公里，相对高差却达2690米。巨大的垂直落差形成幽谷深邃、千仞壁立的高山峡谷景观。独特的地质地貌、气候条件使党岭景区至今还保存着原始状态的自然生态系统，保存了大量第四纪（距今250万年）以来多数地区已绝迹的珍稀动、植物等活化石，成为世界上非常重要的地质历

遗世『香格里拉』

宛如人间仙境的葫芦海

史博物馆和物种基因库。

骑马进入到柯鲁柯河上游5公里处的葫芦海，就像进入了一个人间仙境。清澈见底的湖水泛着碧绿，无鳞鱼自由自在地在畅游。运气好的话，还可以看到香獐、盘羊、扭角羚等珍稀野生动物在河边喝水。

除了葫芦海，党岭景区内还有卓雍错等很多高山海子，它们像晶莹剔透的珍珠镶嵌在党岭雪峰下。这都是第四纪古冰川退缩后所形成的冰碛堰塞湖和冰斗湖。金秋十月，湖边换上金黄色秋装的树木、洁白的雪山、明净的蓝天倒映在湖水中，美得令人窒息，真不敢相信自己的眼睛。

党岭的温泉又是一绝。一处有硫磺味的叫"木日插曲"，藏语意为"火药澡塘"；另一处是周围有一大草坪的

宁静的秘境，美得让人窒息。

叫"布卡插曲"，藏语意为"草坪澡塘"。两处温泉均位于党岭村南约4公里处，温泉水终年不断，昼夜水流量高达3000余立方米。经专业人员化验，属重碳酸钠型中性优质医疗热矿泉，内含多种矿物质，对神经痛、胃肠病、糖尿病、关节炎等有神奇疗效。温泉池周是风景优美的原始森林，泡在热水中，可洗尽旅途的疲劳，亦会洗尽俗世凡尘带来的烦恼。

党岭雪山的主峰海拔5470米，名字叫"夏羌拉"，藏语意思是"美女神仙山"。俗语说："只有生坏命，没有改错名"，这里可真是名副其实了。

从丹巴县城出发游党岭及边耳需要3~5天时间。游览党岭最佳季节是鲜花满山的4~5月及秋叶金黄的10月中下旬。

传奇墨尔多

墨尔多山是藏族最古老的宗教——黑教的神山，藏区著名四大神山之一。主峰海拔4820米。这座并不算很高的山为何能成为嘉绒藏族文化的中心呢？皆因他有很多传奇，正所谓"山不在高，有仙则灵"。

在目睹墨尔多神山之前，我们不妨先听听关于他的传说吧。传说就是我传别人的说，当中也肯定添加了我的油和醋，不合口味者弃之就是了。

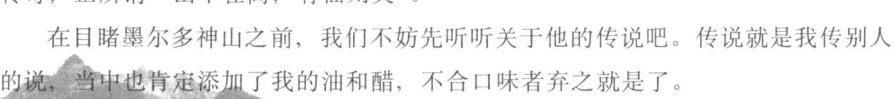

很久以前（具体时间是淹死母鸭那一年），藏区的各大神山为安排辖区的领导权，曾召开过一次天下群神参加的武林文坛大会，宗旨是解决历史遗留问题，有序有效地管理天下，构建打造一个和谐的社会，具体目的是排定座次，分划隶属关系。会议决定以神佛经典为据，通过辩经说法和比武，夺魁者确立为群山之首。会议否决了某位恃强凌弱的大神"以武力推行民主"的荒谬提议，并批评了其把别处领主抓住绞死的残暴做法，确立以德服神、若不行再动手比实力的会议方针，并制定了比武诸如"不能攻击要害部位"、"不准使用核武器"、"不准咬掉对方耳朵"等具体规则。与会各方都想把领导权尽量扩大、影响力尽量增加，表面上却都是谦谦有礼，堆着笑脸嘘寒问暖的不在话下，甚至有称兄道弟的来个熊式拥抱。大家都遵循见面握握手，表决举举手，别人讲完拍拍手，意见不合再动手的"四项基本原则"。身高体重的喜马拉雅山神虽最近被实测减去了几米高度，但仍凭着世界之最获得主持者的身份。他见群神到齐，当即宣布会议开始。刚刚说出"各位来宾"几个字，突然见东方飞来一位山神，昂昂然进入会场。来者环顾四周，见除上方有一宝座外，已是座无虚席。他见不到有靓女服务员，就低声询问旁人，见无人理睬他这个矮个子，便自个登上首座。场上顿时哗声四起。只见他不慌不忙地说："讲经论法排座次，比武强弱分高低。君子无戏言，有本事的就可当盟主，这是本次大会已经定好的规矩。为何场中无我席位，想必是大家推举我坐此位吧。"说完，气定神闲坐在宝座面向群神。大家当然愤怒不服，纷纷与他辩经说法。经过七七四十九天的论战，佛法造诣极深的矮个山神终于战胜了所有对手，喷出的口水花都变成了众多的河流滔滔不绝，不幸的母鸭就这样被淹死了。为纪念死去的母鸭，日后会议就以鸭子作吉祥物，此是后话暂且不提。紧接着比武决赛开始了。经过九九八十一天的鏖战，结果还是矮个山神取得最后胜利。众神不得不服，只好让他登上首席。当他登位摘下帽子向众神致意时，大家才发现他是个秃顶而且头上闪闪发光，都不约而同地惊呼："墨尔多！墨尔多！"为何众神都喊"墨尔多"而不叫"头发少"呢？原来是佛祖释迦牟尼曾在世界之巅察看天下时，看见东方有一处天地一片金光闪闪，而且河谷秀丽、物产丰富，人们善良淳朴、勤劳勇敢，就预言将来佛法一定会在那里得到传播并发扬光大。所以"墨尔多"既被称为"地母土地神山"，又在藏梵文中写成"秃顶闪光"之含意。当见到墨尔多现身会场中，众神从内心折服，并报以热烈的掌声和投上尊敬的目光。

墨尔多山神荣归时，一位远道赴会迟到的山神寺尔基（意为金刚神）不服，追

神山下的东坡藏家

踪到墨尔多山前，提出要与新任盟主一较高下。墨尔多点头应允，并让他先出招。寺尔基大叫一声："那就不客气了！"挥起神刀就砍向墨尔多。每砍一刀，墨尔多都是微笑着往空中腾挪一下，脚下的岩壁被砍下一道道深深的刀痕。就这样一百零八刀后，成为了现在人们攀登绝壁险陡处的一百零八层阶梯。墨尔多已退到山顶，仍旧笑着说："该我还手了吧？"说着手起箭落，如电光闪射，还未等寺尔基回过神来，他头上的毡帽已被射落飞抛一边。被惊出一身冷汗的寺尔基再也不敢交战了，立即跪拜在墨尔多山神面前认输。至今在墨尔多山的西北面有一雄峰，状如向墨尔多神山躬身哈腰拜服，就叫做"寺尔基神山"，在他的左背后有一小山峰状如毡帽，就是寺尔基被射下的帽子。

这次盟会后，四周山神原来不服墨尔多的都被他的德才技艺折服了。墨尔多便将周围的山神统册封排好位置，四姑娘山即是当时被册封的"司左台柔达"的汉语谐音，藏语意为"保护山神"。

墨尔多神山素以神奇著称。主峰北面有天然形成的喜马拉雅、冈底斯、阿尼玛卿等藏区八大神山的缩影造型，以及据说遇有惊动就会风起云涌的高山神海；主峰东面有数十座造型逼真的天然石碉群；西面是神奇的神仙洞和自生塔。还有狮子岩、罗布铺、墨尔多寺、石笋等著名景点。

据《墨尔多神山志》记载：墨尔多山上的空行母十分灵验，"围绕墨尔多神山转一周，相当于念经七亿遍，来生不得下地狱，今世也得消灾难"。因而，多少个世纪以来，墨尔多神山一直备受宗教信徒的崇拜，得以声名远播，在西藏布达拉宫也有墨尔多神的牌位，足见其地位之高。

美人芳踪何处寻

丹巴有"美人谷"之称，是因为整个丹巴的美女多，一不小心就会在街上田头碰到。于是，整个丹巴都是美人谷。她们天生的冰肌玉肤并不会因为紫外线强而晒黑，曲线天成的身材并不会因繁重的劳动而五大三粗，相反会令她们更健美、更阳光、更自信。

为何丹巴美女成"特产"？除了地理环境、水土及气候外，与其种族应有很大关系。坊间有三种传说：一、"东女国"遗民说。公元7世纪初期，在今西藏东部以康延川为中心，出现了一个以女人掌权的国家，叫"东女国"。到了8世纪末期，东女国王室发生内乱，男人篡夺了王位。女王冒死携带旧僚巧妙逃离，日夜兼程来到丹巴。丹巴产黄金，境内两大河后来就称"大金川"和"小金川"。东女国在丹巴复兴了，不仅富裕，而且美女如云，这就引得附近国家前来劫财劫色，搞得东女国鸡犬不宁，最后逃脱不了亡国的命运。现在梭坡弄中村甲都一带的高山上据说有东女国王宫遗址，不过路途遥远艰辛。我住在梭坡的当晚突然上吐下泻，次日实在无力气去亲临证实，留下遗憾。二、西夏皇族后裔说。党项人建立的西夏王朝曾经辉煌一时。党项，又称"党项羌"，原来是西羌的一支，最早活动于大小金川一带。魏晋南北朝时，在今青海东部和四川西北部地区从事畜牧业。唐初，因受吐蕃势力的逼迫，逐步迁徙到今宁夏、陕北一带，于公元1038年建立西夏国，1227年为蒙古汗国所灭。相传亡国后其王族成员不甘心投降，在一位丞相的带领下，千里迢迢逃回了他们祖先的发源地，隐姓埋名定居下来。据西夏文字记载，党项人自称"弥药"，而现在丹巴革什扎、丹东一带所讲的方言亦称作"弥药语"。还有丹巴的党岭原叫"党坝"，种种迹象表明可能这里正是党项人的聚居地。带有王族血统的人自然气质不凡，但为了避免战祸，他们的祖先毁灭了所有与西夏王朝有关联的东西，为防

丹巴的嘉绒藏族美女

58

丹巴美女抱着一个未来的丹巴美女

走漏风声，也就自然不会把祖先的来历告诉后代了。三、民族大融合说。丹巴处于历史上许多民族大迁徙必经之地，有的民族经过留下了部分人口，与当地人杂居结合、繁衍后代，从而造成现在谁也说不清丹巴人的确切来历。小小的丹巴居然有很多方言就是一个证明。在丹巴人的语言和生活习惯中，我们可以发现大量与羌族、彝族、蒙古族等少数民族非常相近的痕迹。后来的汉族大量地移来，其影响也不容忽视。现在的丹巴人继承了不同民族的多种优点，不仅姑娘长得漂亮，小伙子也长得英俊。来丹巴看帅哥美女也成为旅游目的之一了。

徒步甲居经过那三个出名的"姊妹花"家时，我本来不想进去，怕被人误以为登徒浪子，可一听见里面传来美妙的歌声，而且从声音听出肯定不是那位据说"唱的《青藏高原》不比李娜差"的花妈，我的脚步不由自主地移向她家的门口。

歌声从厨房飘出来，我从窗口探头欲一睹芳容。听到动静后，黑黑的厨房里灶台后露出一张女孩的脸，既不是花妈，也不是她的三个女儿，看样子应是请回来照顾家庭旅馆的服务员。这让我想起了杨门女将中的烧火丫环杨排风。

服务员说，姊妹花不在家，要见到她们很难。打听了一下吃住的价钱后我就下山了，因为我没带行李本来就不打算在城外住。

的确，很多丹巴女孩都被外面的歌舞团、旅游景区、宾馆招去了，平时在丹巴反而难见到美女。据我观察，丹巴美女肤色白、气质佳、脸形好，特别是鼻梁又正又直。也就是说，这么多好的"零部件"组合起来一定差不了。特别是当她们穿上传统的民族服装时，再加上少数民族都有能歌善舞的优良传统，节假日时游客的眼睛就不够用了。

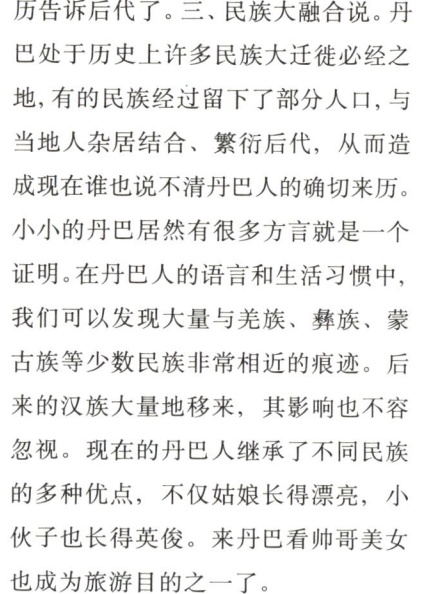

如果寻根问底美人谷具体在哪里，当地人会告诉你：在巴底乡。从县城向北走26公里就到巴底乡，再往一条山谷上行十多公里的邛山村中又分一村、二村、三村……由数不清的漂亮藏寨相连而成的山谷非常漂亮，但路途也非常艰辛，要徒步约2个小时才能到达，那里的邛山一村被誉为"正宗的美人谷"。邛山有土司官寨，不知是不是贵族的血统使得那里的美人特别多。也许是"天妒红颜"，2003年夏季泥石流袭击了那里，如今还能看到大自然发威时的痕迹。看来我们人类应收起狂妄自大的心好好反思一下：是顺应自然、回归自然还是征服自然好。无数事实已证明，自然就是自然，是征服不了的，征服得了的就不是自然了。自然是千万年来已形成的法则，有着自身的规律，顺自然者昌，逆自然者亡。我又再想起希尔顿《消失的地平线》里提到香格里拉的"Moderation"（适度）的理念。地球只有一个，那是全人类及一切生物的共同家园。人类在向大自然索取的同时要回馈，在生存发展与保护地球环境之间要找到一个"适度"的平衡点。

实用资讯

咨询
丹巴县文化旅游局电话：0836-3522902

交通
面包车司机刘波：13547150990。县城到甲居或聂呷5元；到中路克格依5元；到中路桥边2元；到梭坡路边观景台2元（经过三布接待站）。
丹巴客运中心电话：0836-3522529。丹巴到成都早上7：00发车，93元，走大渡河峡谷、泸定这条路上车后加20元，15：48左右到成都，再坐34路车1元就可到火车站。丹巴还有到康定、小金、金川、道孚、聂呷（经过甲居）等地的班车。丹巴县城内出租车2元/次，出城议价。
党岭租马费80元/天。

门票
甲居30元；中路20元；梭坡15元，参观碉楼内部5元（私人收费）。

住宿
丹巴春鹏宾馆 地址：丹巴县汽车站大门右侧；电话：0836-3521181；手机：13618133611
中路东坡藏家 手机：13508292423 益西桑丹。
梭坡三布接待站 地址：梭坡乡宋达村（距县城4公里路边）；电话：0836-3521978；
手机：13990451762 三布长命

← 远处山梁上是聂呷的两座直指苍穹的碉楼，近景是甲居藏寨积木似的漂亮房子。

节 日

名 称	时 间	内 容
春节	农历正月前	节前杀猪制腊肉、翻新房子、吃团年饭
	初一到初三	白天不出门，晚上跳锅庄
	初四	拜神、祭祖先
	初五到十四	拜访直系亲属，然后是亲戚，最后是朋友
	十五元宵	庙会吃喝玩乐、看藏戏、跳锅庄
	十六到十七	锅庄比赛
	十八到月底	回村跳锅庄自娱自乐
赛马节	农历四月初八（佛祖生日）	赛马，有的地方跳锅庄
墨尔多山庙会	农历七月初十（山神生日）到十五	在大石包庙（墨尔多寺）拜神、朝山、旅游、摆摊交易
燃灯节（又叫元根灯节）	农历十月廿五	点元根做的酥油或清油灯
嘉绒藏族风情节	"五一"劳动节或"十一"国庆节前后	锅庄表演、服饰表演、歌舞表演、选美等

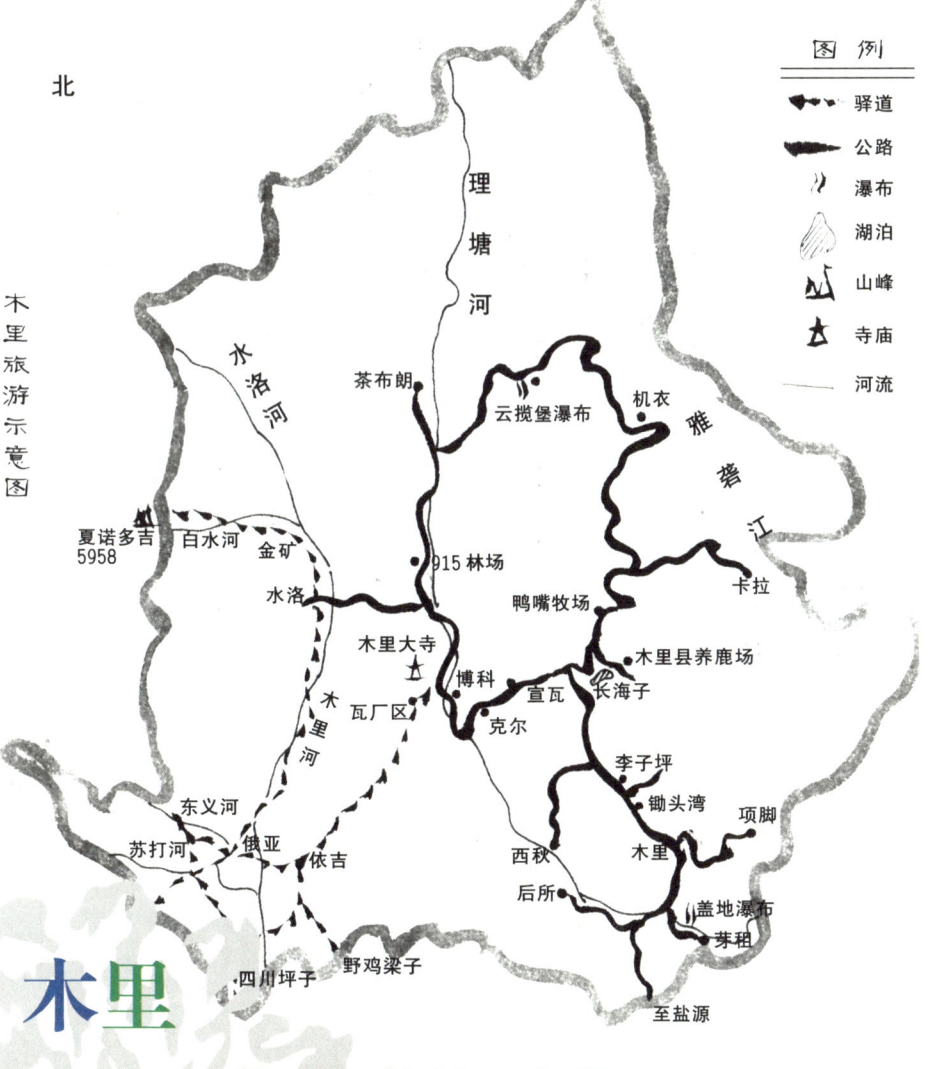

北

木里旅游示意图

驿道
公路
瀑布
湖泊
山峰
寺庙
河流

理塘河

水洛河

雅砻江

茶布朗

云揽堡瀑布

机衣

夏诺多吉
5958

白水河　金矿

水洛

915林场

鸭嘴牧场

卡拉

木里大寺

博科

木里县养鹿场

瓦厂区

宣瓦

长海子

克尔

李子坪

东义河

木里河

锄头湾

项脚

苏打河

俄亚

依吉

西秋

木里

后所

盖地瀑布

芽祖

四川坪子

野鸡梁子

至盐源

木里

——浑金璞玉的惊世之美

人间最后的净土

上帝游览的花园

木里秘境的遗世风情

在山更高处

在行未穷时

找到新的"木里王"

群山宽阔的胸怀环抱着木里县城

想不到木里的信息是通过"出口转内销"传到我的耳中的，真有一种从老外手中买到 Made in China 的产品一样的感觉，典型的"墙内开花墙外香"。

1922~1949 年间，美籍奥地利人约瑟夫·爱佛·洛克在美国国家地理学会的支持下在中国西南地区考察，三次经泸沽湖抵达被他称为"古佛教王国"的木里，并

木里县城至稻城亚丁线路示意图

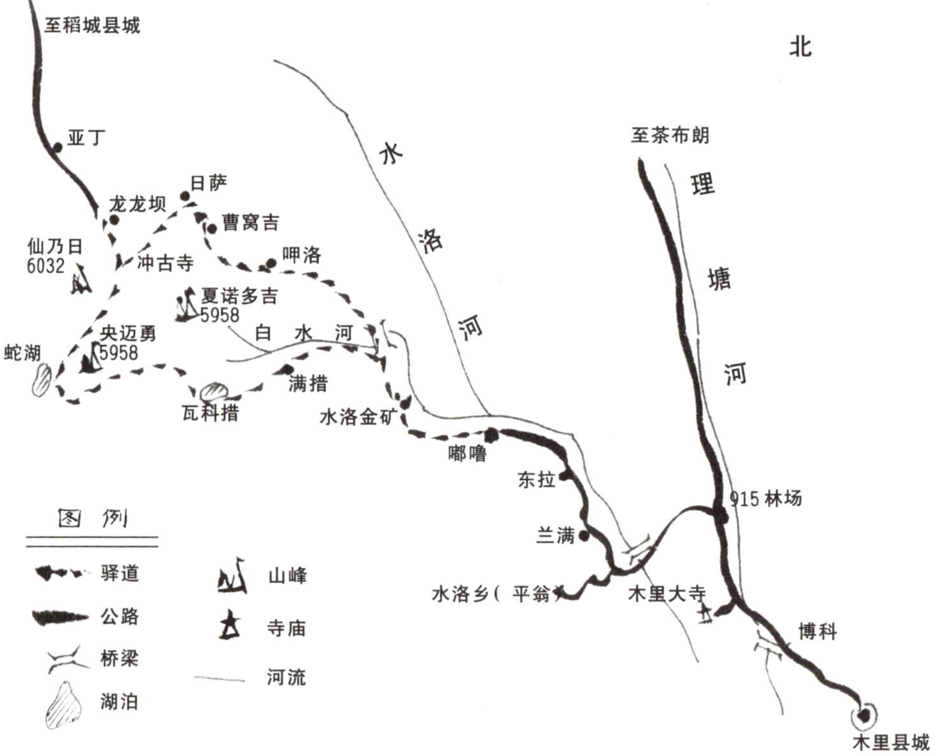

北

至稻城县城

亚丁

日萨

龙龙坝

曹窝吉

仙乃日
6032

冲古寺

呷洛

夏诺多吉
5958

央迈勇
5958

白水河

蛇湖

满措

瓦科措

水洛金矿

嘟噜

东拉

兰满

水洛乡（平翁

木里大寺

博科

木里县城

水洛河

理塘河

至茶布朗

915 林场

图 例

- 驿道
- 公路
- 桥梁
- 湖泊
- 山峰
- 寺庙
- 河流

木里彝族妇女抽烟的样
子很酷

从木里境内向西北而行，到达了与甘孜州稻城交界的地区，发现了"金字塔"般的"未特珠嘎"。随后把他的发现发表在美国《国家地理》杂志上：

"在探访木里王国的时候我曾看到远处的一脉雪山，当地人告诉我，那是贡嘎雪山，是佛教王国的圣洁之地。在木里土司的安排下，我和21位纳西族随从，从木器厂翻过理塘河向贡嘎岭地区出发，山路弯曲地穿过冷杉和栎树形成的森林，多种杜鹃散布在密林深处，青翠黛绿的各色树木和淡黄的树挂相映成趣，清新的空气和花开多彩的杜鹃，还有隐现在树丛里的山茶花和报春花，真使得这里像是一个神仙游赏的花园。沿水洛河一支源于夏诺多吉山峰的支流来到雪山脚下，此时云层骤开，显现出雷光电闪的守护者的真面目，一座裁剪过的金字塔，在它两旁的山壁像是一只巨大的蝙蝠所展开的双翼，这是一处没有人知晓的仙境胜地。"

千针万线纳出来的鞋底，凝聚着木里人的勤劳和俭朴。

多么生动的描述！多么激动人心的描写！我仿佛看见当年洛克发现秘境时手舞足蹈的兴奋场景。既然这个见多识广的人到了木里都这么"兴"，那肯定是有独到之处，我也要闯进去看看。

在找不到任何有关木里资料的情况下，我一个人走进了木里。有时对一个地方毫不知情时闯进去也有好处，那就是看到什么东西都是新奇的，容易有意想不到的收获，人就更亢奋。

当年洛克不是先去拜访被称为"木里王"的木里土司吗？我对木里一无所知，当然要找个熟识木里情况的人了解一下，而最熟识木里的恐怕非县长莫属了。

于是我刚从坐了十个钟头的班车上一下来便直奔县政府，不知天高地厚地闯进了县长办公室，当上了"新木里王"的不速之客。（我把县长们比作"木里王"没有任何恶意，只是借用一下，但也有根据：木里最后一个土司解放后当了县长。）

人家洛克有"丽江王"的介绍啊，又有美国机构的支持，更带着荷枪实弹的21个纳西族随从，人强马壮、浩浩荡荡。

我呢？什么都没，单人匹马——准确点说，连马也没有。兼且在外已流浪了两个月，不说是蓬头垢面起码也是满身灰尘。我张某人何许人也？跟盲流的唯一区别只不过是把"蛇皮袋"（彩条纤维布袋）换成了背囊，竟敢不请自来、擅闯公堂？不拉出去打五十大板、轰出门外已是很给面子了。

也不知是不是我傻人有傻福，就凭着浑身是胆和三寸不烂之舌、凭借自费只身走遍全国的"光辉历程"招摇撞骗，偏偏让我遇上的是热情好客、淳朴厚道的木里人。"新木里王"们不但详细地给我介绍木里的情况，借给我县志作参考资料，还周到地给我安排住宿、接风洗尘。木里县当时不但没有

笔者初进木里时拜见"新木里王"

旅游局，甚至连一个管旅游的人也没有。于是由副县长、办公室主任等亲自出马，接待我这个被"新木里王"称为"木里旅游的拓荒者"，真使我受宠若惊。

本来被戴上"木里旅游的拓荒者"的高帽后我就比嫦娥偷吃了灵药还"飘"，现在又被十倍于我的人唱着藏族祝酒歌（喝多了，忘了介绍木里是藏族自治县）轮番

遗世"香格里拉"

把我这"责任田"来"灌溉",不胜酒力的我几杯下肚后实在分不清添酒上菜的是吴刚还是服务员,喝的是米酒还是桂花酒了。

"木里王"说好要找辆吉普车送我四处走走的,刚好碰上县里出了点意外事故,"木里王"忙得疲劳不堪、分身乏术。我自己也感到"无功不受禄",不好意思再麻烦别人,便提出我自己到处走走就可以了。"木里王"把他的手机号码给了我,千嘱咐、万交代:"自己小心点,遇到麻烦就说是我的朋友,马上打电话给我。"

铺天盖地的瀑布

盖地瀑布位于县城正南方、到芽租乡的路上。由于没有班车到,我只得在县城租了一部吉普车。

过了大桥后车子左拐,驶进了凹凸不平的土路。车没走多远就由于路的垮塌不得不停了下来。我只得下了车,徒步向东南方走去。司机本想给我带路的,但刚好有个彝族姑娘回家与我同路成了我的向导,他便放心地在车里等我。

边走边聊,一个钟头左右便来到山坡一片树林前。姑娘执意要陪我走下到河边

铺天盖地的盖地瀑布

的瀑布处，然后再爬回山腰的路上继续她的行程。多么热情淳朴的木里人啊！真是"为人为到底，送佛送到西"。

盖地瀑布最大的特色是隐藏在树林间呈扇形向下奔流，形成铺天盖地的气势。要不是有知情人指点，很可能错过了也不知。"树在水中长，水在林间流"的奇观令我忘情地拍摄，并对"这么大的水是从哪里钻出来的"产生了好奇之心。于是我不走下来的小路，而是顺着瀑布边向上爬。

地上很湿滑。我闪转腾挪手拉着树干吃力地往上登。哗啦啦的水声盖过了我的喘气声。

一间水力磨房出现在我的眼前，门开着，没人。我走了进去。

一套石磨在水下木轮的带动下不急不慢地转着，一条绑在磨面上的小木棍贴着转动的石磨，每到磨盘有个小缺口的地方便弹一下，正好敲打在磨盘上方盛待磨物的木斗上，待磨物如浸泡过的玉米受木棍敲打震动便会落下一点到磨的孔中。如此巧妙的设计是勤劳聪明的劳动人民充分利用大自然的结果，既省力又省去电费，既无任何污染又巧借了自然之力，这是人与自然和谐相处活生生的例证。

正在欣赏拍照，一个少妇走了进来。水声掩盖了她的脚步声，当她突然出现在我面前时我吓了一跳。她突见一个生人在磨房里也吓了一跳。

她热情地邀请我到她家喝茶。我见她家好像没人便婉言谢绝了。我担心闲言碎语会给这么善良真诚的人带来一点点的麻烦和伤害，尽管这可能是我多余的担心——"以小人之心度君子之腹"。可有时候宁愿当这样的"小人"，也要多为别人着想。

遗世『香格里拉』

67

在芽租参加彝族人的婚礼

　　偶然知道芽租乡有人结婚，我设法联系上并征得同意后，兴冲冲地赶到婚礼现场。

　　凉山彝族人结婚有很多奇特的风俗。当婚期将近时，新娘要节食禁水，彝族语叫"咱果"。若新娘嫁得远，则在婚礼前3天就开始节食，嫁得近的则在1天前开始。我对节食禁水的习俗非常好奇，便向彝族老人请教。他们说：因为姑娘出嫁，送亲的都是男人，若不这样，怕新娘在路上不方便，新娘到男家前按风俗是绝对不能如厕的。

　　出嫁的前一夜，村里的男女老少都会来新娘家祝福，饮酒对歌。妇女们集中到新娘身边，用披毡蒙着头，通晓达旦地唱悲伤而幽怨的歌。

　　第二天，当太阳还未上山时，姑娘们就将新娘扶出门外坐在一块竹席上，请一位本村中多子多福的妇女为新娘梳妆打扮。迎亲的队伍来到，于是一场抢新娘和留新娘的"大战"开始了。只要迎亲的人摸到新娘头上的彩带，她就算是夫家的人了。留新娘的姑娘们就会停止护卫，上前与新娘一同用披毡蒙头痛哭，一个个哭成泪人

男方选派的人为新娘梳妆，标志着新娘正
式成为新郎家的人。

新郎家晒场上的露天喜宴

新荣任妈妈的彝族妇女眼里闪耀着世上最
美的母性光辉

儿，场面甚为感人。

送亲的人要背着新娘把新娘送过来。背新娘的重任一般是由新娘的表哥来担当，这个表哥要挑人长得好人品也好的，其他人不许碰新娘。远的可以先背十来米，然后用马代劳驮到新郎家前再由表哥抱下来坐在铺了毡的地上。来贺的宾客被拦住喝喜酒、吃瓜子和糖果。

新郎家的客厅和屋前近百平方米的空地都铺上了绿油油的松针。被头帕严严地盖住头的新娘由表哥背着走到门口，拿一只宰了的公鸡在新娘头上转一圈然后才能入屋。过了一会又背到屋外的田里坐在铺了毡的地上，由新郎家选派与新娘生肖相合、新郎的姐妹或女亲戚揭开头帕帮新娘梳头后才算正式入了男家。

晚上男女家宾客的对歌是最精彩、最激烈的环节。双方能说会道反应快的歌手即编即唱即对、唇枪舌剑、你来我往，颇有"讲数"的味道。对歌内容丰富，时间很长。我虽然听不懂他们唱什么，但也感受到现场激烈的气氛。我请见多识广的王成云大哥给我翻译，其中一段是女家的人把新娘自出娘胎到出嫁（以前是17岁）的履历介绍，怎样含辛茹苦把新娘教养大、现在把如花似玉的新娘送过来交给你们男家，你们一定要好好对她等等。男家的答唱介绍了新郎家生活怎么好、一定会善待新娘云云。

最后是青年男女在屋外的空地里围成一圈欢快地跳舞，有点遗憾的是他们为了跳舞动作的施展，基本上都没有穿彝族传统的服装。

长海子边与牦牛奇妙的交流

我坐向北往茶布朗方向的班车，打算到进长海子的岔路口下车，然后徒步到长海子。刚好同车有位老人也是去长海子，他说等一下会有货车进去。于是我跟着他下车在路边一间小卖部里等。果然，等了十来二十分钟，一部装着旧家具的货车开

木里美丽的高山湖——长海子

秋天的长海子水蓝草黄，美丽而宁静

长海子边的牦牛

过来了。我和老人上了后面的货厢。货厢里有两张木沙发，已有一个男青年坐着，另一张当然是老人坐的。男青年起身热情地把座位让给了我，自己站起来迎着冷风。

距县城35公里的寸冬海子又名"长海子"，是木里最大的高原积水湖泊，面积达330公顷，坐落在县城北部海拔3404米的康坞山顶，呈南北走向。湖四面环山，山上很有趣：树木喜欢"扎堆"，成片或成条状，其余地方则只长花草和灌木，泾渭分明。湖里芳草连成一片片，在秋风的轻抚下泛起金浪。一窝猪和一群牦牛在湖边觅食休憩，不时还有几只鸟飞来凑凑热闹。蓝天、白云、丽日笼罩着大地，山环抱着水，水倒映着山，马牛徜徉天地间，构成一幅和谐、安详、宁静的画面。

我掏出方便面干啃，权当午餐。

一头牦牛径直向我走来。我望望自己身上红色的风衣，西班牙斗牛场的惊险场景立即浮现在眼前——牦牛不会是打我的主意吧？从它的眼神里我看不到一丝凶光，于是我站着不动等它来到我的身边。从它垂涎欲滴的样子里，我明白它是对我的食物感兴趣。我把即食面递给它。它用鼻子闻了闻，呼的一声从鼻孔喷出一口气——不好吃！我心想：我都是吃这个东西啊，你竟然舔都不舔一下，太不给面子了！我决定恶搞它一下——打开那小包辣的调味粉递到它面前。牦牛用鼻子深吸了一口，受到辣味粉的刺激，立即喷出一口大气，快速地甩了甩头转身走了。哈哈哈！你这个馋嘴的大家伙！我开心得笑弯了腰，仿佛恢复了记忆深处单纯的儿时天真，像个淘气又快乐的孩子。这种逃离繁华都市光怪陆离一个人融在大自然中的感觉真奇妙——身上的每个细胞都像花儿般自由地绽放，不需要面对复杂人际社会时的道貌岸然，不用担心被人笑作"老顽童"。我终于找回一个真实的我，一个自然的我。

原始森林迷了路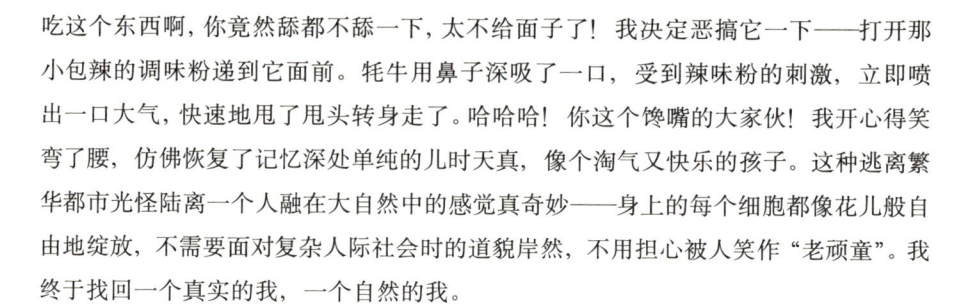

到康坞牧场问人要了点开水，我准备徒步出岔路口等每天只有一班的客车。牧场的人告诉我，有一条小路下去近很多。

我一向对走回头路不感兴趣，心想走小路又近又能多看一点新的风景，何乐而不为？

于是我顺着山林像有人走过的小路走下去。

山很陡。但我只是带着相机和装有水、巧克力的一个小包，负担不重，又是下山路，并没有感到有什么难度。

走着走着，小路越来越模糊，最后消失了。

我硬着头皮左冲右突，还是不得要领，而且周围的野竹杂树越来越密，我几乎每走一步都要扒开挡道的树枝才能往下走。脚下又都是松软的腐叶和苔藓，我几次滑倒，放在后裤袋的地图什么时候丢了也不知道。由于山陡，我下降的高度已经很大了，再往上走回头路实在是太辛苦了。我只好咬咬牙，掏出指南针认准我认为正确的一个方向走下去。我想过：最大的危险是天黑了还找不到路，又没有帐篷和睡袋，御寒衣物、食物也不够；其次是遇上野兽如黑熊、豹、狐狸和蛇、马蜂等等；再就是不慎受伤。这时心情真的很复杂：手机信号没有，向外求救不可能，只有靠自己；既希望侥幸碰到人又怕遇上坏人。走的方向即使是对的，还得抢时间。在树林不密的地段，我几乎是一路小跑，但又担心太心急失足摔下山去。

忽然眼前一亮，我发现前面有房子。可走近一看却是一间废弃坍塌了的小屋，周

遗世『香格里拉』

围的野草已长到齐膝高了。心情一下子从沸点又降回到冰点。但有屋的地方起码有小路吧？果然，没走多远我就找到依稀可辨的小路。顺路我找到一条山溪，顺溪流往下走，透过树缝我看见对岸有几个人在山地上收拾东西准备回家。

像黑夜里遇上明灯，像漂浮大海里遇到了船。我狂喜得又跳又叫，是竭尽全力的呼喊，以期我的声音超过哗哗的溪流声。

对面的人发现了我。一个小伙子拿着两把砍刀向我走来，指点我从溪流最窄的地方跳了过去。我终于从"地狱"又回到"人间"。小伙子说："幸好你在这里遇见我们，要不你再往前走几百米，会被藏狗咬死的。"

小伙子叫王降初。他带我回到他们苗圃的住地，喝上了一碗暖到心头的热茶。

班车早已过了。王降初帮我到路上拦顺路的货车。头两部货车货物装得像小山，驾驶室也坐满了人。那段约20公里车就要走两个钟的路实在是太颠簸太危险了，王降初坚决阻止我坐在货物上的打算。

终于等来第三部货车，驾驶室还有一个空位。王降初说："这里除了班车，坐其他的车都是不会收钱的。"一句平实的大白话，道尽了木里人与人之间亲如一家的和睦、热心助人的品格。我们苦苦追寻集真、善、美于一身的"香格里拉"不是在木里活生生地展现了吗？在这个把带有公益性的公立学校和医院都市场化的社会，司机提供了服务适当收点报酬是应该的，我也觉得给了钱是对别人的帮助的感谢而心安理得。但如果司机主动表示不收我也不好强塞，这样做反而亵渎了他们助人为乐的高尚品格。

这座旧的木里大寺是洛克曾经到过的地方

拜访木里大寺

1922~1949年，美籍奥地利科学家约瑟夫·爱佛·洛克在美国地理学会的支持下，对中国西部地区进行了长期深入的考察。并在其间三次经永宁走进木里，都到了当时当地权力中心所在地之一的木里大寺。

洛克三次从云南丽江到木里的考察线路

第一次：丽江—永宁—利加嘴—屋脚—西林—木里大寺（主要停留在木里大寺）

第二次：丽江—永宁—木里大寺—东拉—嘟噜—白水河—（向左越过）夏诺多吉—仙乃日—央迈勇（绕回）—呷洛—俄西—格依—茶布朗—瓦尔寨大寺—木里大寺—康坞大寺—克尔—八科—六谷地—喇嘛坪—永宁—丽江

第三次：丽江—永宁—木里大寺—康坞大寺—麦地龙—九龙县—康定（大贡嘎）

木里大寺外的玛尼筒，转时要顺时针方向。

14世纪时，宗喀巴对藏传佛教实行规范化，他是藏传佛教格鲁派（黄教）的创始人。据说宗喀巴是文殊的化身。总是身着金黄色僧侣袈裟，头戴黄帽，双手握着两枝莲花，上面有经书和宝剑，和文殊是同样的装束。

1580年，宗喀巴的得意弟子中的俄顿曲古活佛的转世——具智、德、善，并在经典方面有解、论、著，学识渊博的扎巴却吉·桑吉嘉措越过贡嘎岭到木里传教，成为木里第一世活佛。1648年，第二世活佛杰·降央桑布在这一地区建立了政教合一的土司制度，杰·降央桑布也成为木里的政权统治者——第一代大喇嘛，也称土司。从此，这一制度一直延续到1951年木里解放，共传袭了19代大喇嘛。

73

世袭的大喇嘛兼土司，集政、教、军、财权于一体。与其他藏区不同，木里土司衙门无固定驻地，而是在木里大寺、康坞大寺、瓦尔寨大寺分设三个衙门，土司带领其官员每年轮驻一个衙门，行使权力。除大喇嘛外，还有活佛和八尔老爷两个显赫人物，与土司一样有相当的权力，境内一切大事的决策都必须取得这三个人的一致意见方能实施。土司必须出家当喇嘛，且不准婚娶，因此不是父子之袭而是家族承袭。土司衙门的大小官员中，除把总、师爷二职务不是僧人外，其余的非喇嘛不能担任。

俗称"木里大寺"的木里噶丹喜珠曲勒朗巴吉瓦林（名太长了不容易记住，我们还是用俗称吧），位于县城西北约60公里的桃坝乡你易店村，地处理塘河中游西岸达尼牙布山东侧海拔约2637米的台地上。1656年由饶迥巴·桑登桑布仿拉萨哲蚌寺的格局奠基并主持修建，历时3年，于1659年初具规模。经300余年不断扩建、维修，现已是木里县境内最宏大的黄教寺庙。

木里大寺建材以土木为主，高20多米的藏式方堡大殿毗连数百间喇嘛僧侣住室。主体建筑气势恢宏而彰显华丽。在空间组合上，院落重叠，回廊曲栏，错落有致。门厅、壁柱绘有各种彩绘壁画、图案。前殿内供奉无量寿佛、弥勒佛、文殊菩萨等塑像。佛座前设木里活佛之法椅宝座，上挂锦缎伞盖，与顶幢、幡饰相辉映，庄严肃穆。后殿端坐着高大的甲娃强巴鎏金铜佛像，光彩夺目，宝相庄严。小殿内供有观音菩萨、宗喀巴、班禅、苏朗扎巴三代活佛等塑像。

木里大寺僧员定额为拉萨哲蚌寺的十分之一，770人，清道光年间喇嘛最多时近千人。

如此浓缩了木里人文历史的重要地方，我理所当然要去拜访。

木里大寺

奇异的婚俗

解放前，在封建农奴制和奴隶制度统治下的木里，婚姻制度多样，有一夫一妻制、一夫多妻制、一妻多夫制和不履行结婚仪式的走婚制。直到最近我到木里走访还见到上述婚姻制的残存。这是人类从群婚向单偶婚过渡的一个过程，由于木里的水洛、俄亚、屋脚等地方长期的极度封闭而得以保留。

母系氏族是人类在生产力还不发达的时候所必经的一个社会阶段，随着人类生产力的发展，母系社会逐渐被父系社会所取代。但是，如今在一些生产力不很发达的地区，因为与外界交流几乎隔绝，这种母系社会有可能得以保存，具有鲜明的母系文化特征，属于"母系制家庭的遗留"。

现在，一提到走婚、母系制、女儿国，人们就会想到泸沽湖。其实，在相对封闭的横断山脉地区走婚比比皆是，到泸沽湖已是"水尾"了。多年前我在徒步泸沽湖从四川左所到云南落水的过程中，云南的摩梭人也亲口对我说过"走婚风俗是从四川传过来的"。木里俄亚的走婚是结了婚女子不落夫家，然后各自去找"阿达"（即性伴侣），所以当地的纳西族人有这样的说法：夫妻搭伙不同房，阿达同房不搭伙。这是氏族群婚的形态。兄弟共妻和姊妹共夫的"伙婚"既有群婚和对偶婚的特点，而更接近于对偶婚形态，是一种过渡形态。血缘婚残余、节日野合等是更古老的群婚。由于俄亚人男女平等的观念，生产力低下需要较大规模的家庭来维持基本的生活，以及特殊的地理和历史条件而形成了几种多偶制共存、丰富多彩的婚俗。

淘金者的天堂——水洛

木里自古以来就以产金出名，到现在还有很多人靠淘金为生，与我同一部车进水洛的就有一对湖南小夫妻准备投靠水洛淘金的老乡。

木里出产黄金，给当地带来过荣耀也

昔日的木里县金矿。

75

金矿上只剩下金柳在秋风中摇曳，以及匆匆而过的马帮的身影和清脆铃声。

带来过战乱。1642年，降央桑布派摄政姑擦登布率僧官进藏，向四世班禅和五世达赖敬献黄金，并向达赖禀报了木里受大兴白教的云南木天王威胁，请赐挽救庇佑之法；1916年，木里土司反对开办龙达金矿，发生"捧厂事件"死亡千余人，金矿停办；1931年，土司项此称派师爷等人携黄金和土特产觐见蒋介石；1933年川康边防军到木里开发龙达金矿被阻等大事都与此有关。黄金是木里一张亮丽的名片，也是贪财者抢夺的目标。

最早的龙达金矿位于俄亚纳西族乡境内，1960年初停办后，干部和工人全部调往水洛金矿。从此水洛成了淘金者的天堂。到现在，私人投资的采金企业还在生产，从高处往下望，绿色的河流每有一段变黄的地方就有淘金者的身影。

清清的水洛河每一段变黄的地方，必有淘金者的身影。

蓝天、白云、大山、古碉、藏房、绿树、麦田，构
成一幅宁静安详的田园风光画。

徒步经美丽的白水河到亚丁

水洛除了金矿出名外，奇特的伙婚风俗和旖旎天然的山水田园风光也堪称"没
有人知晓的仙境胜地"（洛克语）。

水洛居住的大多数是藏族人，人口约5700人，在木里是排前几名的大乡。水洛
至今还传承着几兄弟共娶一个妻子、几姐妹共找一个丈夫的伙婚现象。

深秋时节的水洛乡，风过处柳树像金子一样泛着耀眼的光彩。

历尽沧桑的木天王古碉

为了少徒步一段路，我以高价在水洛租了一部摩托车把我拉到白水河与水洛河的交汇点。这段山路全是凹凸不平的泥石路，弯急坡陡。走到半路，摩托车司机竟然对我说没刹车！还说上坡就不怕了。呵呵，这样七上八下的山路有可能永远上坡吗？路边就是上千米的深沟！这样的车他也敢开，真是一个比拉登还勇敢的"恐怖分子"！我立即叫他停车调校一下，一看刹车拉杆已几乎拧到最紧，很明显是刹车皮已磨损得太厉害了。如果调校一下就能弄好的话又怎么至于要冒这样大的风险？"恐怖分子"还对我说：要是滚下山去就不用找了。气得我真想掐死他又怕他开车分散精神，真正是骑虎难下。没刹车就没刹车，说了也没办法弄好，要么干脆别开出

深山绿野疑无路，白水过处有人家。

来，要么就别告诉我，现在在半路才说这样的话是存心考验我的神经和心脏吗？从此看到危险的路段我宁愿下车走，再加上真主、上帝、佛祖一起齐心保佑，我总算一路有惊无险到达终点。

水洛地处贡嘎山脉与宁朗山脉之间，山高谷深，地形复杂。海拔5958米的夏诺多吉终年积雪，山下的白水河由西向东，在水洛金矿矿部附近汇入水洛河，南注金沙江，全长约30公里。此水由岩层深部溶洞中流出，极为纯净清澈，泛青色，加上河床多石激起白沫，远看就像一条蜿蜒在树木山间的白龙，故名"白水河"。沿河分布有木天王古堡群、喇嘛寺、公母山、神仙水、神仙洞、月亮崖、白龙滩、夏诺多吉雪山等人文和自然景观，雪山、白水、田园、叠瀑、彩林、溶洞、藏情，此"七绝"构成了香格里拉般的"梦幻仙境"。徒步走完这段"仙路"，便进入了稻城的亚丁景区。既然都成"仙"了，当然就免去景区的门票了，这就算是对不畏艰辛的"仙驴"的一点奖赏吧。我从来就对"门票"这个词极度反感，它有把上天赐予的自然风光和古人遗留的痕迹画地为牢坐享其成之嫌。至于提供了服务、管理、保护、维护的，适当收一点管理费或叫维护基金就另当别论。

与世隔绝的俄亚

俄亚纳西族乡位于木里县境西南边缘，东面与依吉乡以冲天河为界，东北与宁朗乡以子洛后山分水岭分界，南面与云南省丽江纳西族自治县、宁蒗彝族自治县隔金沙江、冲天河相望，西面和西南面与云南省中甸县山水相连，北面与甘孜藏族自治州稻城县接壤。俄亚是纳西语"大岩包"的意思，因过去管理该地的土官"俄亚本官"的官署建于大村大岩包，故名。

俄亚乡政府驻地大村海拔1980米，距县城279公里。辖6个村、28个村民小组，全乡人口约5800人。发源于俄亚乡与中甸县浪都乡交界处的龙达河（又称苏打河）把俄亚大村分成居住区与耕种区。大岩包两旁依山而建的蜂巢式民居建筑很有气势和特色，像一只老鹰的双翅，拔地而起的大岩包就是鹰头。我把俄亚大村的建筑称

一片绿油油的梯田令人赏心悦目

之为"民居布达拉宫"。"鹰"的对面是层层上升的梯田，长达数公里，无论是庄稼生长期的一大片绿油油或是成熟期的满山金黄，都会令人心旷神怡，赏心悦目。

由于交通的不便，俄亚长期处于与世隔绝的状态，因而保留了很多不同时代、古今掺杂的婚俗和观念，是研究婚姻发展史和社会发展史的活化石。随着时间的推移，这些宝贵的遗产正在越来越快、不可避免地流失。

形成我们常人看起来的"奇俗"，有历史、社会、地理、政治等方面的原因。要进行深入的研究，涉及到多个学科，起码得写一部几十万字的专著。

俄亚东南西北各个方向都不通公路，进出只能靠徒步或骑马。高山急流的重重包围，使俄亚人习惯于自耕、自织、自养、自运（马帮），又不与外通婚的封闭小社会生活。恶劣的自然环境和生产工具的落后又致使生产力低下，一个劳力多的大家庭才能够生存下去，兄弟共妻、姐妹共夫等形式的伙婚能团结大家庭成员、不至于分家，能节省生活成本。在1951年解放以前，俄亚还是封建农奴制社会，封建农奴主对农奴的剥削，有地租、苛捐杂税和高利贷，还有"乌拉"和差役，有些是按户摊派的，分家便面临更加沉重的负担，很难好好生存下去。俄亚人男女平等、都没有独占欲念，不知封建父权社会扼杀人性、套在妇女们头上的精神枷锁——贞操为何物等观念又是"阿达"（婚外性伴侣）制流行的温床，在过去俄亚人

也许地域靠近泸沽湖，姐姐穿得像摩梭人，妹妹才是正宗的藏族打扮呢！

80

心目中、家庭、性伴是两个独立的概念，性生活纯粹是两情相悦的成人游戏。在俄亚、父系、母系双系并存，大家庭成员能和谐地一起生活，这的确值得我们所谓的"主流社会"研究和深思。

走进俄亚的过程是艰辛的。但"无限风光在险峰"。等到"险峰"变成了坦途的时候，"无限风光"就消失得差不多了。由此，艰辛险阻也就成了我暴走的极大诱惑，成为了"兴奋剂"和精神"毒品"。据说20世纪时的洛克曾想前往考察，事先派一人前去探路，结果探路者在过雪山时把腿摔断了，洛克只好取消了进俄亚的行程。

山沟沟里的孩子没有多少见识外面世界的机会，面对镜头竟然是这种眼神。

在县城的准备阶段就花去了我不少时间和精力，幸好得到县委、县府多个机构部门、很多热心人的指点和帮助。赶在他们放一星期的彝族年假前，我逐一找熟悉情况的人基本了解清楚进俄亚几条小路的情况。

从东北方向进入俄亚，要走7天，冬季冰雪厚时还要封山。时间长、路艰险、还有走不通的可能，这一方案首先被我否决了。坐车先到盐源，转车到左所（现已改名泸沽湖镇）或前所，再坐或包私人车到温泉或依吉，徒步2~3天可到达俄亚。这样虽然转折多，但此路算是最好走的一条；坐车到永宁，转私人车到加泽，再徒步到甲波，溜索过江，再徒步到俄亚大村。顺利的话1天可到。这是路程最短但最惊险的一条线路，由于徒步时间短，所以得到我的青睐。还有是经盐源、丽江、中甸转好几次车和花几天时间才到漆树湾，然后徒步翻山1天可到。这一条线绕路最长，但留着我出俄亚时用最合算：我下一站正想到中甸，这就变成是我最短的路线，又不用走回头路。

我做好了如果找不到向导和马只好负重只身徒步迷路或找不到地方住宿的最坏准备，带上了帐篷。但背负太重（光是摄影器材就有18公斤）翻那些海拔4000米左右、已有积雪的山也是一个很不利的因素。于是我把不必用的东西准备寄回家。

来到邮局，工作人员说快下班已结数了，叫我明天再来。我说："明天一早我就要坐车走了，你们那个时间还未开门呢！"工作人员收下我要寄的东西和一张百元大钞，又从自己钱包翻出零钱给我，总算给我减了负。

　　阴差阳错，我改变了路线由温泉开始了徒步进俄亚的寻秘之旅。

　　早上艳阳高照，晒得我浑身发烫。脱了两件衣服，但停下休息时被冷风一吹又很冷，真是令人有点无所适从。中午忽然下起了很小的雪，我来到一个彝族人居住的山村，躲进屋里烤火顺便吃午餐。

　　海拔4098米的野鸡梁子是第一天要翻越的最高山。翻过野鸡梁子便是木里县的依吉乡地域了。

　　从自己长大的海拔只有几十米的地方一下子来爬海拔几千米的高山，的确是有点不习惯，感到很吃力。快翻越野鸡梁子时，我停下来小休。忽然听见山下传来叮当清脆的马铃声，我回头往刚才走过的山下一看，一队马帮顺着"之"字形山路向我走来。那种情景，立即让我想起一部电影的名：《山间铃响马帮来》。我遇上的这队同路的马帮，其中一个小伙子把马让给了我骑，使我顺利过了最高的、已铺满了雪的一段山路。真是及时雨！

　　下山先是经过积雪的原始森林，后又钻进了一个很大的桦树林，穿过草甸、小溪、峡谷等，真是一山有四季，十里不同天。

　　经8个小时的徒步，我来到依吉乡乡政府所在地依吉村。依吉村海拔2320米，距县城博瓦224公里，距瓦厂3日路程约100公里。依吉乡有藏、汉、蒙古、纳西等民族，主要是藏族，他们自称"普米"。"依吉"是纳西语，意为"热闹的村子"。晚上依吉乡的书记来到我点着蜡烛的住处，热心地给我介绍了当地的基本情况。听当地人说，我明天要走的路有一处垮了，能不能过去还是个未知数。在这个被称为"依吉"的寂静山村，我担忧着明天危险的路程，心情怎么也"热闹"不起来。

吃饱了的牛群钻出落尽叶的白桦林，慢悠悠地走在归家的路上。

这条叫"苦苦"的小山村河边高高的巨石上也住有人家,要是让我天天这样爬上爬下,我真的可能叫"苦苦"啊!

第二天的行程也大约是 8 个小时,是由依吉到卡瓦村。

没走多长时间就到了塌方处。

山上不知从何处冒出来的水把只能走马的小路泡松软了,泥沙和乱石呈倒扇形横在路中,上面有一些人马走过的脚印。脚踩下去立刻往下滑陷,只能快速地再往前迈。幸好垮塌地段不长,总算是有惊无险。

卡瓦是一个摩梭人聚居的小山寨,因有麻风病人而令外人有点胆怯,还未进村我在路上就见到一个,看来传言不虚。卡瓦约有 20 多户人家,属俄亚乡管辖。这里没有住店、食店,我找了两户人家想去借宿都因为男主人不在而作罢。正一筹莫展,甚至打算找地方扎帐篷,一个叫麻祖(笔者音译)的男人主动收留了我,叫我到他家吃住。

麻祖的三个孩子都是男孩,看样子年龄相差都很少,呈梯级状。不知是否怕生,都显得非常害羞文静。

孩子们的妈妈在做饭。她把两三支松明点燃搁在灶台作灯用,让我见识了这种原始的照明方式。

当晚我就睡在他家的走廊里,看着满天的星星,头顶上是挂满的腊肉和菜干。下半夜,他家那两只尽职尽责的公鸡每隔一段时间就比试"怕瓦落地"式的男高音;天刚蒙蒙亮,一群麻雀也在离我不到两米的桃树上唧唧喳喳地加入了合唱的行列。

第三天的行程稍短。经过苦苦村时我见有人在摘柑,便走过去买。他们也不会因是外地人买便开高价,5 个拳头大的表面像苦

川西篇

遗世"香格里拉"

翻山越岭徒步了三天，终于见到了保持原生态的俄
亚大村，这就是最好的补偿。

瓜般起疙瘩的"木里大柑"（笔者胡乱起的名字）只要1元。

下到龙达河和东义河汇合处过了吊桥，又要翻上半山的小路，顺着龙达河上溯。当看见一大片依山而建、成百家彼此相连、鳞次栉比、石土木混合、形似蜂巢的平顶碉楼时，我知道——俄亚大村到了！一双每走一步都疼一下的脚终于可以歇歇了。

这里同样没有一间食店。年轻的乡书记苏朗端上他家的酥油茶和糌粑粉招待我。

喝了两碗酥油茶，吃了几口糌粑粉当作午餐，我就马不停蹄地到处拍照。

满山绿油油的麦田点缀着一行行嫩黄色的柳树和零星的民居，民居和晒谷场晾满粒粒金黄饱满的玉米，像一堵堵金色的墙，分外的抢夺眼球。清清的龙达河自西而东哗啦啦流过，像楚河汉界把居住区和耕作区一分为二（梯田这边只有几户人家散落山上）。袅袅的炊烟散发出浓浓的生活气息，一派安居乐业的祥和景象。朴素简单的生活理念，使得他们一个个十几口人的大家庭和睦相处，红红火火、热热闹闹地生活在同一屋檐下。看到此情此景，使我无限感慨：很多衣食无忧的沿海地区离婚率不断攀升，两口之家都还要分！人与人相处需要艺术，热闹和谐大家庭中的俄亚人真是人际关系的艺术家。

热情的苏朗书记带着我到处参观，使我如鱼得水，到处通行无阻。刚好又碰上热情好客的纳西人准备过纳西年正在忙碌地杀猪，于是我在东家喝点黄酒（苏里玛）吃点灌肠，又在西家喝几口黄酒吃几块灌肺，不亦乐乎。白酒和黄酒是热情的俄亚人待客的常见饮料。不胜酒力的可以不喝白酒，但黄酒是一定得喝的，否则被视为无礼，而且必定要连斟三次。黄酒的酿造分几个步骤：一是把麦子或玉米炒熟；二是进行煮和蒸；三是把煮过的粮食晒干；四是每10斤粮食拌入3两捣碎的龙胆草，放进锅里盖好；五是当锅里粮食发出酒味后，分别装入陶罐内，以玉米皮加草木灰封严罐口，半个月至两个月后就能饮用了。黄酒入口醇淡，但后劲很足，我喝后不到半个钟头就有点"飘飘欲仙"的感觉了，于是把它好听的名字"苏里玛"改为了"酥里麻"。我在这个古老的纳西山寨攀上爬下，走访了很多个家庭，尽管脚还很疼，但在这"神仙游赏的花园"（洛克语），即使我跑断了腿，也乐意变一只没腿的小鸟自由地飞翔，一尝当"神仙"的滋味。

"天堂"上完后还得下"地狱"。想起进来时每走一步都咬牙忍着双脚疼痛那炼狱般的煎熬，当苏朗书记问我脚疼不疼时，我不敢充好汉了，按照"坦白从宽"的政策，只好老老实实地交代："疼"。

于是书记找了他表弟叶小，赶着四骡一马送我去云南中甸。这样"豪华"的阵容，令我想起了李白别汪伦时的诗。按当下恶搞篡改诗歌的"潮流"，我斗胆"顺应"一下，以谢热情周到的俄亚人："暴走俄亚将别行，忽闻古寨马铃声。山川阻隔高万尺，不及炽热纳西情。"

出去的路程虽然相对而言短一点，但山更陡，路更难行。

翻上四川与云南交界海拔4101米油榨房的高山垭口，要经数公里长冰封雪埋的山路，这段路几次马失前蹄差点把我摔下来，吓得我马上下来徒步走。下山时马蜂又袭击我的坐骑，走在前面的马碰了马蜂窝，马蜂就把怨气发在后面的骡子身上，骡子痛苦得用两只前蹄快速地在脸上乱拨。幸好当时我已下马跟在后面走，又躲过摔下地被蜂蜇的一劫。

叶小是学医的中专毕业生。父亲是个医生，要叶小在家帮忙。本来叶小在外读书时有个很要好的女朋友，希望叶小随她一起生活工作，并说等他一年。叶小就在出外闯和遵从父命留在家乡的两难选择中痛苦地挣扎了一年多，终究未能走出去，女朋友已成他人妇了。所以一路上他的话不多，

准备过隆重的纳西年，俄亚人一家就杀好几头猪。

偶尔哼出的歌声中也带着一丝忧伤。我理解他内心的失恋之痛，但不知怎样安慰他，叫他忘记她吧，显然是不现实的，谁不对自己的初恋刻骨铭心？"天涯何处无芳草"，我只好这样宽慰他，希望时间能冲淡他的痛苦。这就是外面的生存方式与传统的山村生活方式的碰撞。现代文明的潮汐一浪比一浪高，并且无孔不入。历史发展的潮流滚滚向前，谁也阻挡不了。随着泸亚（泸沽湖至亚丁）公路的即将开通，木里的交通将得到初步改善。我真心地希望俄亚等地在物质生活水平大大提高后还能保持千百年沉淀下来的和谐淳朴的民风，不要像外面一样被滚滚而来的经济大潮冲跨了道德的底线，应为世间保留一块稀有的净土，让世人看到一个具象的现实版的香格里拉。

俄亚很美，风情更是独特，但走进去却极其艰辛。俄亚之行，让我真正深刻领会了约瑟夫·爱佛·洛克说木里是"神仙游赏的花园"（或译作"上帝游览的花园"）的含意：木里浑金璞玉的原始美的确是世间罕见，但也不是常人能到的地方！光是由早到黑徒步翻越那些约4000米海拔的高山垭口就把大部分游人吓跑了，因为送我离开俄亚的马帮中一匹壮实的骡子就累得往回逃，动物求生本能的反应啊！当地的骡都熬不住，何况是外地来的"驴"（背包客）？

实用资讯

咨询

木里县旅游体育局电话：0834-6522592。

交通

先到西昌，进入西昌是"铁公鸡"都有：铁是铁路，公是公路，鸡是指飞机。西昌汽车旅游客运中心每天7：40、8：20、9：00、9：20发车往木里，车程8小时左右，票价60元。木里车站每天有发往西昌、盐源、茶布朗等地的班车。县城内三轮车3元/次。县城到水洛没有班车直达，有一部半人半货的吉普车走水洛，停在车站上边约200米的货车场，车位比较紧张，每人100元，车程约10小时。电话：13881539529。坐不上这部车就要自己包车了。或先坐班车到915林场再找车，但是915林场比较难找得到车。

住宿

出车站左边走几百米就到的贡嘎宾馆新装修新开张，是县城条件最好的、最方便、性价比最高的一家，有热水洗澡，当地电话免费任打。打折后标准单间（大床）60元/天/间，标准双人间80元/天/间，三人间70元/天/间，套房88元/天/间，豪华间150元/天/间。地址：木里县电信公司内（入大门进院内上二楼），总台电话：0834-6523333；联系电话：13508209188、0834-6529188。

水洛乡（平翁村）只有两间住六人的木屋，安排不下时会把陌生男女同塞进一间房，无水无电，10元/床。小卖部的老板娘刘兴美有发电机，打算盖一间小旅馆，相信日后水洛乡住宿条件将得到改善。她老公电话为13568669021，信号常无，水洛亦无固定电话。

俄亚大村只有乡政府有几张床用于接待偶尔来的外人。引山泉下来的水是时断时续，小水电站基本能保持有电用，但一坏就得停好几天，因为徒步翻山出去外面一趟买零件确实费时费力。

依吉乡加起来有10张床接待客人，15元/床，水电不保证有。

饮食

除县城有很多餐馆外，博科、县城到水洛的中点——桥头、915林场等路边有一两间小饭馆（有住房）外，乡村里基本找不到食店，小卖部有饼干、即食面、瓶装水卖。

民间饮食习惯带有浓厚的畜牧生活特色及农耕民族的一般特征，典型的有糌粑、酥油茶、"塔撒"（烙饼）、"卡烙"（软锅盔）、"打果烙"（窝窝头）、"习洛"、手抓肉、青稞酒和奶制品等，彝族饮食则以洋芋、苦荞、小麦和燕麦为主。

通讯

乡村大多数地区无手机信号，也无程控电话，乡政府一般有一两部卫星电话，但水洛乡的坏了，只有一台单向电台通过总台向外报告意外山火等险情。俄亚收信件的得耐心等一、两个月，因为信件一般是乡干部到县城开会办事时带回乡里，而一个来回得十来天吧。

节日

木里藏族自治县属凉山彝族自治州管辖，于是过藏历年、彝族年、春节、中秋节等，放假特别多，真令人羡慕。此外，纳西族也过他们的纳西年，彝族也过火把节。除民间传统节日外，还有如"娘娘会"、"燃灯节"等大量宗教节日。最隆重的藏历年，从藏历正月初一开始，节期3~5天不等。节间各家忙着准备丰盛的食物，还有赛马、射击等比赛项目，为节日增添娱乐气氛。大年十五，有的地方还有转山的习惯，以此祈求来年风调雨顺、五谷丰登。

经木里徒步到亚丁的几条线路

西线

D1.温泉—弄博（露营），或到依吉乡（住招待所，有十张床）；

D2.徒步至河边（只有一户人家。2007年最新消息：公路已通到河边）；

D3.河边—苦苦村（走一步脚疼一下，可不要哭哭哦）；

D4.苦苦—色苦村（苦还未结束呢）；

D5.色苦—俄牙同（终于有车坐了！）—卡斯村；

D6.D7.再徒步两天到洛绒牛场，2小时可到冲古寺，走半小时到龙龙坝（有车了）。

中线

D1.温泉—利加嘴（温泉—屋脚可以包车的）；

D2.利加嘴—屋脚羊棚；

D3.羊棚—卡尔牧场；

D4.卡尔牧场—蒙子嘎；

D5.蒙子嘎—新藏桥；

D6.新藏桥—白水河；

D7.白水河—草鸣其牧场；

D8.翻海拔4800米的日沙垭口到冲古寺。

北线

D1.木里县城坐吉普车（两排座，后改成装货的车厢。100元/人）到水洛乡；

D2.水洛乡包车到嘟噜，徒步经四家村、金矿、呷洛，溯白水河而上；

D3.D4.徒步至洛绒牛场、冲古寺、亚丁，走得慢的多加1天。

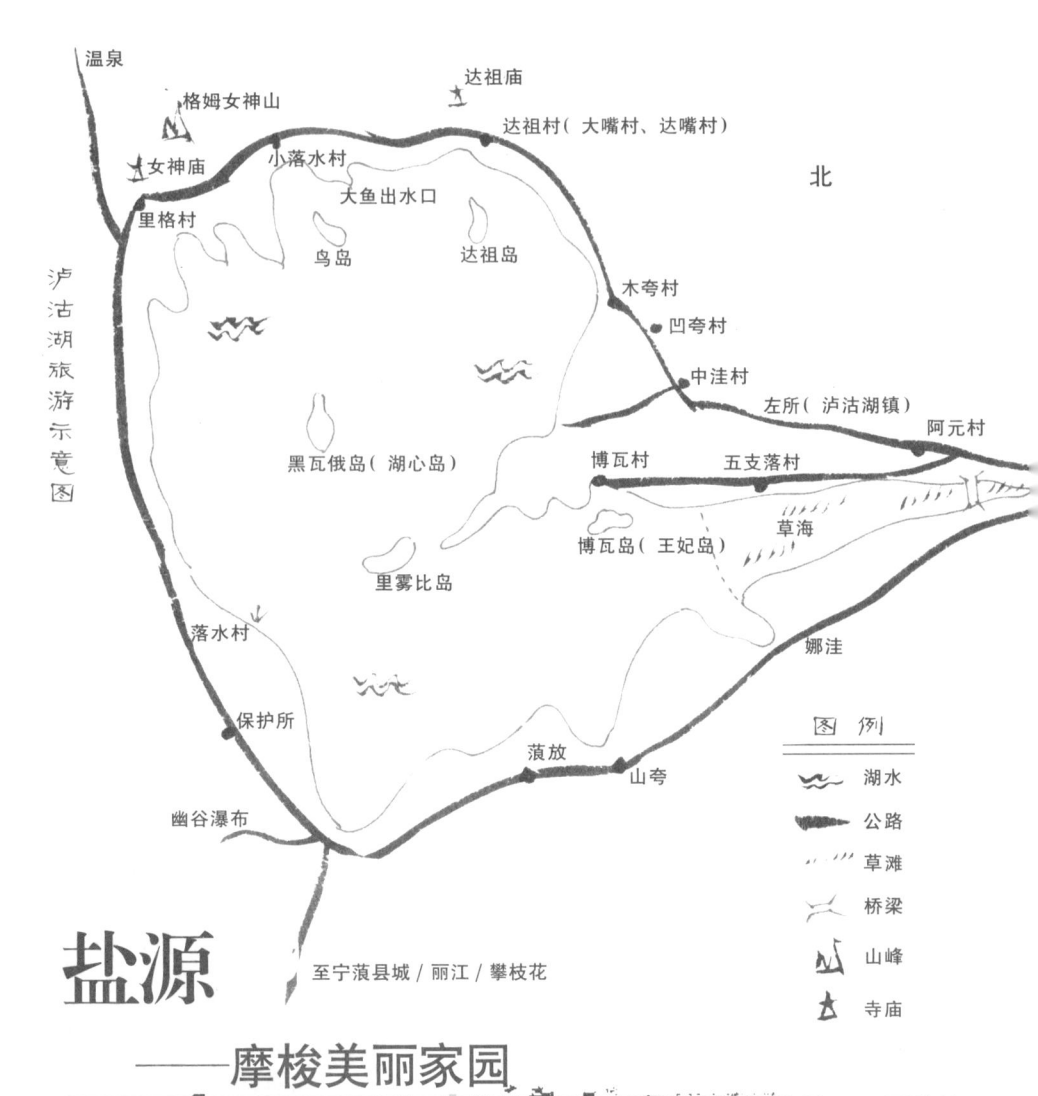

温泉

格姆女神山

达祖庙

达祖村（大嘴村、达嘴村）

北

女神庙

小落水村

里格村

大鱼出水口

鸟岛

达祖岛

木夸村

凹夸村

中洼村

左所（泸沽湖镇）

阿元村

泸沽湖旅游示意图

黑瓦俄岛（湖心岛）

博瓦村

五支落村

博瓦岛（王妃岛）

草海

里雾比岛

落水村

娜洼

保护所

菠放

山夸

图例

幽谷瀑布

湖水

公路

草滩

桥梁

山峰

寺庙

盐源

至宁蒗县城 / 丽江 / 攀枝花

——摩梭美丽家园

秋天的草海

在斜阳的照射下一片金黄

偶尔露出的水面倒映着蓝天白云

有风吹过，金波泛起

撕碎了水中的云天

秋天的草海一片金光

"当代王昭君"生活的地方

　　泸沽湖是四川省跟云南省共有，四川这边属于盐源县左所（现已改名为泸沽湖镇），从草海到达祖（大嘴、达咀）寺，沿湖分布着几个纳西族、摩梭人（按国务院的公布是把他们归入纳西族的分支）居住的村庄，景色非常安静美丽，就好像世外桃源一样。

　　秋天的草海，在斜阳的照射下一片金黄，中间偶尔露出的水面倒映着蓝天白云。一阵和缓的秋风吹过，顿时泛起一浪接一浪的金波，也撕碎了水中的云天。这里是众多水鸟和鹅鸭们快乐的天堂。撑上一只泸沽湖独特的猪槽船，徜徉其间，真是快活逍遥。

达祖寺坐落在达祖村的一个小山冈上，走上去只要十来分钟，鲜花种满了寺周围，祥和宁静。从山冈上看泸沽湖更好看，湖水变得更蓝更绿。划向无人居住的达祖岛（也称安娜俄岛）的猪槽船也变成一个小黑点。达祖岛上树木葱郁，顶上有一个白塔，默默地守望着这一方美丽富饶的水土。

←　达祖岛上两和尚

解放前，这里的管治者是土司，左所末代土司的王妃肖淑明婆婆就住在多舍村，王妃府就在泸沽湖镇去草海的路边。我到王妃府时，她正在屋里接受老外的采访。眼看太阳快要下山了，照到王妃府金黄的光线即将被无情地收回，我只好跟她孙子翁金次尔说：可不可以叫肖婆婆先出来拍个照，时间只需要一分钟。翁金次尔转达了我的意思，早已过古稀之年的肖婆婆稳步走了出来。看来她的身体还很硬朗，思维也很清晰，说话流畅。

肖婆婆出生于成都一家境不错的人家，小时候随父迁居雅安，以优异成绩考入雅安女子中学读书。因多才多艺、能歌善舞，被公认为才女、校花，真可谓是才貌双全。

←　末代摩梭王妃和她的王妃府

1943年，因土匪横行，时任川康边防总指挥部彝务指挥的泸沽湖畔的左所土司喇宝成，去雅安向西康省主席、24军军长刘文辉要弹药，同时要求介绍一位有文化的汉族女子为妃，以便于辅助他管理好土司府的财务和家政。

正读初中、年仅16岁的汉家女子肖淑明，因父亲的上司——刘文辉的关系，嫁

晨光下的泸沽湖非常宁静安祥

给了喇宝成，腊月初十在雅安成亲，然后坐滑竿、骑马一个多月到了泸沽湖畔，当上了末代摩梭王妃，并有了一个摩梭名字：次尔直玛。作为"和亲大使"的小女生，掌管摩梭内务，并曾代夫执土司大印，享尽荣华富贵，后又长时间历经坎坷磨难，从中学生——摩梭王妃—囚徒—普通人，大半生都充满传奇色彩，堪称"当代王昭君"。

聪明能干的王妃仅用一年时间就学会了原来一句都听不懂的摩梭话，办事果敢干练的她，管家、断案，样样出色。红衣白裙，身跨快马，左右开弓，弹无虚发——活脱脱一个英姿飒爽的女中豪杰。

婚后，土司为爱妃在博瓦岛上修了别墅，王妃寂寞时就在岛上伴着出嫁时带来的"双凤牌"脚踏风琴自弹自唱《松花江上》，令专门划船来听的摩梭人掉下了眼泪。

本来出嫁时带来小学教材的王妃打算办所学校教摩梭孩子们，学校盖好准备招生时，却因怀孕生子而不得不放弃了她的校长梦。当年豆蔻年华的少女变成如今的耄耋老人了，她还觉得这是她一生中的遗憾。

解放后的一场场政治运动把末代摩梭王妃列为"地主婆"、"旧军阀子女"投进了牢房。到获得公民权利时已是头发花白了。但遭受磨难却意志坚强的肖淑明老人并没有沉沦，她带领着子孙们用贷来的款和不多的积蓄，还有一点被征土地的补偿款盖起了"末代王妃府"接待日益增加的游客，向他们讲述自己传奇的故事。肖婆婆最大的心愿是让更多的人了解摩梭文化，共同保护好宝贵的传统文化历史遗产。

泸沽湖畔观葬礼

我从左所开始了徒步泸沽湖之旅。

走到达祖村，忽闻湖边一间木屋里传出唢呐和铜锣声。直觉告诉我，这家人一定是在办理什么大事。

男主人呷杂啊布见我一个外地人在张望，主动邀请我进去。原来是他母亲——家中德高望重的"老祖母"去世了，正开始举行三天的隆重葬礼。为更深入地了解他们的观念和习俗，我顺水推舟，立即决定留下来观完礼再走。

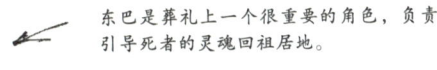

葬礼上尽心尽力的吹唢呐者

泸沽湖边的人不过生日，所以当被外人问起生日时总是茫茫然地说不上来；而当一个人离开可视和触摸得到的物质世界时就成为最大的事，为此举办最隆重的仪式——葬礼，就是理所当然的了。

蓝绿色的湖水中缓缓划过来两条猪槽船。船上载着从云南来的几名红衣喇嘛和葬礼用品，静静的泸沽湖顿时增添了一点神秘肃穆的气氛。

宗教信仰在泸沽湖这个地方是一件领导灵魂、不可小视的事。在这里，东巴教和藏传佛教同时同地并存。东巴和喇嘛虽然来自五湖四海，但为了一个共同的"革命目标"走到一起来了——那就是葬礼。东巴为死者引路，喇嘛给亡灵超度。

经堂设在逝者家中的木屋二楼。经堂摆满了酥油花、灯和铜制敬神器皿。昏黄的油灯下，喇嘛分坐两边，打开古色古香的经书，一页接一页、一部接一部地念了起来，声音抑扬顿挫，节奏时而缓慢时而急促。

在藏传佛教中，人生是可以不断轮回的：物质的肉体消失了，灵魂却到了另一个世界，再投胎回人间。

因此，信众们认为死亡并非生命的终结而是解脱，只是轮回中的一环。所以，整个葬礼中，有悲伤也有轻松的时候。据我的观察，家属们特别是女眷们，是号多于哭。古人说：有声有泪谓之哭，有泪无声谓之泣，有声无泪谓之号。

其间也有轻松的时候，因此有"喜葬"一说。试用一两个带有笑声的镜头冲淡一下葬礼肃穆哀伤的压抑感。

东巴是葬礼上一个很重要的角色，负责引导死者的灵魂回祖居地。

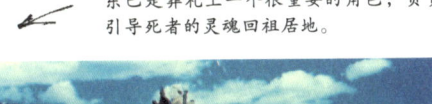

镜头一：达祖寺喇嘛杨扎石说北京有人通过他买东巴经之类的古籍，他找到了，想通知他，于是借我的手机用。不知是否信号不好，只见他在二楼走廊声音越喊越大，头越侧越低，整个身形已像晒干的虾米了。本来他

用彩布装饰的灵马，将驮着死者的灵魂回到祖先居住的地方。

遗世「香格里拉」

身穿红袍就抢眼，声音又大，二楼走廊更像个舞台。喇嘛精彩真实的滑稽剧现场直播，赢得了院子里所有来参加葬礼者的笑声，包括号完不久的女眷们。见此，我强忍着的笑声才敢放出来。

镜头二：晚上，戴着圆锥形高帽、身挂纸牌和铃铛的两个男人手拿木制的刀剑，就着鼓点镲声强烈的节奏即兴起舞，意思是驱鬼。状如比武——互相追逼对方，那迅疾而搞笑的动作又引来大家阵阵的笑声。我举起相机要拍，他们当然不愿意扮鬼扮马的形象上镜头，于是就上演"项庄舞剑"一幕，把我当作"沛公"。看现场的气氛，更像是在开"party"。

葬礼上还有边走边放鞭炮的游街、赛马、跳东巴等仪式。几匹身绑上彩布的灵马游毕赛完，一个戴帽的男人把草木灰放进马的耳朵里，马当然会猛甩头把灰甩出来的，这就表示死者高兴了，亡灵已上路回祖先的居住地了。

第三天天还未亮，亲属们由一条长长的白麻布连成一串，抬着画有图案的木板制成的棺亭，快速奔向后山的火葬台。

几个喇嘛用一条细绳按几何学原理，很认真地在地上画一个复杂的图案，然后按图案填上不同颜色的粉末。这个好看吉祥的图案弄好后放上一张写上经文的纸，四周用早已砍好的松木一层层摞高，中间预留空位。棺亭拆开，把用白麻布条捆成婴儿在母胎姿势的尸体放进松木堆中，盖上棺亭的顶。此时，女眷们按次序横着排好，哭喊着跪拜，送别亲人。

戴着口罩的喇嘛点火，火焰很快冲天而起。其余的喇嘛在女眷相反的向北方向坐成一排念经超度亡灵。在红红的太阳喷薄而出的一刻，朗朗的诵经声伴着腾起的缕缕白烟上升，越来越高、越来越淡，直至消失在缥缈的天国中……

 三个喇嘛认真地用色粉填在画好的吉祥图案上

实用资讯

咨询

盐源县泸沽湖旅游景区管理局电话：0834-6390322。

交通

盐源与泸沽湖镇（左所）每天四班车同时间对开：8：00、9：30、11：00、12：30，票价30.50元。盐源到前所（经永宁）每天一班：8：00发车；如果想在泸沽湖镇中途上这班车，遇上满座就不能上了，现在查超载很严的。

住宿

摩梭文化风情园，可以住88人，全是标间，太阳能热水器，有餐厅、酒吧、停车场，人多时有摩梭歌舞表演（收费10元／人）。地址：泸沽湖镇达祖村亮海边（湖边）；电话：0834-6390192；手机：13308155969；联系人：杨清明。参考价：淡季60元／标间；黄金周：200元／标间。

泸沽湖喇氏庄园；地址：泸沽湖镇海滨五支龙民族村寨；电话：0834-3671028、6390258；手机：13881577208、13778647888；传真：0834-6390258。

末代王妃府地址：泸沽湖镇多舍村13组；联系人：翁金次尔（王妃之孙）。

门票

泸沽湖风景区80元／人（云南与四川同一价）。

滇西北篇

秘境『香格里拉』

雪山冷峻

一语不发

它沉默而庄严的力量

摧毁一切世俗之念

北

克乡墓群
至德钦　尼南石棺墓
尼汝

图　例

驿道

公路

景区

山峰

寺庙

纳帕海　松赞林寺
普达措
漆树湾
洛吉

中甸

蓝月山谷
景区
小中甸

白水台　三坝

哈巴

哈巴雪山自然保护区

虎跳峡

至剑川

中甸（香格里拉县）

——茶马古道重镇

金沙江在石鼓掉头北上
被哈巴、玉龙两座高大的雪山合力阻挡
它奋勇从夹缝中杀出一条窄窄的水路
硬是咆哮着挤了过去
徒步走完这段 20 公里虎跳峡
惊险刺激足够回味一辈子

古城独克宗

中甸（香格里拉县）[1]的市内公共汽车有3条线路，但车站却没有站牌，连车站是停几路车也不标示。没有路牌，没有门牌。外地人即使买了地图往往也是对着地图徒呼奈何。

幸好我不是语言不通的老外，勤点问人还是可以用公共汽车代步的。

坐1路车到古城站下车，不用再问人，只要一看那些建筑就知哪是古城了：旅游城市千篇一律的购物街，拍出来的照片如果没有招牌字，很难分得清是在哪里拍的。店铺一间挨一间，无非都是卖纪念品的商店、酒吧、旅馆等等。这与我20世纪90年代第一次见到的有质朴韵味的古城已是天壤之别。那些仿古的建筑哄哄不知情的老外还可以，但总是缺少了一份历史的厚重感、沧桑感、天然感和沉淀感。

这么多年来，我曾先后三次到中甸。或许是个人的偏见吧，我总觉得花路费、花时间去逛没有特色、没有个性、没有内涵的地方，倒不如呆在家里看看书、上上网。看看我们的大城市吧，有几个是有鲜明个性的？看看连小城市也跟着搞的商业步行街吧，又有几条是有本土文化内涵的？出来旅行无非就是逃避和找寻。逃避的是那些刻板的、令自己麻木的生活方式和令自己疲惫、失去激情的生活节奏和熟悉到全

秘境『香格里拉』

曾经辉煌的茶马古道重镇独克宗，能够重振雄风么？

注1：中甸2001年改为香格里拉县，为表达方便，本书仍沿用"中甸"一词。

无感觉的环境；找寻的是人世间的真、善、美。仿古城可以造得美轮美奂，但能称得上真么？我不是反对发展经济，任何人和地方都没有停滞不前、穿着古装去讨好游人的义务。作为一个匆匆而过的游客是没有什么资格去指责别人不纯粹，但说说自己的观感还是可以的吧：丢掉和破坏了最珍贵、有多少钱也买不来的精髓去换取表面的、一时的经济繁荣，从长远来看，是不是得不偿失呢？是不是能够可持续发展呢？是不是香格里拉所倡导的"适度"理念呢？

古城独克宗本是"茶马古道"的一个中心，它南连丽江、大理、思茅、昆明，北通德钦、盐井、芒康、巴塘、理塘，有"栏杆十二，雪岭千寻"和"溜筒锁匙"之说。

中甸古称"建塘"，相传与四川的理塘、巴塘一起，是藏王分给三个儿子的封地。历史上，中甸一直是云南藏区政治、军事、经济、文化重地。千百年来，这里既有过兵戎相见的硝烟，又有过马帮商贾的喧哗。这里是雪域藏乡和滇域民族文化交流的窗口，汉藏友谊的桥梁，物资贸易的集散地，川滇藏"大三角"的纽带。

唐代，现滇西北为吐蕃王朝所属之地。公元676~679年，吐蕃在维西其宗设神川都督府，在今大龟山建立官寨，垒石为城，城名"独克宗"，即历史上著名的"铁桥东城"。古城的中心是龟山，建城的当初是从军事的角度考虑。随着莲花生大师把佛教传到雪域高原，当地人认同了佛教，龟山成了宗教圣地。经过上千年的经营，形成了以龟山为中心，呈放射状展开的八瓣莲花似的城镇，形成因应自然而变化的空间。在古城的兴建中，建筑材料大都就地取材。工匠们发现龙潭河（今中甸县城里的龙潭湖）以南出产的一种白色黏土可用作房屋外墙的涂料，于是古城民居外墙皆涂成白色，这种源于藏族崇尚白色的风格一直沿用至今。月夜，银色的月光把白色的古城打扮得分外迷人，于是，当地人就把古城称作"独克宗"。"独克宗"藏语意为"白色石头城"，寓意"月光城"。明代，中甸被丽江木氏土司占领，木氏土司在大龟山建"香各瓦"寨，藏语"石山寨"，其地即是原来的大龟山"独克宗"。后又在奶子河畔建"大年玉瓦"寨，藏语名为"尼旺宗"，意即日光城。两寨遥相呼应，构成藏区有名的"日月城"。

独克宗古城街道

千百年来，茶马古道上来往的人马身影都是这样闪现。

独克宗古城历来为滇、川、藏茶马互市之通衢，清康熙二十七年（1688年），应达赖喇嘛之请，清廷允准在中甸立市，独克宗成为真正意义上的茶马古道重要集市。雍正、乾隆之时，境内矿业兴旺，四方商贾云集。抗日战争后期，日寇占领缅甸，切断滇缅交通，大批援华物资只能越过喜马拉雅山从拉萨经滇西北运抵昆明，县城又成为滇、藏、印贸易的中转站。滇藏茶马古道运输线与"驼峰航线"共同担负起抗战救援物资运输的重任。这场"马帮运输"曾使用了8000匹骡子和2万头牦牛。另外，1936年，贺龙率领中国工农红军红二、六军团长征经过中甸，在独克宗古城藏经堂两厢房设指挥部，在此召开了重要会议。独克宗古城因地处茶马古道的要塞枢纽，茶马古道又是各民族政治、经济、文化、宗教的走廊，是历史的见证者。

历史上，独克宗古城还经历过很多劫难。最惨痛的是在民国初年，中甸县城三次遭受来自今四川乡城的土匪和来自东旺的土匪的烧杀抢掠，中甸县元气大伤。商贾们惊恐万状，四处逃散，茶马古道的商队来往日益稀少，昔日中甸繁华的市场也由此逐渐冷落、沉寂下去了。

现在借旅游东风的古城复兴，希望真的能够做到
"修旧如旧"，使这个古老的大型藏民居群落的人文精髓
能保存下来，不要重蹈很多古城开发失败的覆辙，毕竟
人文生态遭破坏后的恢复比自然生态遭破坏再恢复还难。

东巴圣地白水台

坐了3个小时的车，我来到县城东南方向111公里的三坝乡白地行政村。三坝是纳西族人聚居的地方，纳西语称"白地"为"拜丹"，"白水台"为"拜卜芝"，意为逐渐长大的花朵，形象地描绘了白水台的形态。因为水从潭中流出顺地势而下，形成的白色华泉台地越展越宽，成为扇状，恰似逐渐长大的白花朵。

同车有两个学生去白水台接替长期在那观测研究华泉台地的同学，他们说：世界上有三处这样的华泉台地，一处在土耳其，一处在黄龙，一处就是白水台。其实我所看到过的这种地貌远不止这三处，只不过是这三处比较出名罢了。于是我跟着他们一起住到了纳西饭庄，我想，学生们长期驻扎的地方一定不错。

面积有3平方公里的白水台为华泉台地，背后的山体为石灰岩，其主要成分是碳酸钙。雨水从山体的缝隙中穿过，溶解了部分石灰岩，生成了

白地的白水流过处成了东巴圣地白水台

仙人造出来的梯田，教会了纳西人垦田种粮，从此丰衣足食，不再颠沛流离。

碳酸氢钙。泉水从上往下流淌时，其中的碳酸氢钙经阳光照射后发生化合作用，产生出白色碳酸氢钙沉淀物，日积月累就形成了惟妙惟肖的"仙人遗田"等美妙绝伦的白水台。传说在很久很久以前，纳西族先民以游牧为生，生活十分艰苦。创世之

天然形成的梯田与白地村人工
开垦的梯田形成有趣的对比,
真是天上人间共聚一地。

祖美利东和美利色兄妹俩施展法力,于农历二月初八将这片高坡制成了一片错落有
致、精美绝伦的梯田模型,启发示范纳西子孙造田耕地。从此以后纳西人过上了男
耕女织的安定田园生活。

东巴文据说是世界上唯一活着的
象形文字

白水台左侧有一泉台形状如一弯新
月,清泉盈盈四溢,相传是仙女梳妆的地
方。泉台下侧还有一洁白如玉的石穹隆,
这是当地群众生殖崇拜的场所。白水即为
仙造之奶液。纳西族一直保持着母系氏族
社会的风俗,因此这种景观在许多地方都
可以见到。

"东巴"是纳西语译音,意为"智者",
是老师、先生的意思,也是掌管祭祀、占
卜的祭司的称谓。因白水台在人们的心目
中充满了神秘色彩,所以东巴教的祖师们选中了此地。据说第一祖师丁巴什罗在此
设坛传教。丁巴什罗据说是原始苯教祖师"顿巴辛饶"的音译转读。在白水台对面
山腰有个喀斯特溶洞——"阿明灵洞",相传东巴第二祖师阿明什罗曾在此修行。阿

明是三坝乡白地水甲村人，祖先从木里俄亚迁徙而来。据说阿明小时候曾到拉萨求经，回来后选中了幽静美丽的白地，在此隐居洞中研习经文，并创造了东巴象形文字，纳西语叫"森究鲁究"，用其编写东巴典籍，使这里成为东巴教圣地。各处的大东巴都要到白地修行求经，然后才能称得上是合格的大东巴。

东巴教是纳西族全民信奉的古老宗教，源于原始宗教，以祖先崇拜、鬼神崇拜、自然崇拜为基本内容，祭天、丧葬仪式、驱鬼、禳灾和卜卦为其主要表现形式。

东巴，作为宗教职业者，在社会上地位很高，被视为人与神、鬼之间的媒介，既能与神打交道，又能跟鬼说话，能迎福驱鬼，消除民间灾难，祈求神灵给人间带来安乐。东巴一般父子传承，世代相袭，不脱产，有妻室儿女，无儿招赘传与女婿。三坝乡共有东巴数十人。

东巴进行宗教活动的经书，用竹笔书写在自制的土纸上，用象形文字东巴文书写。三坝有东巴能书写1300多个东巴文字，基本包括全部东巴象形文字。

"仙人遗田"的上方有"七彩瑶池"。泉水成年累月的冲刷，开凿出一个个小池塘。池中水清见底，水平如镜，水下稀奇古怪的植物像蛛网密布，也不知是叫什么

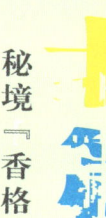

秘境『香格里拉』

白水台上的七彩瑶池美不胜收，怪不得仙女选中这里来梳妆。

东东。天光云影徘徊其间，雪山密林倒映水中，春夏秋冬，五彩斑斓。相传，白水女神常在这里沐浴梳妆。早在清光绪年间编撰的《新修中甸县志稿本》中就有这样的记载："仲春朔八，土人以俗祀为祭，蚩币承牲，不禁百里而来，进酒献茶，不约千人而聚，此一奇也，亦胜景也。"顺水往山里走，有一个泉眼汩汩地冒着清泉，被称为源头，成为信众烧香顶礼膜拜的对象。其实此处只是源头之一，因为我看到上面还有一条山溪流下来。

传说农历二月初八是纳西始祖创造白水台的日子。由此这一天就成了白地纳西人隆重朝拜白水神的节日。是日，白地村人都要在白水台集会。一大清早，穿上新衣带着祭品和食品的纳西人就涌上白水台龙潭边举行祭龙仪式，欢乐的歌舞成为白水台一大景观。纳西人在尽情歌咏白水台和生活："雪山出白银，碧海出明珠，白银和明珠，不能来相聚。情郎和阿妹，有心来相会，采来银与珠，镶成白玉台。"当然了，在这一天里白地周围的彝族、普米族、藏族群众也会来这里凑热闹，一起又唱又跳。

洛吉的漆树湾、尼汝

我从四川木里俄亚徒步翻山到中甸，踏入云南境的地方叫洛吉乡漆树湾。

时近日落，斜阳洒在橙黄色的秋树和宁静的村屋上，一种与世无争的世外桃源风光跃入我的眼中，一下子就把我吸引住。

村中唯一的车已经发动，司机正在给车加水。看来是马上就要出发。我顾不上拍照了，马上上前询问，果然是要出洛吉乡。车主曹贵友说俄亚乡书记给他打过电话，他也知道我将到来。刚过而立之年的书记想得还真周到，我不禁对这位年少老成的俄亚乡书记心生敬意和感激之情。

洛吉乡地处中甸东部边缘，有一个新开的景区叫尼汝。

尼汝是藏族山村，那里的人热情纯朴。

进尼汝村没有班车，只能租私人的吉普车。我和两个当地人足足找了半天才找到一部车，合包进尼汝。虽然浪费了我半天时间，但在边远山区还能找到车已经算不错了。

景区路边售门票的房子已经盖好，招牌放在地上还未挂上去。看来不久就要收门票了。嘿嘿，我又赶在旅游开发卖门票前走进去先睹为快。

去尼汝村的土路才通车1年，路上遇到的马和羊还不习惯车的到来，一见车来就慌得到处乱窜。路不平整，如果下雨雪会更糟糕。清清的尼汝河两岸的风景不错，可惜的是我来迟了一点，黄叶基本上已经掉光了。给我印象最深的是村里一间叫"勇坤"的希望小学，学校里包括校长只有6个教师，连校长都要兼三个年级的课。他们真的无愧于"人类灵魂工程师"的称号，在那么艰难困苦的条件下，教出来的学生都那么热情有礼貌。与大香格里拉地区其他地方一样，学生们在路上遇到外人都有礼貌地问好打招呼，甚至立正向客车里的人举手敬礼，让我好生感动。在这里，我以一个匆匆过客的身份向这些有礼貌的学生们及教育他们成长的所有人致以深深的敬意。

尼汝是新开发的风景区，马上就要收门票了。

滇西北篇 秘境『香格里拉』

松赞林寺气势恢宏，有"小布达拉宫"之称。

天神游戏之所 —— 松赞林寺

寺前顶着烈日在看经书的和尚

公元7~8世纪，迪庆为吐蕃神川都督府重地，佛教就开始进入迪庆。1678年，鉴于中甸人信奉的是苯教和噶举教派，达赖喇嘛因此而奏请康熙皇帝恩准在中甸建立一座格鲁派寺院。1681年寺院正式落成，五世达赖亲赐寺名"噶丹·松赞林寺"。"噶丹"第一意为与宗喀巴首创之噶丹寺相承传；第二是由于弥勒佛在藏密中受到十分的崇奉和偏爱，它有象征了未来佛所居的弥勒天宫。"松赞林"意为天界三神游戏之所。远观依山而建、占地 500 余亩的寺院气势宏伟，故又被人称之为"小布达拉宫"。

在政教合一的旧体制下，松赞林寺曾对地方政治经济起了举足轻重的作用。解放前，历代地方政府都按中央政府的旨意，每年将田赋和差发收入中的部分财物按僧侣定额向松赞林寺和东竹林寺发放。松赞林寺在皇粮之外，拥有两个大庄园覆盖八个属卡的土地和金沙江河谷的大量良田，占有中甸第三、四、五行政村的全部高山牧场，具有许多布施和摊派性宗教收入，同时还向百姓放高利贷。在此情况下，世俗百姓与寺院紧紧地联系在了一起，成为寺院的农奴、佃农、牧奴，绝大多数百姓欠寺院的债。

1956 年 11 月，叛乱分子头目在松赞林寺召开了"布拉会议"，后叛乱被当局镇压平息。

草原变身纳帕海

纳帕海是一个季节性淡水湖泊，更多的时候应该叫纳帕沼泽化草原。纳帕海位于县城西北去德钦的国道 G214 公路 8 公里处，总面积 31.25 平方公里，是云南省面积最大的一块高山草甸。藏语名"纳帕错"意思是"森林背后的湖"。此湖在夏末秋初大量积水，明水面大时可达上千公顷。西侧有一座绵延起伏的辛雅拉雪山，雪山脚下有九个天然的落水洞，草原上的积水就从这九个洞中排出直到山背后尼西乡境

白马、青稞架、绵延不断的雪山，衬托点缀着纳帕大草原。

内的汤满河，再流入金沙江。所以草原变成"海"仅仅是雨季时短暂的两个多月时间而已。

在纳帕海自然保护区，春天绿草如茵，就像一个巨型的足球场，一群群黑的白的牛、羊、马就像是分散在场上的运动员。当然它们赛的不是足球，而是比谁吃的草多；夏日各种颜色的鲜花开满地，雪山森林倒映在湖水中更是美不胜收；秋风朗朗的时节，草原一片金黄，景色迷人；冬雪飘落的时候，白茫茫一片大地真干净。此时，这里成了候鸟的天堂：黑颈鹤、黄鸭、斑头鹰云集，它们在这里谈情说爱、生儿育女，直到次年3月才依依不舍地离去。黑颈鹤为世界珍贵稀有鹤类之一，仅分布在青藏高原和云贵高原，目前世界上约有1000只。这仅有的千只"高原仙子"在青海高原过夏，在云贵高原越冬。中甸的纳帕海，已是其千百年来的冬天栖息地，形成了飞来飞去的时间规律，当地民间有"来时不过九月九，去时不过三月三"的谚语流传，可见黑颈鹤与人、与自然和谐并存。

江水咆哮虎跳峡

虎跳峡是一条国内外出名的徒步线路，是指南至桥头、北抵大具的一段长20公里的大峡谷。

金沙江在石鼓掉头北上，被哈巴、玉龙两座高大的雪山合力阻挡，金沙江奋勇从夹缝中杀出一条窄窄的水路，硬是咆哮着挤了过去，导演了一场惊

直立岩壁中硬是凿开了一条栈道，供人马通行。

天地、泣鬼神、跌宕起伏的壮丽好戏。而且这出戏一演千年，永不落幕，给体力充沛、爱好冒险的人一个客串小配角的机会。徒步完这段有200米落差、18个险滩的20公里虎跳峡，这段惊险刺激的自虐"傻"（Show）足够回味一辈子。

桥头也叫"虎跳峡镇"，在中甸可搭早上9:00到上江方向的班车，在虎跳峡镇下车。如果在丽江出发可乘直达的班车，也可搭乘到大具的班车，在渡口乘船过江，逆流而上反过来走。这样走可游览更丰富的雪山景观，故更适合摄影爱好者。国外

游客不知是否受到英文旅游指引的影响，多喜欢由桥头顺流往下走。徒步须避开雨雪天，否则更增添路途危险和难度。

虎跳峡分上虎跳、中虎跳、下虎跳三段。其中位于桥头一侧的上虎跳气势最为恢宏磅礴，若是没有足够时间游完全程，则来此体验一下巨涛汹涌澎湃的豪壮，也会令人永生难忘。徒步穿越虎跳峡难度不算高，所有身体健康的年轻人都可以完成，走完全程需两三天时间。桥头和大具两端都有门票出售。

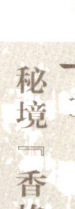

是高山挤窄了河流，还是河流切开了高山？

实用资讯

中甸汽车客运班车时刻表

到达站	开车时间	车型	里程（公里）	票价（元）
昆明西站	9:00		671	222
昆明南站	13:00、14:00、15:00、16:30	大卧	624	167
昆明西苑站	17:30、18:30、19:30	大卧	624	167
攀枝花	15:00、17:00	大卧	481	115
下关	7:00~12:30 发车，每天多班	中客	295	56
	18:30、19:30	中卧	295	72
丽江	7:10~12:30 发车，每天多班	中客	176	35
鹤庆	7:30、8:30、9:30、10:30、11:30	中客	215	43
永胜	7:20、7:50	中客	304	57
上江（途经虎跳峡镇）	9:00	中客	215	45

滇西北篇
秘境『香格里拉』

到达站	开车时间	车型	里程(公里)	票价(元)
		拉萨线		
盐井	9:30	卧铺	305	85
芒康			415	130
竹卡			465	132
左贡			575	190
邦达			682	240
八宿			776	280
波密			993	350
林芝(八一)			1228	430
工布江达			1348	450
拉萨			1786	550
拉萨		座位	1786	500
		三坝线		
三坝乡	9:10、14:10	中客	111	24
东坝	8:40	中客	97	21
哈巴	14:00	中客	148	31
洛吉	15:10	中客	86	19
		稻城线		
稻城站	7:00	中客	334	98
乡城站	7:30	中客	222	65
东旺	7:30	中客	194	45
木鲁	12:30	中客	106	25
		德钦线		
奔子栏	14:00		82	17
德钦	7:20、8:20、9:20、12:00		188	38
得荣	8:00、9:00		164	37
维西	8:00、9:00、10:00、11:00、12:00		215	43
		昌都线　(三天一班)		
佛山	9:30	大客	257	50
盐井			305	85
芒康			415	130
竹卡			465	132
左贡			575	190
邦达			682	240
昌都			853	296

洛吉晨曦

咨询

迪庆州旅游局（外事办）电话：0887-8223786
中甸县旅游局电话：0887-8225390
运政监督电话：0887-8230887、8224795

住宿

曹贵友家　地址：洛吉乡漆树湾村　电话：13988786013、13988763526。如果经中甸洛吉进出俄亚，会经过漆树湾，那条村只他有一部大东风货车。吃、住、坐车到乡里转班车、带路赶马都可以找他。
纳西饭庄　地址：快到白水台景点的公路边　电话：0887-8866055

门票

白水台30元/人次；松赞林寺30元/人次；纳帕海30元/人次；虎跳峡50元/人次。

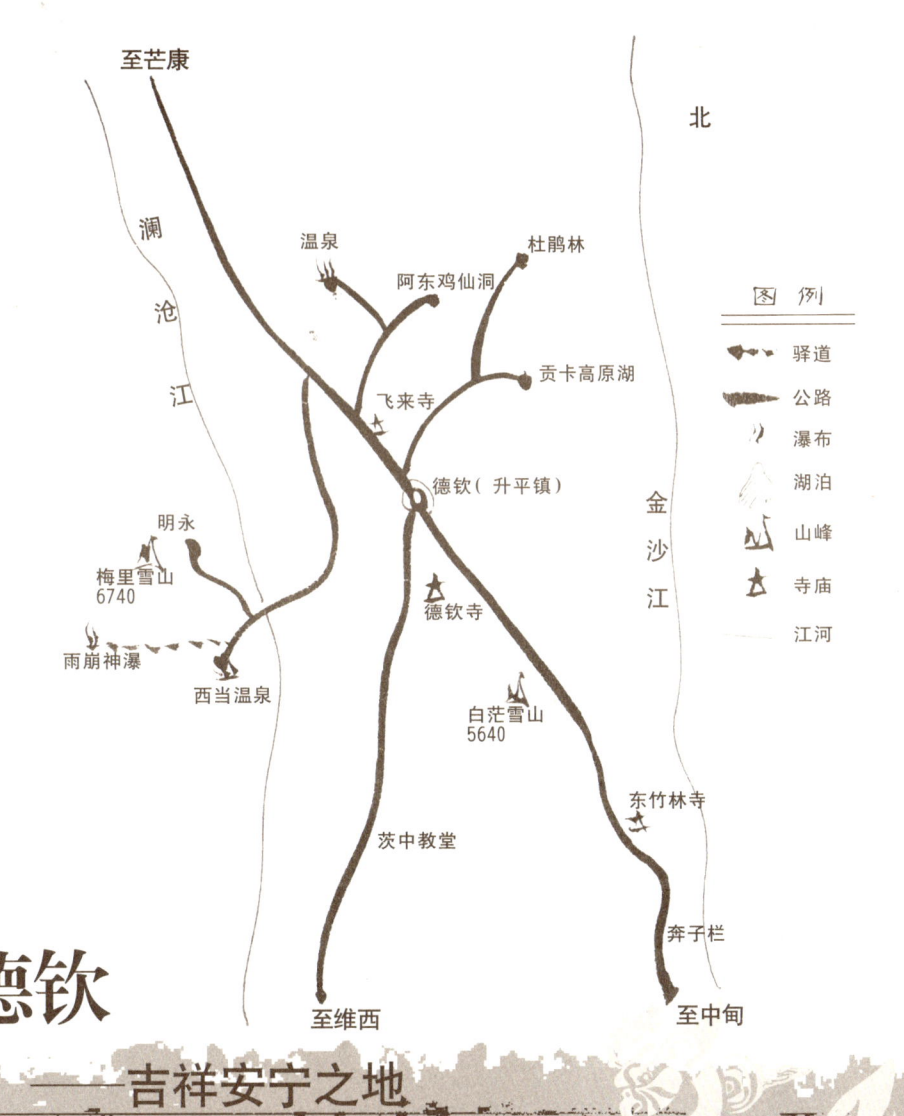

至芒康

北

澜沧江

温泉

杜鹃林

阿东鸡仙洞

贡卡高原湖

飞来寺

德钦旅游示意图

德钦（升平镇）

金沙江

明永

梅里雪山
6740

德钦寺

雨崩神瀑

西当温泉

白茫雪山
5640

东竹林寺

茨中教堂

奔子栏

至维西

至中甸

德钦

——吉祥安宁之地

光线照到云层再折射到雪山上
使雪山尖染上了粉红色
卡瓦格博就像一只刚熟的大仙桃
倒放在洁白的碟子里
美艳得让人目瞪口呆

金色的坝子 —— 奔子栏

奔子栏的田园小镇风光令人心醉

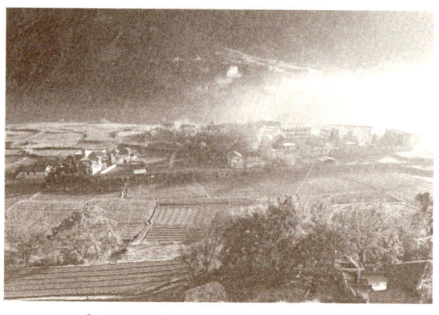

奔子栏，坐落于白茫雪山东麓、金沙江西岸，与四川得荣凹卡乡隔江相望。地势西高东低，由北向南延伸成一字形，是滇藏公路必经之地，距州府中甸82公里，离德钦县城100公里。

奔子栏在藏语中叫“习木贡”，是“金色的坝子（沙坝）”之意，因地处江边沙坝之上，又盛产黄金，故名。清廷曾在此设塘汛，民国至解放初期由维西管辖，1959年划归德钦县。奔子栏坝包括能仁、娘举贡、习木贡和娘轰四个自然村，人口近2000，多系藏族。奔子栏物产丰富，是迪庆高原少有的“鱼米之乡”。这里气候温和，年平

金沙江在这里优美地扭了几下腰身，迷倒了两岸两省的人齐聚在她的裙下。

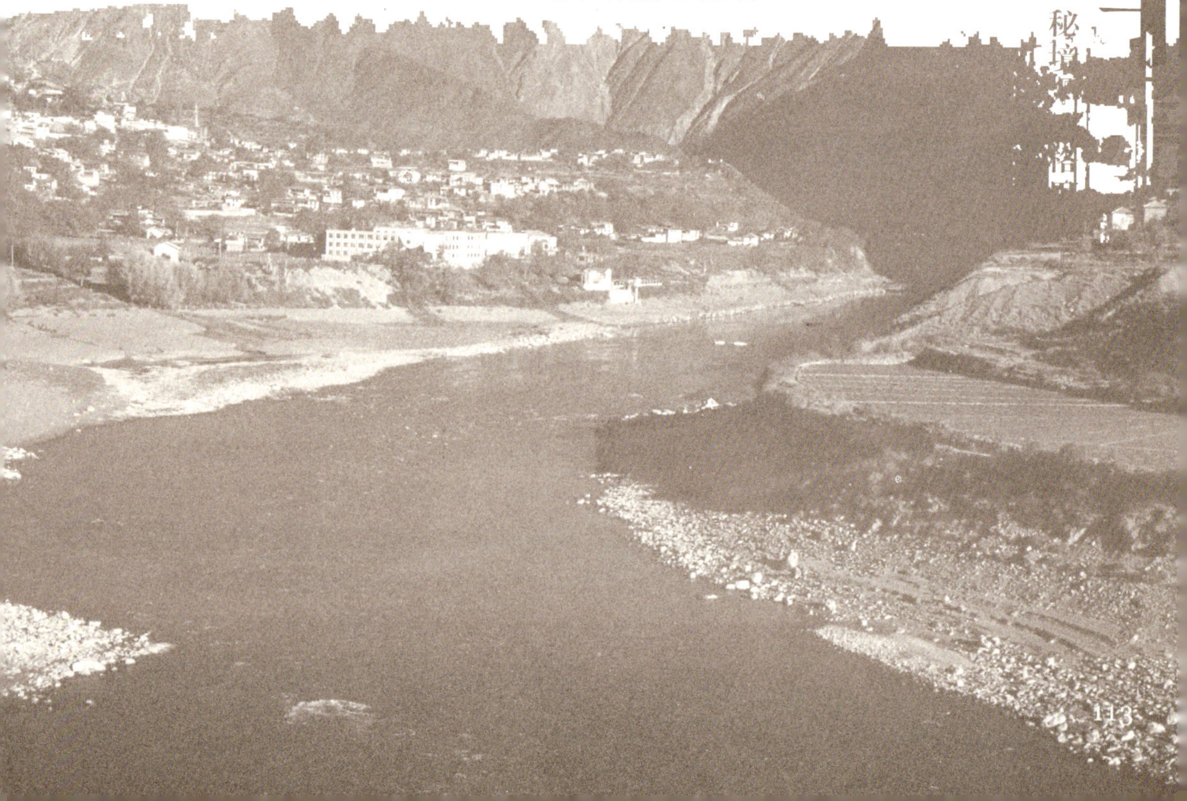

金沙江畔，炊烟袅袅。

均气温 15℃ 左右，年降雨量虽在 850 毫米以下，但水利条件好，加之土壤肥沃，是
德钦县主要农业产区。这里的传统民族工艺比较发达，手工制作的藏式折桌、糌粑
盒、木碗等产品早已蜚声全藏区，故在西藏流传着"世上最美的碗，是奔子栏木碗"
的歌谣。

　　奔子栏作为茶马古道要冲，在历史上更是辉煌一时。马帮从丽江龙蟠东渡金沙
江，沿十二栏杆经中甸，"借地四十里"从尼西经四川得荣境再渡金沙江就到达奔子
栏。因前面横亘着高耸入云的白茫雪山，疲乏的人马需在此地休整数日后才有精力
翻越雪山抵达升平镇。而从雪山下来的马队已是疲惫不堪，也需借此地养精蓄锐才
能攀越中甸高原回到内地——当年人喊马嘶、蹄声铃声交织的繁忙景象，是不难想象
的。奔子栏以下，江面宽阔，怒涛渐趋平静，可见木船往来江面。从这里乘船南下
30 多公里，便到维西、丽江，可游览吐蕃时代的神川铁桥遗址。

　　奔子栏气温比中甸、德钦都暖得多，吃住又便宜，确实是休整的好地方。金沙
江一河两岸的田园小镇风光迷人，早晚光线角度很好，秋林中散落有序的房子炊烟
袅袅，是个摄影的好地方。

　　我一早起床收拾好行李后连早餐也顾不上吃，就跑出去沿金沙江拍照，一直拍
到中甸到德钦的头班车经过，我才上车回到旅店拿行李。

　　旅店唯一的"服务员"是个只有 12 岁的小妹妹，既管客房又管餐厅。每天天还
未亮就起床干活，我出去拍日出时就见她在搞卫生了。本来应该是在妈妈怀里撒娇
的被人照顾的年纪，现在反过来要去照顾成年人，说话有时比成年人还成熟，与她

的年纪极不相称。例如我洗完澡后从窗口爬出露台晾衣服，她就叫我小心点别掉下去了，走的时候记得收衣服。她的工作虽说不是粗重工夫，但时间也比成年人每天8小时工作还长得多，据说还是只管吃住不拿工资的。她说她有两个哥哥，一个因车祸死了，一个出家当了和尚。我见她说话有条有理，普通话也说得比较好，想来她读书成绩应该不差，便问她年纪这么小为什么不读书？本来说话很多的她只说了一句"老师要我交500块"就不说了。小孩子也有自尊心啊，不愿说出因贫辍学。我真的很为她的前途担心，小学都还未读完，长大后凭什么改变贫穷的状况？

噶丹东竹林寺

噶丹东竹林寺坐落在德钦县奔子栏乡书松村南永干顶东坡上，距乡驻地奔子栏23公里，离迪庆州府驻地中甸县城约105公里。滇藏公路从寺后横穿山腰而过，汽车可直达寺内，且常年四季通行无阻。该寺地处白茫雪山背风凹处金沙江河谷延伸部分，海拔高度已达3000米，气候属山地季风气候，具有"冬不寒冷，夏无酷暑"的特点，年平均气温在15℃左右，霜期日数少，雨季在每年5~10月份内，平时干旱少雨。

东竹林寺建于清康熙六年（1667年），原名"冲冲措岗寺"，意为仙鹤湖畔之寺，寺址在新寺西北约3公里处。建寺初期仅有僧侣16人，为噶举派。因参与清康熙十三年（1674年）噶玛噶举们人和么些（纳西）头目反抗蒙番联军扶持格鲁派而挑起的战乱，被强行改宗格鲁派，并与抗萨、支用、书松等7个小寺（贡巴）合并，更名"噶丹东竹林寺"，意为成就"二利"，即利己利人之寺。从此规模不断壮大，住寺僧人至清末已发展到700多人，活佛10人，成为康区十三林大寺之一。

更值得一提的是1986年10月东竹林寺正值重建大殿的重要工程时，十世班禅大师确吉坚赞亲临视察并捐款赞助，给该寺历史增添了新的光彩。

如今，东竹林寺有僧侣300多人，管事活佛4人。作为云南省重点文物保护单位，该寺受到各级政府的重视和关怀。1987年10月曾举办盛大的"格规定木"庆典活动，此后，每年都举办僧值节一次，成为康区僧俗民众朝觐的吉祥福地。如到寺内参观，可请喇嘛及活佛作导游，年轻者通晓汉语者甚多，且待人热情大方。

从中甸到德钦必经白茫雪山，这一段风景很美，值得细细欣赏。

白茫雪山

　　离开奔子栏经过噶丹东竹林寺上行，便进入白茫雪山自然保护区腹地。

　　白茫雪山自然保护区位于云岭山脉北段东坡，区内地势由西北向东南逐步倾斜，以山川并列、南北走向、山高坡陡、河谷深切为其特点。山峰海拔5000米以上的有20多座，最高为扎拉雀尼峰，海拔5640米，与最低处的霞若乡高差达3380米。因受西南季风

白茫雪山垭口

控制及青藏高原气团影响，温度从南到北逐渐下降。年平均降水量600毫米，平均气温4.7℃，属于热河谷到永久性冰雪带的完整气候类型，气候垂直差异很大，呈典型的立体气候。保护区内主要河流有金沙江及其支流珠巴龙河。滇藏公路斜穿区境，为云南省内海拔最高的公路线段。

白茫雪山自然保护区有保存较完好的以高山针叶林为主的寒带原始森林，能见典型的横断山脉峡谷。夏季是游览白茫雪山的最佳季节，此时公路沿线冰雪消融，到处溪水潺潺，杜鹃开满山坡，林中百鸟啭鸣，群猴嬉戏，令人目迷神驰。

白茫雪山自然保护区在云南植被区划上属青藏高原高寒植被类型，在区内近40公里的水平距离内，呈现出十多个由热带到北寒带过渡的植物分布带谱，有部分森林处于原始封闭状态，是研究高山针叶林植物群落和自然生态的理想地区。被列为国家重点保护的植物除澜沧黄杉外，还有大果红杉、油麦吊杉、云南铁杉、红豆杉、丽江云杉、桢楠、黄杜鹃等。保护区内还有珍稀名贵药材冬虫夏草、贝母、知母、天麻、胡黄连、黄芪、茯苓、木香、大黄等。

在我国动物地理区划上，白茫雪山自然保护区属东洋界西南区，在我国十个生态地理动物群中属于高地森林草原—草甸草原寒漠动物群。区境内栖息着许多珍禽异兽，其中有国家一级保护动物滇金丝猴（黑仰鼻猴）600多只，约占滇金丝猴总数的58%，还有云豹、黑麂、拟兀鹫、藏马鸡、金雕等生活在白茫雪山密林中。国家二级保护动物数量品种较多，有百种以上。滇金丝猴被选为1999年昆明世博会的吉祥物，在世界上出尽风头。它们活跃于保护区内面积达5万公顷的核心区，结群活动，采食云冷杉和桦树的嫩芽、幼叶、长松萝和花楸等，其跳跃腾越、嬉戏呼唤，给雪山林海带来了特有的灵气。

高原古镇——升平镇

德钦县城升平镇，唐称"聿赍城"，元称"小旦当"，明称"阿得尊"，清称"阿墩子"。清光绪三年（1877年）地方官夏瑚曾立下"德钦碑"，碑上为镇取名"升平镇"，求太平盛世、歌舞升平之意，此名延续至今。

升平镇距离州府中甸县建塘镇184公里，距省城昆明市889公里，距滇藏界103

公里，海拔3400米，是云南省海拔最高、最北端的县城。

德钦县与西藏左贡、察隅、芒康县，四川巴塘、得荣县和云南贡山、维西、中甸县接壤。升平镇因其特殊的地理位置，自唐宋以来就成为茶马互市和沟通汉藏文化的重要孔道。抗日战争时期，国际交通线被日本鬼子切断，德钦却可以南进丽江、大理辗转中原内地，西出印度、缅甸与世界各国接通，升平镇又成为促进中印贸易以及国际文化交流的桥梁。此地有几十家内地商号，外国商人云集在这里，其间往来货驮如织，蹄声铃声昼夜交错不绝，因商业集市贸易极为发达，故有"雪山市场"之美称。1959年，中（甸）德（钦）公路通车，次年又修通滇藏德（钦）盐（井）公路，交通条件大为改观。如今，滇藏公路已全线通车，乘汽车去昌都、拉萨极为方便。旧时从大理下关至德钦升平镇需经二十马站，如今乘汽车仅要两日行程。

升平镇坐落于群山环抱之中，地势陡峭，少有平地，居民住房建筑比较拥挤。旧城区范围很小，仅有两条青石块铺就的街道深藏在峡谷中。四周高山雪岭，冬春大雪封山。城区多雾，有时充溢室内，当地人叫"天香熏室"，情景奇妙无比，堪称一绝。秋末冬初，气温宜人，雨量适中，为最佳旅游季节。此时常有甘、青、藏等地藏传佛教信徒成群结队来朝拜太子雪山（卡瓦格博峰），升平镇为香客必经之地，更是热闹非凡。

升平镇有居民九百余户，四千余人，有藏、回、纳西、汉四个民族，其中84%是藏族。他们热情好客，并精通汉语，与人交往落落大方，行为优雅质朴。妇女的服饰打扮似拉萨又有汉族、纳西族特色，更显出清丽潇洒。

若在德钦购物，街市上多有当地产的藏式折桌、糌粑盒、木碗等民族工艺品，还有制作精美的银、铜工艺品。夏季的德钦市场有冬虫夏草、贝母等名贵药材出售，价钱一般比内地便宜很多。升平镇特产是撮里毛毯、卡毯、壁毯等，朴素美观，经久耐用，远销西藏、四川等地。

飞来寺前拍太子雪山

衮巴顶寺，汉语称"飞来寺"。相传曾有一尊释迦牟尼佛从藏地飞来此地而建寺得名。这里是观赏、朝拜、拍摄太子十三峰雪山的好地方。滇藏公路旁八塔公园前

梅里雪山外转经路线示意图

至盐井　北

梅求补功

达古拉　哥杂拉　来得　说拉　梅里水

格布

拉达

龙普

澜沧江

德钦

梅里雪山 6740

扎那（察瓦龙 1910）

怒江

曲珠

拉康拉

曲那塘　陆得比　章切路　多克拉卡　多克拉　支信塘　永支　羊咱

辛康拉　阿丙　卢阿森拉　咱俗塘　玛追通　隆那　阿色大道　至维西

图　例
驿道
公路
垭口
山峰
江河

图　例
驿道
公路
垭口
山峰
江河

秘境『香格里拉』

那香烟不断的煨桑台，就是当地群众祭拜神山的敬香台。

　　当地的老人告诉我，现在把太子雪山都称"梅里雪山"是不正确的，是外界强加给他们的。位于云南和西藏交界的怒山山脉，是一座南北走向的庞大雪山群体，北段称"梅里雪山"，中段称"太子雪山"，南段称"碧罗雪山"。但现在把坐落在德钦县境内的北段、中段统称为"梅里雪山"而成习惯了，据说起因是当年解放军准备翻越梅里雪山解放西藏，在地图上把"太子雪山"标为"梅里雪山"，后来地质队据此以讹传讹，慢慢地外面错误的声音已盖过当地知情人的声音了，要想还历史本来面目恐怕很难了。有时多数人重复谬误100年，也会把谬误变成"真理"的，就好像现在很多不懂广州话"埋单"的人把结账写成"买单"还觉得很时髦一样，时间一

119

长就把"买单"堂而皇之收进词典的。

　　梅里、太子冰峰接踵，雪峦绵亘。其中最为险峻奇秀的有十三座，就是俗称的"太子十三峰"。那佼佼于群峰的卡瓦格博，海拔6740米，为云南第一高峰。卡瓦格博，藏语"白色雪山"之意。白色，在笃信佛教的藏民心中是至尊至贵的象征，卡瓦格博自然可以引申为"神圣的雪山"。传说卡瓦格博原是九头十八臂的凶神恶煞，后被莲花生大师点化，皈依佛教，受居示戒，做了千佛之子岭尕制敌宝珠雄狮大王格萨尔的守护神，成为胜乐宝轮圣山极乐世界的象征，青海、甘肃、西藏、四川及云南藏区众生绕匝朝拜的圣地，其位居藏区八大神山之首，早被尊奉为藏传佛教神灵，故有《卡瓦格博松语（经书）》和《卡瓦格博尼语（朝圣指南）》在民间传诵。在梅里山区还流传着噶举派第二祖师噶玛拔希曾在此传教的故事，至今神山下的老人背诵得朗朗上口的《绒赞山神卡瓦格博颂》，便是这位大师留下的经文。每年秋末冬初，成群结队的藏民牵羊扶杖、口念佛经绕山焚香礼拜（转经，用时少则7天、多则半月）的场面，令人叹为观止。

　　在拉萨甚至有这样的传说：你若今生有幸登上布达拉宫，便可在东南方向的五彩祥云中看到卡瓦格博的身影。在广州飞往成都的途中，我就亲眼见到云层之上卡瓦格博那高峻挺拔的雄姿，为此我还向当班的空姐求证。可见，传说是有根据的，在高原透明度极高的空气中远隔着千里也能清楚地欣赏这世界上最美的雪山。我相信在飞机上看到的是太子雪山，它那挺拔的山形使人过目难忘，还因为多年前那次既伤又病独闯滇藏之旅对于我来说确实刻骨铭心：有车祸死里逃生的切肤之痛，有看

太子十三峰

在飞机上拍到的雪山好像是海市蜃楼

到日照金山的震撼，有血染明永冰川的惨痛教训，有泪洒西藏的感动……

由于连续以白天游玩、晚上坐通宵卧铺车的方式来暴走，我到德钦时已觉得自己浑身脏兮兮的非洗不可了。虽然是-10°C，又在海拔3400米的高原，我冒着在高原洗头洗澡很容易感冒和高山反应的危险上街拍开了一间澡堂的门。我这个人有个坏毛病，就是只要下了决心，十牛三虎也别想把我拉回头。再加上广东人爱洗澡根深蒂固的生活习惯，不洗就觉得浑身不舒服。

洗热水的时候是痛快，但人一离开热水3秒钟就冷得筛糠一样，牙齿上下打架"格格"地响。自然规律不可违。当晚我就受到了严厉的惩罚：高山反应上了头，感冒病毒也上了身。迷迷糊糊地睡了一会儿，6∶30闹钟响了。硬着头皮起了床，喊醒招待所值班的人开了大铁门，坐上约好的小面包车就向飞来寺进发。（现在可以住在飞来寺附近，那里有近10家旅馆，我最近住过的"梅里客栈"，条件不错，有热水洗澡、有餐厅，还可以上网。真是今非昔比。）

车稀人少，约半个钟头车就到飞来寺观景台了。路边只有几户人家，一位藏族大娘刚打开门，见天还未亮，气温又低，把我和司机请到屋里坐并端上了热腾腾的酥油茶。我请大娘帮忙煮点面条后就出去拍照。

天气不错，云不多，主要集中在山腰上。太阳将要上山，光线照到云层再折射到雪山上，使雪山尖染上了粉红色。卡瓦格博就像一只刚熟的大仙桃倒放在洁白的碟子里，那种美艳把我惊呆了！还未回过神来，阳光直接照射到雪峰上，卡瓦格博又变得金光灿灿，简直就像川剧的变脸！

121

我凝神屏气忘情地按快门，生怕一呼气就把定格在底片的美景吹走。

关键时刻总是掉链子，美景当前老是没胶卷。我搓搓被冻得僵硬的手，以最快的速度换上新的胶卷，又开始新一轮的"扫射"。

好心肠的藏族大娘怕煮熟的面条凉了，端出来找到我。那种朴实无华的善良暖透了我的心，直到现在，每当说起梅里雪山，我总要提起这件事。可能这位不知名的大娘也想不到，她一个不经意的小举动所散发的人间真情，会让我的心温暖如春，一辈子都不能忘怀。

缅茨姆雪峰清丽美艳得让人见了目瞪口呆

一直像新娘罩着面纱的缅茨姆峰此时也露出了娇羞的脸，像贵妃出浴，清丽美艳得让人见了目瞪口呆，忘记了一切。我感觉到自己鼻孔有液体在往外流，用纸巾一擦，呵呵，不是鼻血，而是被冻得鼻水横流！一生能见一次这样激动人心的美景，也值回冻病的代价了。

血染明永冰川

姓赵的司机说，神山昨天还是看不见的，你运气太好了。见到过神山的人可能会不以为然，但对于不远万里来连住 15 天也见不到神山真容的人来说，我的确是幸运的。

当地人流传着一个说法，并且早已是家喻户晓了：只要是日本人一来，神山马上就云遮雾罩，或雨雪纷飞。传说越传越神，但却是事出有因。早在 1902 年，英国登山探险队首次向卡瓦格博发起冲刺，以失败告终。后来，美国、日本、中日联合登山队接连五次向神山发动大规模冲击，均无一次成功。每当他们向主峰发起冲顶，雪山便风起云涌，冰崩雪塌，令人进退无路；而他们一旦撤离，山顶却又云开雾收，红日朗照。我就亲眼看到雪峰山腰一朵云从生成到消失只用了不到一分钟，惊诧得我瞠目结舌，并把其过程用 DV 录下来。1991 年 1 月 3 日，17 名中日登山队员在卡瓦格博南侧海拔 5420 米营地被崩塌的冰雪活埋。据说日本遇难者家属曾到德钦，想一睹神山的真容，结果连续 15 天都不能如愿。1998 年 7 月 18 日，登山队员的 10 具遗骸和部分遗骨，还有一些登山用品又神秘地跑到东面的明永冰川，在海拔 3700~3800 米的地方被明永村三位藏族采药人发现。表面上看，这传说源于 1991 年 1 月 3 日的山难。但从深层来分析，是藏民们不愿意心中圣洁的山和深信不疑的神被人践踏。在现阶段，我们就得面对现实，尊重少数民族的信仰，不去做伤害他们感情的事情。我走到少数民族地区，总是觉得自己才是"少数民族"，因为从人数上我肯定处于劣势。为什么不可以换位思考、从他们的角度看一看和想一想呢？入乡随俗，多元共存，真诚面对，和谐相处（包括人和人、人和自然之间），这不就是《消失的地平线》中描写的香格里拉理想境界吗？

我的幸运不只是看到了日照金山，好运气还陆续有来。

去明永的路上，一只五彩斑斓的红胸角雉（其实要我这个非动物专家在短短的两三秒内判断出是红胸角雉还是红腹角雉、红腹锦鸡是不可能的，后两种是我国二级重点保护动物。按分析最有可能依次是栖息在海拔 3500 米以下的红腹锦鸡，一般栖息在海拔 2200~3200 米的红腹角雉，最后才是最珍稀的红胸角雉，从内心主观上我当然希望是最难见到的红胸角雉）出现在车前约十几米的路边，扑腾扑腾地向山上的灌木丛中钻去。司机一个急刹车，下车就去追，并说这种"鸡"刚飞完就飞不远了，可找来找去还是不见踪影。红胸角雉一般生活在海拔 2200~3050 米的亚热带山地常绿阔叶林带上缘及针阔混交林带或竹林中，常单独觅食，擅长隐藏，很难发现其踪迹，数量极为稀少，是我国一级重点保护动物。这次却送上门来让我看，呵呵，一个早上就让我见到一动一静两种迥然不同的美丽，真够我兴奋好一阵子。

刚要上山，我又遇上一个活佛，于是同路到太子庙。一路上，活佛给我讲了不少明永冰川和神山的故事，使我受益匪浅。

明永冰川从卡瓦格博峰往下海拔 5500 米处，呈弧形一直铺展到海拔 2660 米的森林地带，绵延 11.7 公里，平均宽度 500 米，面积为 13 平方公里，年融水量 2.32 亿立方米，是世界稀有的低纬度、低海拔季风海洋性现代冰川。

明永冰川犹如一条欲下江探水的银龙，气势磅礴。登临冰川，景致光怪陆离：有

秘境「香格里拉」

飞架的冰桥，有纤细的冰芽、冰笋，还有大小不一的冰凌、冰洞，千姿百态，趣味盎然，让游人萌生超然人世的感觉。每当骄阳当空，雪山温度上升，冰川受热融化，成百上千巨大冰林轰然崩塌下移，响声如雷，地动山摇，令人惊心动魄。

冰川中间有一堆带蓝绿色的冰吸引了我。我想靠近拍摄，于是顺着冰川向上爬。冰坡太陡，我便捡块石头在冰壁上凿个凹坑当梯级。没有攀冰装备的我突然脚下一滑，身体不由自主地往下滑，差点掉进冰缝里。脱了手套按快门的右手食指被划破了一个两公分的口，滴滴殷红的鲜血落在雪地上，就好像一朵朵傲雪盛开的红梅花，格外醒目。钻心的疼痛令我无心欣赏美景，也使我头脑清醒了：得赶快下撤！否则天气一转坏我将更加危险！即使只是掉到一人多高的冰缝我也无法爬上来的，整条冰川又只有我一人，我只有冻死饿死！

上山容易下山难，特别是雪山。我已成骑虎难下之势：上去时凿的凹坑表面已经融化了，下来时根本不管用，又不可能倒着身去凿，于是滑一段走一段连滚带爬地逃了回来，真是大难不死、险象环生！

我终于悟出藏民对这些神山保持尊崇敬畏的微妙之处：人在大自然面前还是谦逊一点好，保护好大自然，无形中也保护了我们人类自己！

气势磅礴的明永冰川

洗去罪恶的雨崩神瀑

雨崩，是太子雪山上海拔最高的一个村寨。藏语"雨崩"意为"经书"，其名与离村不远的"石篆天书"胜境不无关系。雨崩村依山傍水，风光秀丽，更有飞瀑悬挂在数十丈高的峭壁上，如银河倾泻、白练舞空，很像《消失的地平线》里描写的香格里拉蓝月山谷。据说雨崩神瀑是卡瓦格博尊神从上天取回来的圣水，能占卜人

散落在山间田中的雨崩村像世外桃源

的命运，洗去人无意中犯下的罪过，还能消灾免难，恩赐众生。藏传佛教信徒朝拜神山"内转"必去沐浴雨崩神瀑。

通往雨崩有两条路：一是从澜沧江边的尼农村顺雨崩河上行，另一条是从永宗村翻山而行。从永宗村翻山路程稍近，可先乘车到达西当温泉，然后徒步沿"究吉拉古"（十八道弯顶）通过原始森林可到达雨崩仲堆（上村）。要到达雨崩上村，就要翻过一个海拔为3900米的那宗拉垭口。从温泉到那宗拉垭口全是上坡路，约12公里，整段路都是穿行在古木参天的林中，景色原始古朴而又幽静美丽。从那宗拉垭口到雨崩上村约5公里，全程下坡。上、下坡共徒步时间约6小时。雨崩村环境宁静，与世隔绝。从前或遇风雪来临，必定有"麂鹿与牛羊同厩，野鸡与家禽同欢"的趣事发生。从仲堆去瀑布途中，有试验对父母孝心的"曲主泼"烧香台，有根茎为一而花叶各异的"五树同根"奇景，还有探测一生吉凶的"雨崩拉康"（寺址）莲花生洞……

雨崩神瀑景色随季节变化而变化。春夏冰雪消融，瀑布水流增大，落入地面，溅沫飞扬，阳光斜射，霞霓升腾，游人穿瀑而过能有彩虹绕身；秋冬时节，水流变小，只见过处，有时凌空掷地，有时贴壁泻下，变幻万千，远观如素帛飘飞，近看似明珠垂落。朝圣者视瀑布为圣水，争相沐浴、饮用，还盛入瓶中带回家中供奉。站在瀑布前向南遥望，神女峰下冰谷纵横，泉瀑奔涌，百川挂壁。偶有雪崩出现，一时间冰雪翻腾，卷起千堆彩雾，散落万朵银花，轰隆之声震山撼谷，久久不能平息。

秘境『香格里拉』

令人眩晕的梅里峡谷

德钦地处横断山脉纵谷地带，境内自西向东有怒山山脉、澜沧江、云岭山脉、金沙江相间并列，呈南北走向。全境山峦叠嶂，沟壑交错，形成特殊的高山深谷地貌。

澜沧江古称"劳水"，德钦藏语叫"雅曲"、"达曲"，汉语意为"月亮河"。澜沧江从西藏盐井布依流入德钦县境，经佛山、云岭、燕门三乡，由大石头出境，进入维西县。澜沧江在德钦流程计150公里，流域面积3090平方公里，占全县土地总面积的40.7%，江面最窄处仅15米，最宽150米。县境内较大的支流阿东河、永支河，水量充沛而稳定，落差较大，现已建成水电站，保证了全县充足的电力供应。

澜沧江进入德钦后，在怒山山脉和云岭山脉的挤压下显出两岸山高谷深，危岩壁立，急流滔滔，水深生寒。其中段——以卡瓦格博为中心的梅里大峡谷，更以雄浑苍茫闻名于世。詹姆斯·希尔顿在他的不朽之作《消失的地平线》中着力描写的"蓝月谷"，与梅里大峡谷的风光何其相似："山势几乎是垂直下降，一直降成一条裂缝"，"谷底很远，看下去有点眩晕"，"这是世界上最雄伟的山脉，上面堆满了积雪，还有被岩石堵塞的冰川"，仰望卡拉科峰，"些许云雾缠绕着塔式的峰尖，给景色平添了险峰的生气，而微微传来的雪崩声更证实了它并非幻景"。亲临梅里大峡谷，要描写其景致，只要将"塔式的峰尖"改成"倒扇形的峰尖"就可以了。

从卡瓦格博峰顶到澜沧江边海拔1980米的永宗铁索桥，高度相差4760米，整个坡面的直线距离仅为12公里。在这段距离内，平均每间隔1公里其地势就升高397米，如此深切、陡峭的高山纵谷地形，在世界上都是罕见的景观。

梅里大峡谷一段江面狭窄，狂涛拍岸，水声如雷。至云岭乡境内佳碧的江岸更窄更陡，相传有被猎人赶急了的獐子都能一跃而过。

天然药泉鸡仙洞

阿东鸡仙洞又称"金翅大鹏洞"，位于升平镇东北30余公里处的阿东村后山林中，藏语称"夏穷"。洞呈"之"字形，高不过2米，长不逾百米，为钟乳石溶洞。

"夏穷"神秘之处在于洞中长年有温泉流溢，水温一般在40~60℃之间，依气候而变化。入洞水深30厘米，至洞底最深处及人胸。泉水有鸡粪臭（硫磺味），水面浮矿渣如鸡粪状。入水浸泡能治疗风湿、头风、皮肤病，每日适量饮用还可以起健胃祛病的功效。无论冬夏，常有当地藏民在洞口歇宿沐浴。

游览鸡仙洞，可从升平镇乘汽车至阿东办事处，攀上不远处山腰即到。

茨中天主教堂

从德钦县城乘汽车沿德（钦）维（西）公路南行80公里，汽车缓缓驶过澜沧江大桥便到了依山面水、环境幽静的茨中村。藏语"茨"是村庄之意；"中"为六。旧

秘境『香格里拉』

时该村头管辖六个村庄，故名。现有村民约80户，300余人，有藏、纳西、汉三个民族。由于气候温和，水源丰富，素有"德钦粮仓"之美称。

走进茨中，便见一座中西合璧的砖木结构建筑，凭高雄踞在可人的绿阴世界里，这就是德钦茨中天主教堂。教堂原址在茨中村南约15公里的茨姑村，为清同治六年（1867年）修建。西方天主教力图将势力渗透扩展，但在强大的藏传佛教势力中极其艰难，并日益被信仰藏传佛教的百姓仇视。清光绪三十一年（1905年），德钦县境内发生驱洋教运动，焚毁茨姑教堂。教案结束后，教会对茨中提出赔偿土地要求，清政府屈服于帝国主义压力而应允，于是在茨中重建天主教堂，霸占约1/10的茨中土地。茨中教堂于1909年破土动工，1921年竣工，历时12年。教堂内许多建筑材料及设备均由国外通过怒江人马驿道运来，耗费了巨额的人力、物力和财力。教堂建成后，即成为云南铎区主礼教堂，曾先后办过一所学校和一所修女院。房舍至今保存完好，并于1989年由政府拨专款进行维修后，供教徒礼拜及游客参观游览。

林木藏高楼，里外花怒放。茨中教堂建筑群坐落在花木茂盛的村寨中央，背系青山，四周有农舍梯田衬托，建筑群体

具有中西结合建筑风格的茨中天主教堂外观

与自然景观融为一体。整个建筑以教堂为中心配套组合，中西兼容，主次得体，包括大门、前院、教堂、后院及地窖、花园、菜园、果园等等，结构紧凑，规模壮观。沿大门筑有外围墙，院内辟花坛，植果木，其中有从地中海一带引种过来的月桂树，有90多岁的油橄榄，有百龄老树蓝桉等，风雅别致。拱形门廊用条石砌成，进深6米，宽3米，门廊之上再砌成三层钟楼（望楼），高达20米。楼顶为亭式攒尖顶木结构，用四根内柱和十二根外柱承托脊檩，内外柱间砌有石栏杆。登上钟楼，茨中景色尽收眼底，还可遥览江岸风光。果园里出产的葡萄甘甜可口。传教士从法国带来了酿造甘地葡萄酒的器皿和酿造技术，并把酿造技术传授给当地信教群众，时至今日，教堂里还保存着当时酿酒的器皿。到茨中，还可以品尝到纯正的甘地葡萄酒。

庄严肃穆的茨中天主教堂内部

　　我幻想着在礼拜时走进教堂，聆听"山民们一遍遍唱着给主的赞美诗"，寻找詹姆斯·希尔顿在《消失的地平线》中塑造的传教士布琳克洛类似的经历和故事。

颠、脏、险的滇藏线

　　我在20世纪90年代初就打算入西藏，飞成都的机票都已买了，却因为我朋友临时有事不能成行而被迫取消了旅行计划。因为当时极少有人去西藏旅游，我朋友有熟人在西藏工作，找得到车和向导。我朋友突然不去，我又毫无准备，只好急急忙

秘境『香格里拉』

忙去退票，为民航白白作了100多元的贡献。

滇藏线很多段山路都很惊险，特别是下过雪后行车往往刹不住车。

这次我在德钦，已到西藏的边缘了，虽然有伤病进藏会更危险，我还是不想放弃这难得的机会。我实在不想与神秘的西藏再次擦肩而过，于是冒着得肺水肿和脑水肿的风险豪赌了一把。

过了飞来寺不远就全是凹凸不平的泥石山路，车子一过，尘土飞扬。不一会，整个人就铺满了黄尘，五脏六腑也被颠得错了位。德钦经东打龙至溜筒江，再沿澜沧江逆江而上跨隔界河到西藏盐井只有117公里，车却足足走了大半天。拖着病体，我到盐井时已是浑身无一点力气了。长期走这样的路，不仅车子会提前报废，人也是在透支健康和生命。

这段路也异常险峻，山高坡陡，地质多属石灰岩，间或杂夹部分蛇纹岩，海拔3000米以下的沿江地带又多存风化砂岩，土壤结构属远年江流冲击层，缺少森林和黏土，常发生滑塌崩坍。谷底就是滚滚的澜沧江，车子稍有不慎就会滚下山去，后果将极其惨重，不堪设想。

实用资讯

咨询

德钦县旅游局电话：0887-8412408

交通

德钦到盐井每天8:00发车，13:43左右到，40元；到明永、西当的车往往停在市场门口，约15：30发车，经过飞来寺。县城到飞来寺约9公里，包车30元，顺风车5元。德钦到中甸每天有四班车，票价38元。

住宿

梅里客栈 飞来寺观景台（8个白塔处）正对面，首层餐厅和楼上向西的房间正对着太子十三峰雪山，淡季标间60元／间，有热水洗澡，超值！电话：13988755717、13988723505。联系人：陈益龙。传真：0887-8416633，E-mail：zhaxidj@163.com，可上网。

奔子栏金峡谷饭店 地址：中甸到德钦的国道G214路边 电话：0887-8506238 手机：13988721877 联系人：阿追。

门票

东竹林寺30元/人；飞来寺10元/人；明永冰川及雨崩60元/人。

节日

藏历年： 藏语称"博洛色"。藏历是阴阳合历，将一年分成四季，以冬、春、夏、秋为序。藏历的使用，始于公元1027年，后来随着藏族地区与中原文化的交流，藏族历算法得到不断完善和发展。藏历确定一年为12个月，大月30天，小月29天。12个月以寅月为岁首，大小相间，平均每两年半到三年加一个闰月。把天体分为十二宫，用十二支属相配以五行来纪年，以十二年为一个小循环，六十年为一个大循环，称为一个"绕回"，与内地"六十花甲"相近。第一绕回的第一年即从1027年开始。藏历正月初一为藏历新年。藏历年与农历春节的日期有四种情况：完全相同；相差一天；相差一个月；相差一个月零一天。德钦藏族既过农历春节也过藏历年。他们把过年，特别是新年第一天视为最神圣吉祥的节日，是预兆一年阖家发达兴旺、老少平安的好日子。大年初一清晨，家中成年男子要到当地神山上插经幡、烧天香，祈求在新的一年全家幸福，六畜兴旺，要在佛龛前点酥油灯、供圣水、献供品、摆设"竹素切玛"（五谷斗）。吃过早茶后，亲戚邻里之间要互相拜年，互祝吉祥如意。晚上，在村中燃起篝火，跳弦子舞、锅庄舞。过年要到正月十五才算过完年，其间要举行歌舞、赛马、射箭、球类等文娱体育活动。

传诏大法会： 相传，藏传佛教格鲁派创始人宗喀巴为纪念释迦牟尼、光大佛学，聚集了万名僧人于藏历正月初八至十五日，在拉萨大昭寺组织了一次发愿祈祷大法会。在此期间，宗喀巴梦见荆棘变为明灯，杂草变为鲜花，无数珍奇异宝灿烂夺目。为了再现梦境，他组织僧人用酥油塑成各种花卉树木、奇禽异兽，连同无数酥油灯一起供奉在佛前，此后一直延续下来，形成宗教节日，藏语称"默兰钦波"，也称"坚安钦巴"，意为"大发愿"。日期从藏历正月初六到正月二十日。在此期间，各地较大的寺院要举行盛大的酥油花展，以五色酥油塑造各种人物、动物、花卉，高者数尺，小者数寸，制作精美，形象逼真。附近信教群众倾家出动，到寺院与僧侣一起举行迎佛、转经等活动。

达瓦洛色： 即箭友节。每年农历二月，境内永宗、西当一带的藏族男性利用农闲时间专门举行射箭比赛活动，节日一般历时2~3天。节日期间，全村男性会聚在一起，一边饮酒一边吟唱射箭歌，一边进行射箭比赛，晚上还要跳锅庄舞。

格东节： 即跳神节。是藏传佛教寺院专门组织的一种跳神驱鬼的宗教活动。跳神者均为僧人，穿舞服、戴面具。面具有马、鹿、猴、牦牛、狗、乌鸦、猪、虎等头像，舞蹈有唢呐、法号、鼓、钹等器乐伴奏，表演场面十分壮观。届时寺庙方圆数十公里的信教群众都来观看，形成具有群众性的僧俗大众共同参加的民族盛会。德钦各寺院的跳神时间不一。

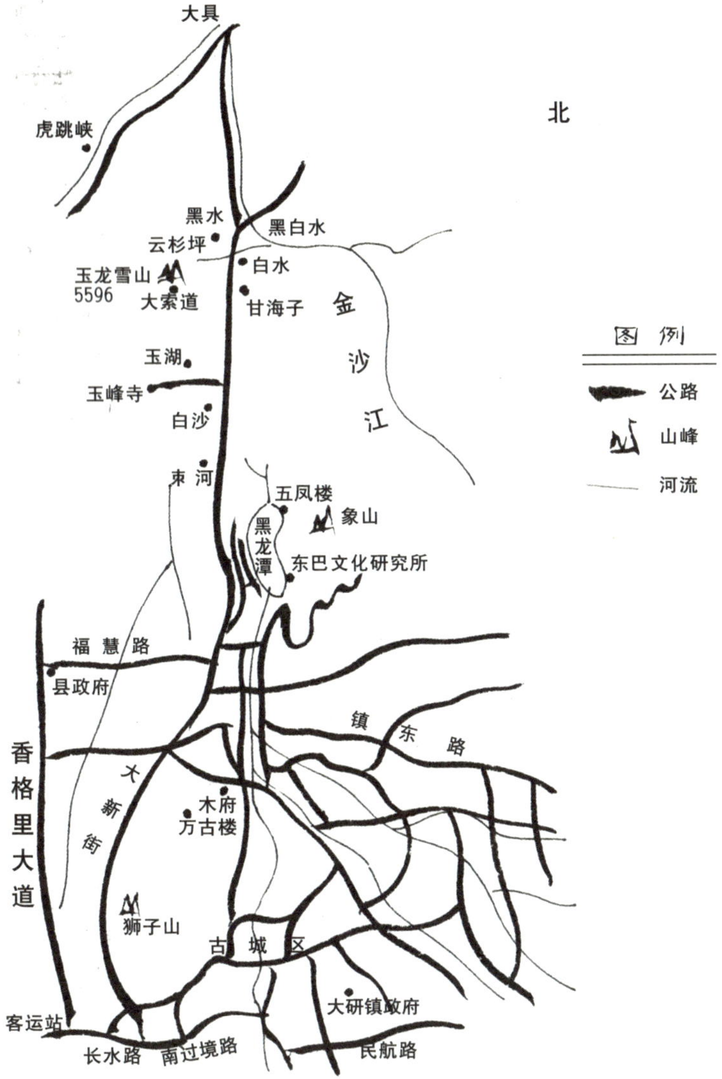

大具

北

虎跳峡

丽
江
旅
游
示
意
图

黑水　　黑白水
云杉坪
玉龙雪山　　白水
5596　大索道　甘海子

金
沙
江

玉湖
玉峰寺
白沙
束河　　五凤楼
　　　　象山
黑龙潭
东巴文化研究所

图　例

公路

山峰

河流

福慧路
县政府

镇
东
路

香
格
里
大
道

大
新
街

木府
万古楼

狮子山
古城区

客运站
大研镇政府
长水路　南过境路　民航路

纳西古城看丽江

古城四面青山环绕
碧野之间绿水萦回
好一块浑然天成碧玉大砚

宁蒗有个女儿国

我按好心的达祖村青年杨甲二的建议，背上行李去拍火葬，这样就不用回村取行李走来走去浪费时间和体力。观完火葬然后直接翻山越岭向云南宁蒗落水村走去。

火葬台后山上的松树长得茂密，但有很多却是扭曲螺旋向上生长的，也不知是

北

温泉

泸沽湖

落水

原始森林

宝山石头城

比依溶洞

虎跳峡

宁蒗

玉龙雪山

巨甸

玉峰寺

至中甸

黎光

拉市海

丽江

金

黎明

沙

永胜土林

石鼓

文峰寺

江

九十九龙潭

灵源箐风景区

华坪

至鹤庆

程海风景区

至攀枝花

至剑川

图 例

公路

湖泊

山峰

河流

秘境『香格里拉』

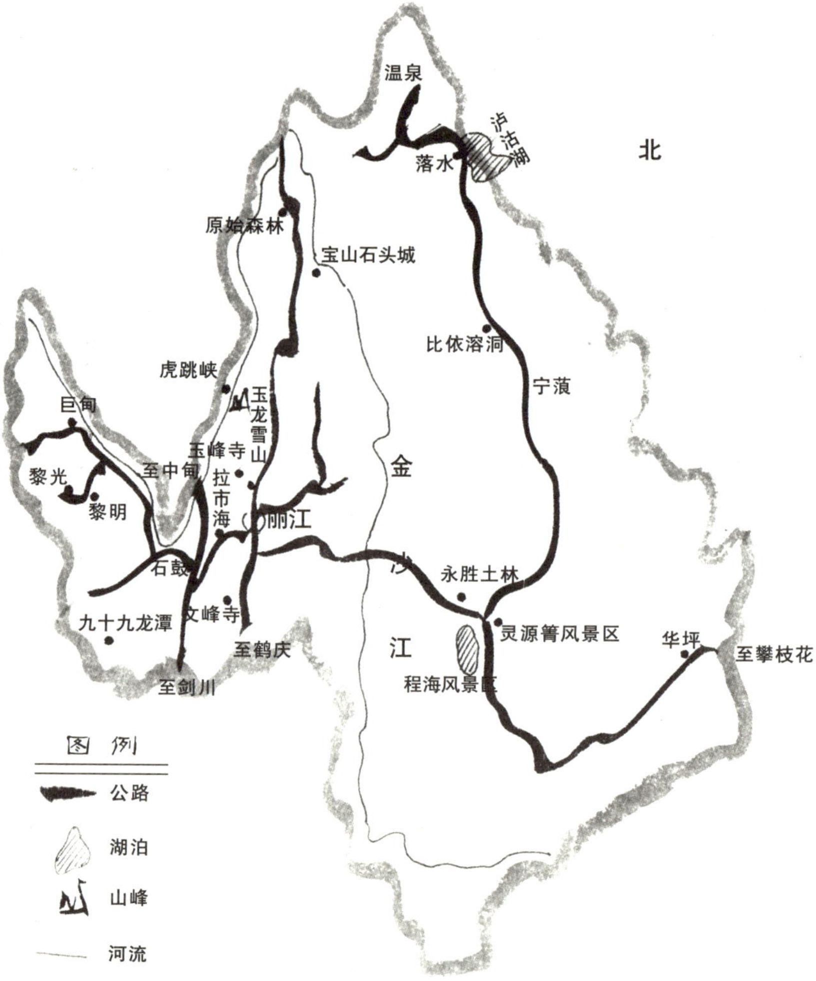

在天愿作比翼鸟——可惜太肥飞不高，能同游美丽的泸沽湖也美煞旁人。

什么神秘的力量令到它们这样。想到刚刚看完"灵魂升天"，一个人身处寂静神秘山林中，脊梁总觉有点寒意。我加快了脚步，翻上了山梁。宛如仙境的泸沽湖又出现在我的眼前。我深呼吸着清新的空气，心境顿时变得舒畅起来。

泸沽湖是岩溶作用影响的高原断陷湖泊。古称"鲁窟海子"，又名"左所海"，俗称"亮海"。纳西族摩梭语"泸"为山沟，"沽"为里，"泸沽湖"意即山沟里的湖。

泸沽湖犹如一颗明珠镶嵌在宁蒗县北部永宁乡和四川省盐源县左所的群山丛中，距宁蒗县城73公里。她，碧波荡漾，风光迷人，有"高原明珠"、"滇西北的一片净土"等美称。这里有古朴的民风，秀丽的山光水色与浓郁的传奇风情，充满了神秘的色彩。泸沽湖湖面海拔2688米，面积为50多平方公里，平均湖深45米，最深处达93.6米，由于周围没有机动船和工厂，至今未被污染的湖水清澈蔚蓝，最大能见度为12米，是中国较深的淡水湖之一，水容量达19.5亿立方米。每逢晴天，蓝天白云倒映湖中，水天一色，景象奇丽。湖边的摩梭人亲切地称她为"谢纳咪"，有母亲湖之意。

环湖公路像丝带缠绕在湖边的山腰。但那些羊肠小道因距离近很多，对我这个负重徒步的人来说更有吸引力，虽然有很多的不确定因素，却更添一点意料之外的惊险刺激。

秋天的泸沽湖正是水果成熟的季节。这里的水果多到不值钱，掉下地的水果已发酵出一股酒味。在一条沟，我就是踩着满地的落果走过去的，将其称之为"果子沟"恰如其分。

每到一个村庄，我都找人聊聊，顺便打听一下路该怎么走。当地比较年轻的村民基本上都能说一点汉语，"去哪里"是他们说得最普遍也说得最准的几个字。碰到同路的马帮，我就跟着识途老马走一段。运气好遇上健谈的，我就可以听到很多民间故事。

相传在洪荒年代，泸沽湖曾是一片森林陆地。森林里住着一个勤劳善良、美丽多情的女人叫格姆。山里的走兽都是她的伙伴，林中的飞鸟都是她的朋友。森林的另一边有位叫后龙的小伙子深深地爱着格姆，格姆也爱上了能干英俊的后龙。每天晚上等家人睡着了，他俩便相约到山窝树林里，燃起篝火，唱歌跳舞，互诉衷情，卿卿我我，天快亮时才依依不舍地离开。他们听老人说，天神最见不得青年男女在山林里谈情说爱，一旦发现必狠狠惩罚，而一到天亮，天神就要出来巡视。

有一天，后龙去赶集买回来很多好看好吃的东西，格姆也带了自酿的苏里玛黄酒到树林约会。两人一高兴就忘了老人的告诫，到天亮了才从柔情蜜意中惊醒过来。两人急匆匆地分手各自往家里赶，谁知还是让天神远远地看到了，调来水神要把这片森林淹了。后龙急中出错，回家途中从马背上摔了下来，断了双脚倒在马蹄印里。眼看洪水以铺天盖地之势汹涌而来，后龙知道这回在劫难逃了，他挣扎着取下一串宝石项链奋力向格姆抛去，想把自己最珍贵的礼物和真诚的心留给格姆。因为用力过猛，出手时扯断了穿宝石的线，宝石散落一地，其中有几颗掉在了马蹄印里。洪水杀到，顷刻之间把这片陆地变成一片汪洋。此时，格姆已回家正在喂猪，身旁的两个孩子正尽兴玩耍。眼看洪水扑面而至，格姆急中生智，忙将两个孩子抱进猪食槽中，后来两个孩子乘着猪食槽漂浮于水面，才得以幸存，而母亲却被洪水吞没，葬身水底。洪水过后，陆地变成了湖泊，幸存的两个孩子也就成为这里的人类先祖，他们把母亲葬在了狮子山，所以后来狮子山也叫"格姆女神山"。人们为纪念这位伟大的母亲，把这个湖称为"母亲湖"，湖上行驶的船只也仍仿照猪食槽的模样制作，叫"猪槽船"。那几粒宝石变成了几个小岛，静静地躺在马蹄形的湖里。

走到里格村，我巧遇四位漂亮姑娘，她们与我来自同一个省。他乡遇同乡，如同回故乡。她们请我吃鸡蛋面午餐，又带我去她们房东家的果树下摘苹果。带着她

秘境「香格里拉」

们塞给我的苹果和祝福，我继续向落水村走去。

泸沽湖自然造型十分优美，四周群峰环抱，湖岸线曲折婀娜。湖水清澈，洲湾堤岛，逶迤伸展，湖光山色，相互交辉。湖东南三家村后面的山上有一幽谷蜿蜒，清泉淙淙。小巧玲珑的"菩萨洞"就幽藏在这条溪谷之中，它是游客养性怡情、避暑纳凉、领略幽谷风光的绝妙境地。

泸沽湖具有浓郁的人文风情和优美的自然风光，东方古老神秘的"女儿国"一经轻启面纱，便征服了来自世界各国的猎奇探胜者。1992年，"高原明珠"泸沽湖正式开始接待国内外游客。短短数年，她便以其独特秀美的自然风光和仍保留着"男不婚、女不嫁、结合自愿、离散自由"的母系氏族婚姻制度名扬天下。他们的语言、生产生活方式及风俗习惯带给人们一种神秘的感觉，并且成为考察和研究人类文化、社会发展历史的鲜活教材。

泸沽湖上最有特色的船形似猪槽，故称"猪槽船"。这种船经久耐用，不易腐坏，但不能多乘人，还很考验驾驭技巧。湖上也有几块木板楔制的较大木船，可以乘很多人，但游客们最钟情的，还是最古老的猪槽船。租马处的湖边就能租到猪槽船，掌船的摩梭女身穿民族服装，熟练地边划边唱。摩梭少女的风姿，猪槽船的古朴，此起彼伏的渔歌，堪称"湖上三绝"。在姑娘们娴熟的操作下，猪槽船贴着清波轻快地在水中滑动，舟划至湖心，摩梭女放开歌喉唱起质朴动听的歌，歌声委婉，在平静的湖面上久久萦绕，与白云青山浑然相融，使人有一种被纯净湖水和歌声陶冶得心灵纯净的奇特感受。

"湖上三绝"使无数中外游客留恋、赞叹，它成为泸沽湖远近闻名的一道独特风景线。当然，坐船听歌都是收费的旅游项目。

泸沽湖的水很美，一天五时，水光色彩均不一样：晨曦初露，湖水被染成一片橘黄；太阳徐徐上升，湖水又变为翠绿；中午，倒映着天空的湖水湛蓝湛蓝；待到日落西山，又变成一片墨绿色；月夜之下，又如水银泻地，玉液琼浆……

泸沽湖上泛舟的旅游目的地，是里务比岛和黑瓦俄岛，在去这两个岛的途中，划船的摩梭姑

← 美丽又娴静的摩梭少女

娘一路唱着摩梭民歌。摩梭女清脆自然的歌喉，使人心醉神迷，情难自禁。

里务比岛和伸入湖心的吐布半岛之间隔着一条窄窄的水道，从岸边乘船到这里要半小时。岛一侧的水边有一簇簇嶙峋的石笋，是天然的泊舟处。上得岸来，一条幽曲蜿蜒的小道通向岛顶，道旁有许多马樱花、杜鹃花树和野樱桃树，春天来这里是一片山花烂漫。

花树丛尽头是一个藏传佛教寺院——里务比寺，听寺里喇嘛说，转动一次转经筒等于念了一次六字真言，燃上一盏酥油灯相当于拜了一次佛，绕寺三圈又如诵了一遍经。

转过寺就是岛顶，有一座孤寂的白塔默默地独守，是常见的藏传佛教舍利塔的式样。这是永宁泸沽湖地区末代土司总管阿云山的墓塔，塔上刻着他的生平。"腾蛇乘雾，终为土灰"，曾经显赫一时的土司总管最终仍归于宁静的湖中。造物主对人在这一点上最公平：不管你生时怎样呼风唤雨，最后都得和最潦倒的人一样走上奈何桥……

黑瓦俄岛位于里务比岛的西北，阿云山曾在岛顶建造了精美的土司园林别墅，雕梁画栋、汉藏合璧，也是一个四布水栅、难攻易守的王族行宫。著名的美籍奥地利人洛克在半个多世纪前曾于此寄居多年，并著文赞曰："笼罩这里的是安静和平的奇妙，小岛像船一样浮在平静的湖上，一切是静穆的，真是一个适合神仙居住的地方。"可惜在"文革"浩劫中此建筑群被尽毁，现在只剩一片残垣败瓦。沧海桑田，风流人物的辉煌像过眼云烟，眼前郁郁葱葱的草木却成了蛇和野鸭休养生息的乐园。因没有肆意捕杀，又少有天敌，一上岛，就能看到许多蛇在岛边自由曲线爬行着，野鸭也成群聚集在岸边的水域。春夏季上岛，或许还能在小道边的草丛中见到野鸭蛋呢。

当地人现在把黑瓦俄岛称为"蛇岛"，旧时土司花园别墅现在变成蛇和野鸭自然生息的家园，真是世事难料。流连在这个"适合神仙居住的地方"，使人产生一种俗世沧桑、换了人间的感慨。

宁蒗地靠四川西南边缘，这里群峰竞雄，地势起伏落差大，海拔高低悬殊，垂直性差异明显，从而形成了"一山分四季，隔里不同天"的立体气候，而这特殊的地貌和立体气候又形成了多姿多彩的自然景观及丰富的自然资源。除蜚声中外的泸沽湖外，还有号称天下第一湖的"天湖"、地下迷宫"碧玉溶洞"、雄峻挺拔的"狮子山"、被誉为"天下第一神汤"的永宁温泉以及雄奇壮丽的飞瀑流泉，庄严神秘的殿宇寺庙，古朴淳厚的民族风情等，使宁蒗成了人们游览、度假、疗养的胜地。

泡完温泉去走婚

　　我到永宁镇的时候正好赶上一年一度的交易会，其主要内容是交易牲畜和日常生活用品。赶着牲畜和开着大小货车、走路来的人挤满了小镇，他们都穿着漂亮，好像是过节一样。永宁是摩梭人聚居的地区，此外还有彝族、普米族、藏族、汉族等的人民生活在这个美丽神秘的地方。

　　这是拍摄当地人真实生活的绝好机会，我当然不会错过。一轮狂拍后我坐上刚

一群摩梭女人围着一个彝族女人聚精会神地听讲解

赶集就像过节，温泉小姑娘打扮得很漂亮。

认识的当地出名的向导阿窝·吉巴的人货两用车，来到他在温泉的家。他的家就在一间小学的对面，很容易找。盖了一排两层的木屋正在装修，估计很快就可以供游客住宿了。

被誉为"天下第一神汤"的永宁温泉村是茶马古道上的一个驿站，居住的多是摩梭人。他们超过90%的人还是按传统习俗实行男不婚、女不嫁的走婚制，领了结婚证的反而多是老人——那还是"文革"时期迫于压力的结果。鉴于我国地广人多的现实，"各处乡村各处例"（即各个地方都有不同的风俗习惯）还是大有市场，只要高压稍微松动，反弹是必然结果。其实只要不危害社会，他们自己又觉得生活和谐的民俗、习惯，让它存在又何妨？这是民俗中的"大熊猫"，是濒临绝迹的宝贵遗产。"存在就是合理的"，以感情为主的走婚有它的优越性，它更人性化：两性结合的高度自主使得他们其乐融融、幸福快乐；分手时也高度自由，一切是顺其自然、没有仇恨、没有财产纠纷，由于各自生活在自己有血缘关系的母系家庭里，孩子归母亲及其家人抚养、老人归晚辈赡养，所以也不存在孩子抚养和老人赡养的纠纷问题，孩子幼小的心灵，也不会受到伤害，也不会出现主流社会容易发生的单亲家庭问题儿童现象；比如难处理的婆媳关系、妯娌关系、姑嫂关系在摩梭人母系家庭中就根本不存在，也不会有逼婚、买卖婚姻的问题。百花齐放不是比单调划一更丰富多彩、更有生命力吗？需知"民族的才是世界的"、"距离产生美"这些话说的就是差异性，是得到各国人民公认的。到处都一个样，那游客还花钱去看什么？整个世界都是灰色，不闷死才怪。

到了温泉不去泡，真是暴殄天物。这是零距离接触当地人生活的好途径，我又怎么会放过？阿窝·吉巴用他的

漂亮衣服永远是女人的心头好，交易会上服装摊档当然是女人成堆。

两用车拉上我到了洗温泉的地方，并接了他的一对两岁左右的龙凤双胞胎儿女去泡温泉，看来他泡完温泉后又要去走婚、履行男人的义务了。

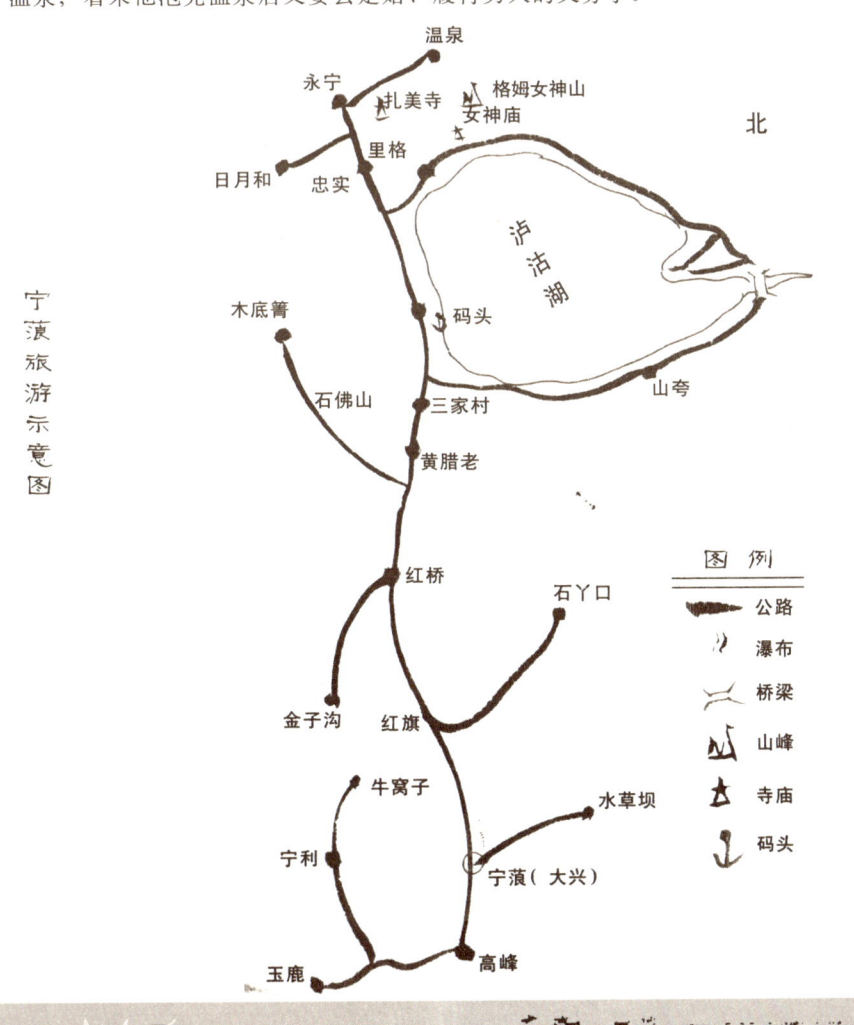

实用资讯

交通

宁蒗到永宁每天都有班车，经过落水村。走这条线的私人小面的很多。环泸沽湖公路已经修通，交通比较方便。

泸沽湖徒步到亚丁的向导兼马夫：阿窝·吉巴 地址：宁蒗县永宁乡温泉瓦拉别（阿窝家） 电话：0888-5861337

门票：泸沽湖景区80元／人次；泡温泉3~10元／人次。

丽江古城四方街

　　丽江古城大研镇坐落在玉龙雪山下丽江坝中部，北依象山、金虹山，西枕狮子山，东南面临数十里的良田沃野。海拔2400米，是原丽江行政公署和丽江纳西族自治县（现已改为市）所在地，为国家历史文化名城，世界文化遗产。古城以江南水乡般的美景、别具风貌的布局及建筑风格特色，被誉为"东方威尼斯"、"高原姑苏"。

　　黄金周最后两天的丽江还是人山人海，古城中已没了床位，我只得住到万古楼附近的半山上。晚上去四方街，感觉就像春节在广州逛花街。黄金周，到底是谁的黄金周？"黄金"都落到谁的口袋里？本该以安静悠闲见长的小桥流水人家，却是人声鼎沸，争食、争住、争坐车，景点人头涌涌。游客难得有一点时间，山长水远地跑出来就为了"大人看人头，小孩看屁股"吗？幸好第二天晚上还是能挤到古城里住，因为人潮总算开始退了。住在古城里，可以更真切地感受到纳西族人为主的大研镇街净、市荣、风凉、水美的四大特色。

　　纳西族原是中国西北古羌族人的一个支系，大约在公元3世纪迁徙到丽江地区定居下来。纳西族人约占丽江人口的57%。

　　丽江古城始建于南宋，距今约有800年的历史。历代均为滇西北的政治、军事重镇和纳西、汉、藏等各民族经济文化交往的枢纽。元初，忽必烈南征大理，革囊渡金沙江进入丽江，曾在古城一带驻军整训，至今仍留下许多相关的纳西语地名，当时古城居民至少已有千余户。明初，古城街道建设和集市贸易已初具规模，至明末已呈繁荣景象。大旅行家徐霞客记述丽江古城："居庐骈居，荣坡带谷"，"民房群落，瓦屋栉比"。由此可见，当时丽江古城已是一座规模较大的高原集镇。由于古城处于滇川康藏交通要冲，是历史上茶马古道的重镇，自清代初叶以来就商旅云集，各路马帮往来不断，大研古镇成为重要的贸易中转站。木里、源盐、永宁、下关、大理、维西及中甸、拉萨等地客商会集于此，交换各种土特产品及日用品，曾一度成为内地商品通达印度的重要集镇。大研镇在木府时代不筑围墙，四周的高山可以作为天然屏障。据传，丽江世袭土司为木姓，木字若加上框，即成为"困"字，木府便因忌讳而不设城墙。还有一种说法是不设城墙与纳西民族的开放性有关。

　　丽江古城指大研镇，因其居丽江坝中心，四面青山环绕，一片碧野之间绿水萦回，形似一块碧玉大砚，故而得名。大研镇自古就是西南重要的政治和经济中心，四方街、丽江军民府(木家院)是历史的见证。

有别于中国任何一座王城，丽江古城未受中原建城体制影响。城中无规矩的道路网，无森严的城墙，古城布局中的三山为屏、一川相连，水系利用三河穿城、家家流水，街道布局中"经络"设置和"曲、幽、窄、达"的风格，建筑物的依山就水，错落有致的设计艺术在中国现存古城中是极为罕见的，是纳西族先民根据民族传统和环境再创造的结果。

古城中心，由整齐繁华的铺面围成一块方形街面，称"四方街"，这是由于丽江地处滇川康藏交通要道的结

清晨趁商铺还没有开门，走在大研古城铺满石块的街上有一种安详宁静的感觉。

合点，自清初就有四方商旅来这里贸易，使丽江古城成为滇西北主要的商品集散地和手工艺品产地。纳西语称这里为"工本"，意思即是"仓库聚集的地方"。藏族地区的毛纺织品、山货药材从丽江转销内地，西双版纳、凤庆、下关等地的茶叶、日用百货从丽江运往藏区。丽江古城处处闪耀着民族团结进步的光辉。四方街是大研镇的中心，象征着"权镇四方"，是游人不应错过的所在，那里是丽江有名的贸易市场，身着五颜六色民族服装的各族人民在此交易商品，是大研镇最热闹喧哗的地方。四方街街面宽广，主街有四条，向四周辐射。每条街道又分出许多小街小巷，街巷相连，四通八达。每条巷道均由花石

如今的四方街已成了一个商业市场

铺就，雨季不泥泞，夏季无尘土，显得光滑平整。四方街上，古代有利用河水清洗街道的装置，可以定期用急速的河水自动清洗街道，保持古城洁净，十分省力。可惜的是在旧城修复时此装置被破坏了。

古城民居的特色是"三坊一照壁"、"四合五天井、走马转角楼"。它们多以院子为中心，内向的庭院组合，厦子（外廊）是纳西民居的重要组成部分，正房一般为两层楼房，加两侧室为三坊，走廊宽敞，中有正方形天井，天井宏大光亮。正房对面为一照壁，照壁上有水墨山水画。门窗多精雕细刻花鸟图案，门楼修得富丽堂皇。纳西人生在花的王国，又酷爱栽花种草，几乎每家庭院都摆着盆景花卉，浓绿中亮出五颜六色的芬芳。走廊及院内地面皆用小石头铺成几何图案，整个庭院古雅而有生气。

丽江古城建筑最奇的是造城建镇者巧妙地调用了清澈的玉泉水。当发源于城北的玉泉河水汩汩地流至城头双石桥下时，人们将泉水分为西河、中河、东河三条岔河，分别穿街过巷，就像人体的经脉，泉水流遍全城千家万户，形成居民洗菜用水最远不过50米的便利条件，同时，也增加了空气的湿度，调节了古城的气候，还有利于扑灭古城的火灾。徜徉街头，随时都有水的陪伴，流水或在旁淙淙欢唱，或在下潜游路中，令人心驰神往。水是人类生活须臾不可或缺的资源，有水才有生命，才有生活，才有蓬勃向上百花纷繁的希望。水，不仅使大研古镇不断注入新生的朝气，也成为大研的佳妙美景。泉水环绕连接每家门庭，开门即河，迎面即柳，形成高原水乡"户户泉水，家家垂柳"的特有风采。他们用水十分讲究，这里的井名为"三眼井"，但并非掘地三尺的井，而是泉水喷涌的长年不竭的清泉，当地居民用石条或

穿城而过的清水是丽江古城不可或缺的一个元素　　　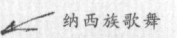纳西族歌舞

砖围成由高至低、相邻成串的三个潭。最高的泉源第一眼井供饮用；下流第二眼井为洗菜；再下流第三眼井方可用以洗涤衣服。三潭水严格分开，各派用场，不准乱用。一石跨渠，即成一家，水绕民家，自然处处以桥通路。大研保存了许多座明清的石拱桥，虽经几百年的风雨剥蚀、兵火战乱，乃至多次大地震的破坏，石桥如故，至今依然雄跨小河，为这个"东方威尼斯"、"高原姑苏"赢得一份古朴独特的美丽。

　　1996年6月，经国务院批准，丽江古城申报世界文化遗产的文本正式提交联合国。在意大利那不勒斯举行的联合国教科文组织世界遗产委员会第21次大会上，于当地时间1997年12月3日通过决议，将我国云南省丽江古城、山西省平遥古城和苏州古典园林列入《世界遗产名录》。丽江古城申报世界文化遗产的成功，使古城真正走向了世界，为进一步保护好古城文化及发展丽江旅游业提供了良好的机遇。随着丽江旅游业的不断发展，到丽江古城观光游览的中外游客日益增多，古城美景给每一位客人留下了难以忘怀的印象。如果能处理好目前人声鼎沸、外地人来经商喧宾夺主、古城渐呈"空心化"的状况，恢复一点原有的古朴安静氛围，让人感受到纳西族传统的文化和生存理念，在商业开发与保护古城及其千百年沉淀下来的文化中找到一个合适的平衡点，使古城不单单只是挣钱的空壳，那将更加完美了。

源头活水黑龙潭

俯瞰黑龙潭的碧水绿树、亭台楼阁，很是赏心悦目。

　　丽江黑龙潭坐落于玉泉公园，俗称"龙王庙"，位于丽江古城北端1公里的象山之麓。山麓涌出的泉水，汇聚成像玉一样洁净明亮的清潭，故名"玉泉"。随势错落的古建筑有龙神祠、得月楼、锁翠桥、玉皇阁和后来迁建于此的原明代芝山福国寺、解脱林门楼、五凤楼，还有原知府衙署的明代光碧楼及清代听鹂榭、一文亭、文明坊等建筑。

　　五凤楼又称"法云阁"，原建于芝山

本书作者在丽江玉泉公园里的东
巴文化研究所前

福国寺内，1979年迁至黑龙潭。福国寺建于明代，原是木土司的别墅及家庙。木土司曾在寺内会见过明代著名旅行家和地理学家徐霞客。

龙神祠为黑龙潭主要建筑，含戏台、得月楼，分布在一组造型典雅、和谐而又变幻无穷的主轴线上。该祠坐东朝西，有门楼、两厢、大殿。大殿为单檐歇山顶，面阔进深三间，前有月台，施作垂带踏跺，四周游廊回互贯通。大殿和门楼高耸突兀，极富庙堂气息。门楼高悬"天光云影"四字。

黑龙潭里亭边桥下的玉龙雪山倒影，成了丽江一个经典画面。充满美感的高超建筑艺术与大自然完美地结合在一起，相得益彰，堪称一绝。

玉泉公园中的东巴文化研究所和东巴文化博物馆也不要错过，这里保存着纳西族东巴教的经书2万多册，什么东巴教、东巴（祭司）、东巴文字、东巴舞、东巴画、东巴音乐都有详细介绍，参观完后令我增长了不少见识。

玉龙入口云杉坪

位于丽江城北的云杉坪，可坐7路公交车直达。云杉坪海拔3200米，年均气温只有5.5℃，上去还是觉得比较冷。这是一片被云杉密密包围着的草地，因此得名"云杉坪"。远望蓝天下玉立的雪山，近处高大的云杉为草甸镶上了一圈深绿色的"边境线"，中间的草甸是春夏绿茵连天、山花烂漫，秋天金黄一片，冬天银装素裹。

上云杉坪可以坐索道缆车，也可租马骑上去，体力好的登山爱好者也可以徒步上山。

云杉坪是传说中玉龙第三国的入口处，为情而死的人们会在这里奔赴美丽天国。

在这片草甸上还有身着色彩鲜艳的民族服装的姑娘们在载歌载舞，她们有"披星戴月"的纳西姑娘，身着三截彩裙、头戴彩线镶边头帕的彝族姑娘，还有身着"牛肋巴"的藏族姑娘。有兴趣的话可以和她们合影留念，不过这也是当地的一个旅游项目，是需要付费的。

蛟龙奔腾 —— 玉龙雪山

　　玉龙雪山位于丽江的西北部，距离市区约15公里，整座雪山由十三峰组成，由北向南呈纵向排列，延绵近50公里，东西宽约13公里。

　　十三峰，山顶终年积雪不化，似一排玉柱立地擎天，主峰扇子陡在丽江市区抬头就可看到，海拔5596米。玉龙雪山不仅气势磅礴，而且秀丽挺拔，造型玲珑，皎洁如晶莹的玉石，灿烂如十三把利剑，在碧蓝天幕的映衬下像一条银色的玉龙在作永恒的飞舞，故名"玉龙雪山"。

　　玉龙雪山上植物资源非常丰富，从海拔1800米的金沙江河谷到海拔4500多米的永久积雪地带之间，有着亚热带到寒带的多种气候，种类繁多的植物按不同的气候带生长在山体的不同高度上，组成了非常明显而完整的山地植物分带谱，成为滇西北横

玉龙雪山的奇幻之美

断山脉植物区的缩影，此处很早就被列为国家重点风景名胜区和省级自然保护区。

玉龙雪山以它绝妙的风姿和奇异的景观吸引着中外游客，至今它还是一座处女峰，尚未被人类登顶。在这里，人们不仅能观赏到雪山奇景，还可以领略高原森林的风姿以及珍稀动植物的情趣，被誉为"现代冰川博物馆"和"植物王国"。

但是，玉龙雪山不轻易被人看到她白雪皑皑的顶峰，因为她很容易被云雾遮住，只有当太阳出来时，才会打开云窗雾帘让人一睹芳容，但很快又娇羞地关上了。

典型的游览路线是从丽江市区—甘海子—白水河—云杉坪。从白水河开始，可以乘坐云杉坪索道缆车上山，也可以骑马前往，但骑马来回需要1个多小时。

山上可以租羽绒服，也有免费氧气袋，但需要交100元押金。坐索道缆车上玉龙雪山看冰川还要徒步一段木搭的阶梯，那里海拔已超过4506米了，一般人都会有高原反应，我在那也感到头疼和呼吸困难。

木氏起家的白沙古镇

白沙古镇因地表多白色沙粒而得名，纳西语称"崩时"。白沙是木氏家族的发源地，木氏家族在这里积累了规划城镇的经验。

早在唐朝，南诏王封玉龙雪山为"北岳"的时候，木氏祖先（那时还是丽江王）就开始在这里修建了白沙街和北岳庙。宋元时期，这里很繁华，是丽江商贸、政治、文化的中心，一直到明代初年木氏家族迁到大研镇。

白沙古镇的中心地带是被称为"木都"的殿宇群落和象征政治权力的大广场，有解脱林内的福国寺（山门和大殿已搬至玉泉公园内）、大宝积宫、琉璃殿、大定阁等宗教建筑群。而帮助木氏积累财富的商贸广场大大小于"木都广场"的规模，这表明了，木氏家族在这时还是将商业作为权力的附属品，但在规划大研古城时心胸就更宽广了。此外，木氏在这时就开始引来泉水绕商业广场东侧而过，后来在大研更将流水的妙处发挥到淋漓尽致。

白沙壁画在白沙镇中，在大研古城北9公里处。规模较大的大宝积宫壁画有12幅，绘有167个形象，内容多为宗教题材，也有当地百姓的生活、劳动场面。壁画的创作时间跨越明清数百年，作者汉、藏、纳西族都有。白沙壁画由于时代较远已呈黑暗，我很后悔没有带头灯或电筒，以便看得更清楚仔细。

正月二十日这里会开大殿（白沙街东侧，有护法堂等古建筑群）祭神，当天丽江各民族的人民都纷纷前来拜祭。

曾经辉煌的木府

木府是明代丽江土司所建之官衙，位于狮子山东麓。"蛮族夷邦"——这是遍布于中国历史文献中的称谓，深受这个称谓影响的一般人，看到"土司"一词便会联想到原始而神秘的异域风情。那么"蛮族夷邦"的最高领导人"土司"的家是怎么样的呢？

木土司府是仿北京紫禁城的布局而建的，也设金水桥、三大殿。徐霞客认为木氏土司的家"宫室之丽，拟于王者"，这个"王"，指的当然是大明皇帝。木氏土司的家在外形上很像作为汉族居住典范的皇宫，狮子山则成了天然的"御花园"，很有气魄，派头十足。

现在能看到的木府是1996年以后修复的，古老的木府在清咸丰年间大部分毁于战火，幸存的石牌坊也毁于那场史无前例的"文化大革命"。

在木府玉音楼的二楼陈列着白沙壁画的复制品。府内还设有一个陈列室，陈列着一个中等收入的纳西人家给女儿置办的嫁妆，最有特色的是七星羊皮和铜器。花园里有30多种杜鹃，还有云南八大名花之一的山玉兰（又叫夜荷花）和有千年树龄的金爪玉兰。

我由于住在靠近万古楼的地方，放下行李洗完澡便登上狮子山山顶鸟瞰古城和木府，可以说是"近水楼台"拍摄古城全景。狮子山又名"黄山"，因其山形如狮子滚绣球，故得现名。山上给我印象最深的是树龄都在五六百年以上的"黄山古柏"，这是丽江十二景之一。古城夕照是我登上狮子山的主要看点。俯瞰古城一大

木府之丽，有王者气派。

片鳞次栉比的民居瓦房呈现一片与天地混融的黛青色，宛如细浪绵绵的一片苍青色深湖，又如铺开的一幅巨大水墨画，苍苍茫茫，如梦如烟，很容易勾起人们怀古思远的情怀。

微缩古城 —— 束河古镇

在这里可以看到"微缩的大研古城"，没古城繁华，却比古城宁静。

这里的规划者把集镇商业的位置突出到了极点。它是著名的皮匠村，有"束河皮匠，一把锥子走天下"之说，许多人以前从事皮革加工和以其他手工业为生，所以这里的三圣宫是供奉皮匠祖师的。

坐落在狮子山上的万古楼，是俯瞰古城的好地方。

这里依山傍水，街北龙泉寺旁是龙泉潭。龙泉潭的潭水比大研古城的水更加清澈，流出的泉水穿行在小村的街道旁。此外，还有一条青龙河也从村中穿过。虽然当地的污水处理是倒在河水中，但是村子的人对于水的使用专门订有村规民约：不准往水里丢杂物，禁止孩子在水边嬉戏，上游不能洗衣服鞋子等等。而各种不同要求的用水则用时间差来解决：每天早晨，是打饮用水的时间，其余时间，门前流水只用来洗东西。这样就保证了水质不受污染。虽然没有什么严厉的制裁，但人们都约定俗成，自觉地遵守。

我走上青龙河上一座明代建的石拱桥，据说此桥是丽江境内最大的石拱桥。桥面的石长年累月在马帮铁蹄"嘚嘚"声的打磨中已变得光滑如镜，这些茶马古道留下的印记能引起人们对岁月沧桑的感叹。在桥的东侧就有一个小小的"四方街"，其周围也是店铺林立，和大研古城中的四方街非常类似，尤其难得的是这里还可以看到用流水冲街的情形。

束河民居房舍错落有致，很有纳西族的特色，这里都是石头墙，不同于古城民居的土坯墙。虽然已经有人以丽江为榜样开始在这里租房子进行装修，打算作为旅

秘境『香格里拉』

149

游商铺，但是总的来说还保持着原始的风貌，可拍到正宗的古建筑照片，若在秋收季节，还有晒玉米的场地，色彩也非常美。

我问路时很多当地人并不知道束河，但是说龙泉村却是人人都知道。所以如果租自行车前往的时候需要问路还是询问龙泉村比较保险。租自行车可在红太阳广场找到，租金12元一天，不讲价。

一石住百户 —— 宝山石头城

一块面积0.5平方公里的巨石上住有100多户人家，这种奇特的民俗和景观恐怕是绝无仅有。三面绝壁、唯有西南面一条路可上的宝山石头城，居民的很多生活用具如床、桌、灶、枕头、凳等都是用天然石料改制而成，使我灵感顿发，即兴创作了一个新名词：新新石器时代。相信每个初次到访的人都会相当之惊讶，世间竟有如此一群人是在如此艰苦的环境下生存着。而他们，与我们是在同一片天空下生活的。

宝山石头城位于丽江城北约120公里处，有长途班车前往宝山乡。下车后还得走上三四个小时才能到达石头城，一路都是登高。丽江到宝山乡这段路路况也较差，顺顺利利也要花上3个钟头时间，有时可能费时是双倍，准备一点饮用水和干粮有备无患是上策。整段路程从海拔1720米到4376米，不是每个人的身体都能受得了的，须三思而后行。

位于石头城以北的观音山下有滴血求子洞，洞中水长年不断泉，呈乳色，味带咸。洞壁如血红，酷似女阴。远近无子者常来此求生育，故名。

石头城东临咆哮的金沙江，南是峭壁直立的岩可渡，西靠层峦叠嶂的牦牛岭。往北约10公里有一太子关，此关海拔3500米，为公元1252年元世祖忽必烈渡过金沙江南征大理所经之地。此处地势险峻，峭壁雄峙，时有猕猴出没。太子关的山腰处有后人开凿的山道，可登上太子关的顶部，远眺宝山石头城一览无余，低头看金沙江惊涛骇浪就在脚下，十分惬意。

去宝山乡的车一般早上7点左右在丽江新城大街与雪山路交接处上车，到石头城可在居民家借宿。

浩瀚长江第一湾

浩浩荡荡的长江自青藏高原南下，到云南石鼓因被山崖阻挡，遂突然转向东北，这义无反顾的一转就转出了名闻遐迩的万里长江第一湾。

长江第一湾是 V 字形的，这证明江水转得很决绝。有一段民间的传说，解释了原因：金沙江、怒江、澜沧江三姐妹结伴出游，半途意见不同发生争执，二妹、幺妹固执地要出国往南走了，金沙姑娘立志要到太阳升起的东方寻找光明和爱情，到石鼓后，金沙姑娘告别两个妹妹，毅然转身离去。金沙姑娘转身处，就成了长江第一湾。至于为何说二妹、幺妹固执而不用坚定这个形容词，是否她们最后都出了国而金沙一直到长江都留在国内更令国人有好感就不得而知了。传说归传说不必较真，还是听听科学家怎么说吧。

按地质学家的说法，在古代长江是沿横断山脉南下剑川、漾濞峡谷的，后因地壳运动使地貌改变，迫使江流改道，才实现了万里长江源流由东南向东北的转折。

长江第一湾江面宽阔，水流平缓，历史上诸葛亮"五月渡泸"，忽必烈"革囊渡江"，都是选择这个地方为渡口。当年贺龙率领红二方面军北上抗日，也由此渡江。可见，石鼓镇不仅是一个有着美丽传说的鱼米之乡，也是历来兵家必争之地。

石鼓镇就在长江第一湾旁的山冈上。石鼓镇西侧的高山和镇政府办公楼的楼顶都是观赏拍摄"长江第一湾"的最佳地点。

镇上古戏台侧的公园中有红军渡江纪念碑文物陈列室。古迹有位于纪念碑东侧的冲江河铁索桥、位于铁索桥东南侧的石鼓碑碣等。

此外石鼓是丽江旅游的重要交通要道。往西北可以到黎明、黎光、巨甸、塔城等景区，沿着奔往东北的金沙江还能到达虎跳峡。

由石鼓沿金沙江北上约 70 公里，可抵达纳西古镇巨甸。这里有巨津古渡，我正好赶上每月 5 日的集市，来赶集的纳西族、藏族、傈僳族、白族、彝族、普米族人摩肩接踵，还看到了"丽江三宝"之一的丽江马。

从巨甸北上大约 25 公里，就到了塔城。这里的神川铁桥遗址乃隋代古迹，就在乡政府东侧的江边。

原始奇丽的老君山

南北走向的老君山风景区横亘在丽江的西部地区。其中可分为北部、中部、南部，自然景观各有各精彩。

北部的主要看点是新主的一个天然植物园。园里有一棵5000年树龄的巨杉，见证了中华文明的5000年岁月，被称为"新主神木"。园中有千多种植物构成不同类型的植被，古木参天，浓阴蔽日，泉水轻歌，飞瀑长舞。新主位于巨甸以西25公里处，有车可通。

中部有黎明的一天三次日出奇景。每年农历冬至日的前后约两个月里，每天早上大约8：30之后的两个钟头内，从黎明镇的几个地方可以看到太阳三次分别从三座山峰后出现，形成了一种奇特的天象奇观。除此之外这里的丹霞岩、千龟山，金丝场的龙潭、雪峰、杜鹃林景色亦十分漂亮，值得一看。丽江市客运总站每天有两班车发往黎明镇，车过石鼓向北走50公里到中兴镇，进入西向的岔路行20公里便到黎明。千龟山风光也十分奇特，位于黎明中等西侧四五公里处，但无车可通。可花10元钱请个当地人带路，走1个多小时山路可到达。金丝场海拔4513米，是老君山的主峰，在黎明的南面，须乘车到哈古都村，请当地人带路向南走10个小时方能到达。山中一对明镜般的湖泊镶嵌在茫茫林海中，谓之双湖，特别是在3月中旬到6月中旬看杜鹃花海映龙潭，景观极为壮美。因起码要露营一晚，故胆量、体质、意志、装备、向导缺一不可，无充分准备者切勿贸然进入。

南部有名声特别响亮的九十九龙潭，只因没有车直达而显得更为神秘，难得一睹。乘车沿G214国道南行，距剑川尚有六七公里处转向西，顺着到河源煤矿的林区公路前进10公里，再在林区小路上攀山穿林约5个小时方能到达。注意，是在有当地熟悉情况的人带路的前提下，以免迷路。有一对当地的兄弟在杜鹃谷开了一家叫"杜鹃山庄"的旅馆，可在此吃住，但价格较高，床位60元／天，20元／餐／人。

咨询

丽江市旅游局信息中心电话：0888-5123432

交通

广州、深圳、上海、北京、昆明、西双版纳都有飞丽江的航班，也可以先到昆明再转机往丽江，昆明市有班车到丽江，走高速路约7小时。丽江到泸沽湖车程约6小时。丽江到中甸每天有很多班车，176公里，35元／人。丽江客运总站电话：0888-5121622；丽江客运中心电话：0888-5122536；丽江饭店发车点电话：0888-5121786。

前往玉龙雪山，可在丽江城内的各个汽车站乘车，购票方便，也可在各主要宾馆门前乘坐专线车或县城内包租出租车，往返票价约40~60元。巴士票价约10元／人；游客可以乘坐索道公司的巴士上山，每天上午在古路湾宾馆发车。雪山索道票价：玉龙雪山索道112元／人，云杉坪索道42元／人，牦牛坪索道65元。

去狮子山（万古楼）由四方街西南方的黄山巷上步行约20分钟可达。是上坡爬山路，比较陡。

俗语说"条条大路通罗马"，在古城去木府也一样。步行经东大街入七一街过关门口和石碑坊或由白马龙潭经光义巷到；经忠义巷进入；或由新华街过金星巷、现文巷到达。

由于长江第一湾路途遥远大约50多公里，所以自助旅行者只能包车和在丽江客运总站或新大街的长途汽车售票点搭乘往石鼓镇的班车，车费为每人10元。

丽江市的旅行社也提供包括长江第一湾和虎跳峡的一日游服务，费用一般为150元／人，其中包括车费、门票、午饭。

去白沙古镇可在新城的福慧街福慧市场门口坐6路中巴车，6元／人，在白沙街下车。

住宿

新城区多为高档旅馆，如希望找便宜的旅馆或者体味古城生活，可去老城居住，古城内有130多家客栈，普通的家庭客栈淡季住1天10~20元就可以了，还有土法洗浴。旺季会涨到60元以上，黄金周更是价格高昂。

九十九龙潭处的杜鹃山庄电话：0871-5126488

饮食

火烤粑粑、水焖粑粑、火腿及腌肉、鸡豆凉粉、麻补、乳扇、米灌肠、腊排骨火锅、酿松茸、洋芋鸡、琵琶猪。另外新城七星街有很多小吃。

门票

玉龙雪山景区80元／人次；

玉龙雪山旅游索道75元／人／单程；旅游索道营业时间为9:30～16:00。

云杉坪旅游索道20元／人／单程；

牦牛坪旅游索道30元／人／单程；

虎跳峡景区50元／人次；

黑龙潭公园60元／人次；

东巴万神园15元／人次；

束河茶马古镇50元／人次；

万古楼15元；

木府35元／人次。配有讲解员，不另收讲解费；可使用学生证，晚上不开门。

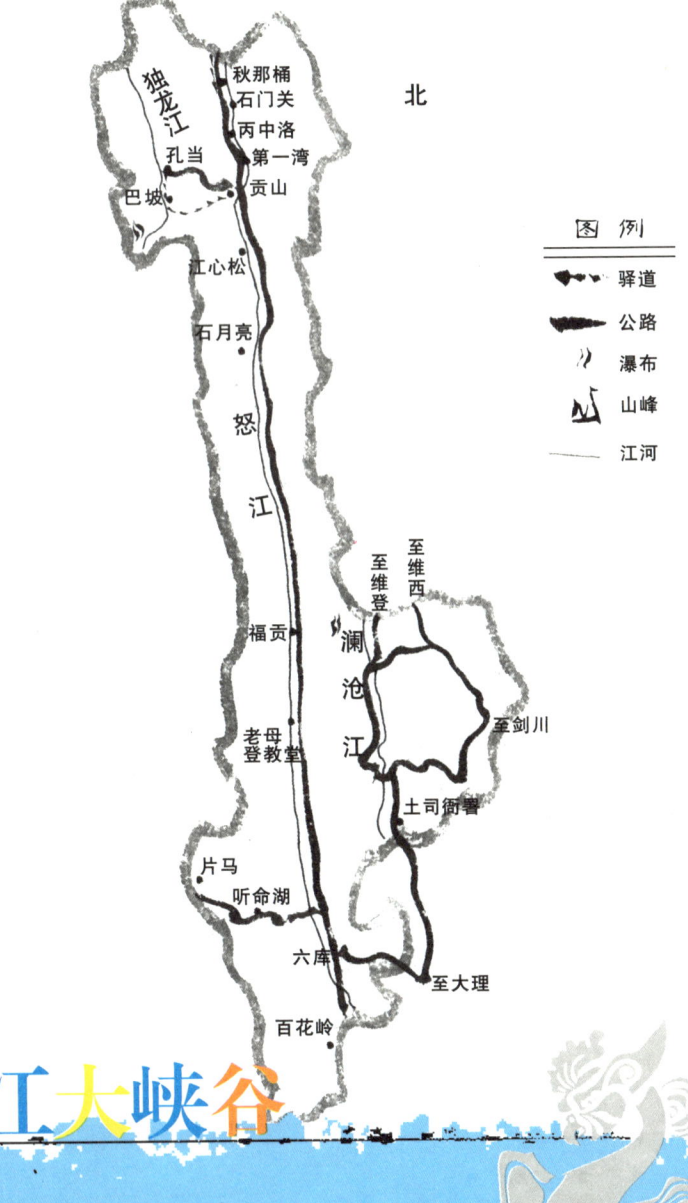

北

独龙江

秋那桶
石门关
丙中洛
第一湾
孔当
巴坡
贡山

江心松

石月亮

怒江

至维西
至维登
澜沧江

福贡

至剑川

老母
登教堂

土司衙署

片马
听命湖

六库

至大理

百花岭

怒江大峡谷旅游示意图

图 例

驿道
公路
瀑布
山峰
江河

怒江大峡谷

站在贡当山上俯视怒江第一湾
湾中的台地和相连的王期山梁如同一只千年大龟
而群山环抱中形成"U"形的弯曲江面
又像镶嵌在山脚下的一条翡翠玉带

东方大峡谷

　　怒江发源于青藏高原唐古拉山南麓，没有任何污染的怒江水以每秒 6 ~ 7 米的流速奔腾咆哮，江水撞击在江心耸立的礁石上，巨浪排空，声若怒吼，故名为"怒江"。怒江大峡谷全长 800 多公里，以 2000 米的平均深度切割亚洲滇西纵谷区，素有"东方大峡谷"之美称。怒江大峡谷有着很多鲜为人知的独特人文和自然景观。在峡谷

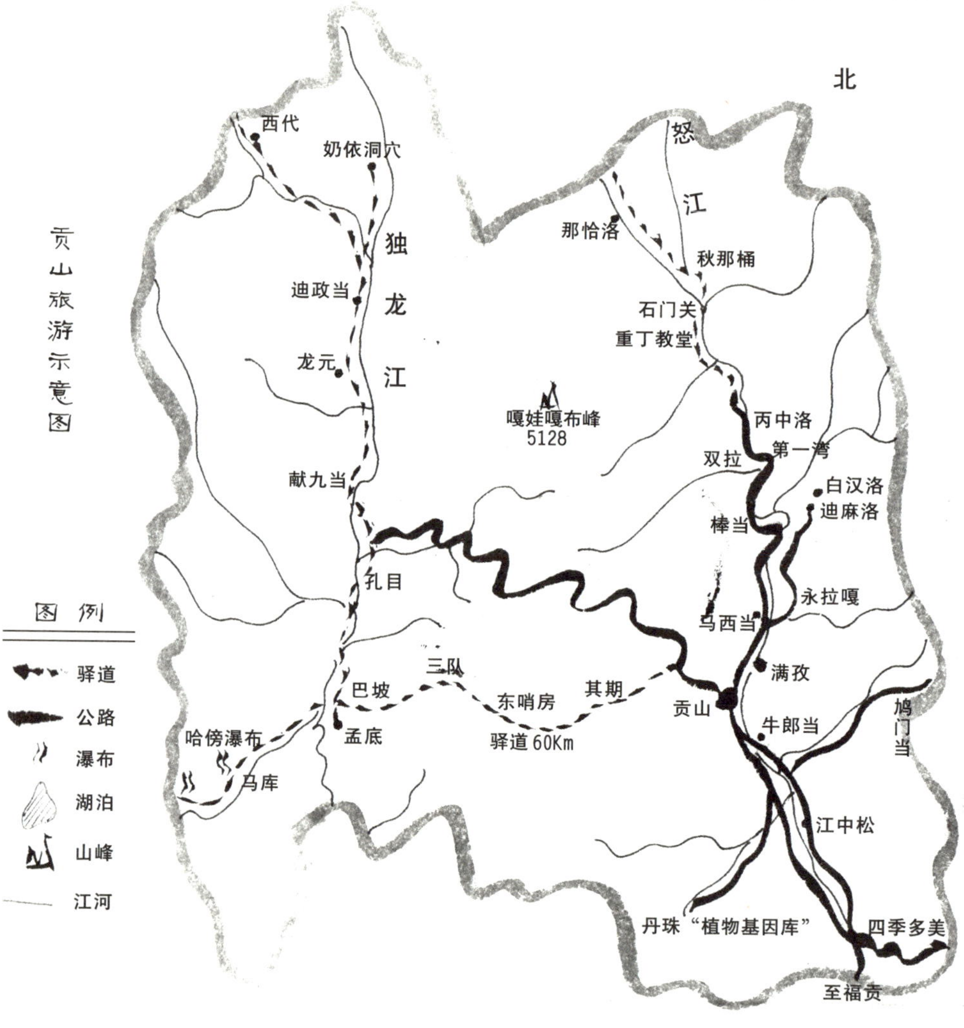

贡山旅游示意图

北

怒江

西代

奶依洞穴

独龙江

那恰洛

秋那桶

迪政当

石门关
重丁教堂

龙元

嘎娃嘎布峰
5128

丙中洛

第一湾

献九当

双拉

白汉洛
迪麻洛

棒当

永拉嘎

孔目

乌西当

满孜

图　例

三队

其期

贡山

鸠门当

巴坡

东哨房

牛郎当

哈傍瀑布

孟底

驿道60Km

乌库

江中松

驿道

公路

瀑布

湖泊

山峰

江河

丹珠"植物基因库"

四季多美

至福贡

秘境『香格里拉』

155

溜索是怒江大峡谷人过江的一种途径

中居住着傈僳族、独龙族、怒族、普米族、白族、藏族等多个少数民族的人民。他们都有着自己的民族服装、风俗习惯。如年初二的澡塘会、酒不醉人人自醉的同心酒、仿如天籁之音的无伴奏多声部合唱等。怒江两岸峻崖嵯峨，在峰插入云的山谷间，这条碧绿色的江练从北方奔腾而下，以不可阻挡之势从悬崖边、陡岸旁、怪石间呼啸而过，处处激起白色的浪花，就好像是一条翡翠玉带上的片片白斑一样，江两岸的美景时时吸引住我的目光。怒江堪称是"桥梁博物馆长廊"，溜索、藤篾桥、木桥、吊桥、水泥桥——展现。而最惊心动魄的是溜索过江。溜索是怒江两岸群众过江比较常用的方式之一，身下是急流乱石，过江人的生命就靠一条溜索和滑轮系着，少点胆量、体

沿怒江大峡谷行走，经常能见到这样的吊桥。

穿着民族服装去赶集的傈僳族妇女

力、技巧都不行。最原始的溜索是用十几条竹皮篾片拧成一股，拴在江两岸的大树、木桩或岩石上，一个月至半年就要更换一次，否则篾索一断人掉到江中撞到石头晕过去，即使是世界游泳冠军也会丧命。现在竹篾索很多已用钢缆代替。

怒江入缅甸后就如我们的同胞出国后大都改了个洋名一样改了个名叫"萨尔温江"，最终流入印度洋。

我从缅甸回来后沿怒江逆流而上，把它在云南的一段几乎都走完了。越往上游江水越绿，诱惑着我真想一直走到它的源头一探究竟。

从六库到贡山县丙中洛乡与西藏交界处，近300公里怒江与路基本上是并肩骈走。丙中洛是怒江在云南境内的最上段，丙中洛乡境内坡陡路险，雨季塌方堵路是常事。偶尔还可以见到马帮行走在滇藏之间，延续着有千年历史的物资交流。

永不落的石月亮

燕山运动晚期和喜马拉雅山运动时期，印度板块与欧亚板块直接碰撞而形成强大水平挤压，加之第四纪冰川作用的影响，碰撞后所释放出来的冲击力，使反复遭受海侵的古地中海强烈隆起，从而使整个地区大规模迅速抬升，河流沿构造线迅速下切，形成了现在雄伟壮观的石月亮山地质奇观。

石月亮山风景名胜区海拔2200~5000米，总面积80平方公里，位于高黎贡山山脉中北部，由30多个主要景点组成。"石月亮"距六库约4小时车程，在263公里路程碑附近的路边向西就可以看得到。"石月亮"是在怒江边海拔3500米以上的险峻山峰上自然形成的一个"圆洞"，抬头远望，在晴空中犹如一轮皓月。它昼夜不落，白天与红日作伴，晚上则和明月同辉，又与四周的景色相映衬，总能给人遐想联翩。这个"石月亮"在当地有一个充满想象力的传说：远古时代，大地上只有启沙和勒少兄妹俩人。天神授意兄妹结成夫妻繁衍人类，但龙王的独生女爱上启沙。龙王发现后非常愤怒，于是以权谋私施出法术下了九天九夜的倾盆大雨，要淹死启沙和勒少兄妹俩，以断绝龙女的孽缘。洪水填满了每条沟和山岭，越涨越高，眼看就要漫过苍天。启沙兄妹躲进一个大葫芦瓢里顺水漂泊。天神见状赐给启沙一把神弩和两支神箭，启沙用箭射穿了山峰，洪水从洞里流走了，龙王阴险毒辣的计划完全破灭。启沙兄妹俩得救了，便按着天神的授意结为夫妻。山峰上就留下这个又大又圆的洞，恰似一轮明月悬挂在那里。石月亮景区主峰卧虎峰海拔约4000米，被群山簇拥，姿态雄伟，突起在群峰之上，就像一只猛虎侧卧于山顶，形神兼备，惟妙惟肖。由于山峰险峻，至今还没有人登过顶。名胜区千峰万壑之间有众多的飞瀑流泉、无数的小溪汇聚成巴金河注入怒江。万丈绝壁拔地而起，从上面往下看，深不见底，令人心惊胆战，汗毛倒竖。山间常有云海翻腾，似波涛汹涌，珍禽异兽出没于奇花野草中，一派生机勃勃。奇特的景观，引无数诗人吟咏，墨宝留辉，有诗赞曰：皎皎碧罗雪，萧萧贡山秋。明月伴石月，万古照江流。

当地傈僳族人称之为"亚哈巴"，意即"石月亮"。为了方便游客观赏"石月亮"，现今当地政府在公路边筑起了一个石头平台。

有着神奇传说的石月亮

贡山迎客江中松

车过329公里路程碑快要到贡山县城，我瞪大眼睛搜索怒江。县城南部的茨开镇其郎当村西面的怒江中，一块梯形状的巨石上长有一棵云南松。此松高8.5米，树围1.44米，粗壮的树根像条条巨龙紧紧趴在岩石上，一直伸进江中。这就是赫赫有名的"江中松"，又被称为贡山的"迎客松"，因为过了此处很快就要到贡山县城了。有诗云：

天生巨石碧波中，

石上亭亭一古松。

任是狂风急浪打，

依然挺拔郁葱葱。

怒江第一湾

由于大雪封住了进独龙江的路，我只好放弃去独龙江的计划而单去丙中洛。因为我打听到丙中洛也有一位文面的独龙族妇女。

贡山县城前往丙中洛乡由于是狭窄的单行弹石路，而且正在修，还没有铺柏油，路段坑坑洼洼行车艰难，也可以说是毛路，四五十公里路足足走了约3小时。不过，路上的颠簸完全可以用沿途的美景和到达后的喜悦来补偿。车子快到丙中洛时，发源于青海省唐古拉山南麓的怒江流经孜当村附近时，本是由北向南一路奔腾咆哮，但被王期岩挡住，只好改由东向西流，流出300多米后，又被打拉大陡坡挡住了去路，江水又掉头由西向东急转而过，再次流经王期岩时又被挡住去路，只好向南而去。江水多次被挡，遂形成了一个半圆的大弯，这就是著名的"怒江第一湾"。

自然奇观当数怒江第一湾，这是怒江大峡谷的精品景点。所以常言道："到了大峡谷，不到第一湾，白来怒江玩。"这里江面海拔1710米，居住在三面临水的坎桶村，高出怒江50多米，半岛上稻田整齐，炊烟袅袅，地势开阔，风光绮丽，堪称"世外桃源"。如果站在贡当山上俯视第一湾，就会看见湾中的台地和相连的王期山梁如同一只在海中遨游的千年大乌龟。如果倒着看，台地又似一个人头，台地上的石头、树木构成了人的五官，整体图案酷似一个侧头的巨人半身像。怒江在这里的群山环抱中形成了"U"形的弯曲江面，远远望去就像镶嵌在山脚下的一条翡翠玉带，十分迷人。现在当地政府为了不让游客错过观赏这一美景的机会，特地在"U"字形的江边一块大石头上刻下了"怒江第一湾"五个大字。我庆幸多年前首次来游怒江时还没有这几个字，当时好心的司机专门停车让我在这里拍照，当时丙中洛也还未收门票，保持着原始质朴的民风。

那碧绿江水包围下的田园村庄真像是"世外桃源"！

丙中洛乡坐落在峡谷中一块罕见的低海拔开阔盆地上，被称为"贡山的粮仓"。怒族人的梯田与特有的石片瓦房错落有致地分布在其间。田边是绵延的草地和树木，马儿在悠闲地吃草。唯一一条街道从街头走到尾也不过5分钟，马帮兄弟们与他们的物资晚上就在街边的房檐下过夜，一切都显得那么和谐与静谧，一派西部驿站小镇风情。

徒步秋那桶

秋那桶是云南与西藏交界处的山村。从丙中洛到秋那桶13公里。听当地人说微型车可以走一段，但我找了很久也找不到车和马，只好徒步走上这段"茶马古道"。去还未开发成旅游区的地方，省去了门票，但往往交通不大方便。

听说怒江大峡谷的狗非常凶，我在路边捡了一条小树枝当拐杖兼作打狗棒。果然名不虚传，每到有房屋的地方必有狗，而且当地人都不拴狗，所以有狗必冲出来大喊大叫。这些狗都像勤奋的歌唱家天天在旷野里吊嗓子，都运足丹田之气，声音

怒江大峡谷秋那桶的看门狗声音洪亮

怒江大峡谷里有不少的天主教小教堂

哪会不洪亮？怒江的狗样子有点像德国狼狗，虽然身材小一号，但却条条都凶相毕露。这些狗遗传有狼的团队精神，先是一呼百应，然后一拥而上，还懂得分工合作，从前后左右四个方向包围过来，不像我们城市里的宠物狗只会摇尾讨欢，我舞起棍花，把它们逼在2米开外。但它们还不肯撤退，把头缩低贴在前爪上，吐不出象牙的嘴还在不干不净地叫骂着，但在舞得呼呼作响的棍子面前口气已没有先前那么嚣张了。

但它们始终是狗多势众。我不敢恋战，挥棍杀开一条"血"路，加快脚步且战且进。那些"门口狗"也不敢远追，只在后面虚张声势地例行公事式地吠，以向它们的主子交差：我上班没有偷懒，对得起你们喂的两餐。

经过简陋破旧的重丁天主教堂时，我走了过去看看。门锁着，从门缝往里瞧了瞧，也没有什么好看的。

冬季的怒江水很清，像一条碧绿色的巨龙游走在崇山峻岭之中。偶尔见江边有一两条独木舟和一些搬运木材的人。一队马帮从西藏的方向迎面走来，马锅头热情

地向我挥手打招呼。大家都是出门在
外的人，即使素不相识打个招呼，也
能驱走旅途寂寞，大家心情都会好一
点。

高黎贡山和碧罗雪山一路夹江而
行，到丙中洛乡甲生村北部 2 公里处
时几乎发生了肢体碰撞，怒江到此处
后突然被高黎贡山和碧罗雪山卡住，
只好从中间留下的一条缝隙穿越而过，
这就是当地人称为"纳依强"的石门

这是真正用一根树木挖成的独木舟，在
云南与西藏交界处还可以看得到。

关。"纳依强"，意思是神仙也难过的关口。只见两岸峭壁直立，高耸入云，气势磅
礴，雄伟壮观。这道高达 500 米、宽仅 200 米的巨大石门，真有"一夫当关，万夫莫
开"之险。两边的绝壁上还有天然石伞、石门、石人、裙子树等，神话传说甚多。石
门关是从怒江通向西藏的北大门。如果说瞿塘峡像一道闸门，那么石门关不但是一
道气势磅礴的大石门，而且也像一道大石闸，由于小路是从山脚江边经过，所以显
得这道门更高、更壮观。石门关两岸山势奇绝，左右的山峰姿态各异，两岸对立着
奇怪的岩石，特别是到了关口，江身窄且左右的山崖笔直陡立，像刀削的一样，更
像一道天然的巨型"石门"，故此得名。

快到秋那桶村，我遇见一帮修路的当地人正在路边吃午餐。他们热情地请我喝
苞谷酒、吃石板粑粑。石板粑粑是用当地山上捡的石片当锅烤出来的饼。他们盖的
房子也是用这种石片作瓦，建成独具特色的石片瓦房。这里的山多为千层石，民房
都用天然的石板当瓦，墙是木头木板墙。从秋那桶返回丙中洛的途中，我沿江漫步
在山间和谷底田间的小路上，继续欣赏着周围的美景，观察民风民俗。江两岸的河
谷地带和海拔 3000 米以上积雪的高山上都星罗棋布地散居着各少数民族，有的单家
独户，有的三五家或六七家居住在一小块山坡上，这条大峡谷的江边和两旁高山上
都有少数民族居住。由于生活的改善，各少数民族平时已很少穿麻布衣裤和本民族
服饰了，男的多穿西装、夹克和中山装，女的穿汉族妇女式样的衣裤。怒江州有 9
个少数民族，从服饰上很多都看不出是哪个民族，只有询问或从语言上才能分辨清
楚。我们不可否认，在社会进步、经济发展的同时，很多先进的东西会夹带着泥沙
逐渐侵袭并占据主流位置，与其相冲突的很多东西被冠以落后、陈旧、愚昧，并以

此为借口予以抛弃，其实这里面有很多东西是弥足珍贵的。

天色渐渐变黑，月亮也悄悄爬上了山头。我依依不舍地回头远眺石门雄关，想象着《消失的地平线》中对"蓝月亮峡谷"的描写，虚幻和现实在时空交错——眼前就是那人人向往的世外桃源的生活，就是那梦中的"香格里拉"吗？

边境小镇片马

片马，景颇语，意为"木材堆积的地方"。片马距六库 96 公里，其南北西三面与缅甸毗邻，距缅甸克钦邦首府支那仅 200 公里，是怒江州唯一的省级边境口岸。片马南北长 24 公里，总面积 160 平方公里，处在国家级自然保护区——高黎贡山自然保护区西坡腹地。境内最高海拔为 3852.3 米，最低海拔为 1600 米，相对高差为 2252.3 米，是一个垂直性立体气候和植物分布较为显著的地方。这里气候温和，雨量充沛，土壤肥沃，资源丰富（特别是木材）。原始森林中流淌着无数清澈的溪流，珍藏着各种珍禽异兽和名贵药材，有着"自古片马无穷山"之说。其景点有片马纪念馆、片马人民抗英纪念碑、风雪丫口、二战 C-53 号"驼峰"坠机残骸、中缅国界界碑、呼喊即下雨的听命湖等。

从六库到片马看平面地图好像很近，但当中巴车沿着盘山公路没完没了地绕来绕去时，我就产生了一种不知何时才到尽头的感觉。

风雪丫口位于高黎贡山南段山脊，距六库 55 公里，地处东经 98° 11′，北纬 25° 55′，海拔为 3150 米，是我国内地通向片马和境外的咽喉要道。二战期间，日本侵略军侵占东南亚时，曾在丫口构筑碉堡。日本鬼子占领了缅甸，中国通向海洋的最后一条通道——滇缅公路被日军切断后，为继续支援中国，运送抗战物资，由美国陆军航空兵空运部队与中国民航共同为中国抗战开辟了唯一空中补给线——驼峰航线。它西起印度阿萨姆邦汀江，经缅甸至中国昆明、重庆。在怒江境内的"驼峰"航线坠落或神秘失踪的飞机就有 32 架，怒江大峡谷被称为"死亡之谷"，二战 C-53 号"驼峰"坠机就是其中之一。飞机坠落地点位于高黎贡山中国—缅甸边界线中方境内 100 米处，地处片马风雪丫口附近。因 C-53 号运输机机长是美国人福克斯，为了纪念他，当时"驼峰"航线飞行员们又把片马风雪丫口称为"福克斯丫口"。

1 月份高黎贡山的风雪丫口早已铺上了雪，而且风很大。风雪丫口果然名不虚传，山路上积雪被车轮压过后变成冰，车很难刹住，非常危险。我看到有些货车一刹车就打滑横在不宽的路上，轮子几乎到了悬崖。

终于，"山重水复疑无路，柳暗花明又一村"——翻过了高黎贡山到了边境小镇片马，96 公里的路竟然要用去 3 小时 40 分钟。片马口岸规模不大，就那么几条街。这个口岸以木材交易为主，所以每年到了伐木季节才会人山人海。中缅界碑离小镇约 6 公里，凭身份证可以徒步 1 个多小时在界碑处拍照。

片马在 1961 年 6 月 4 日才正式回归到祖国的怀抱。人们怀着到边境淘金的梦想来到这里，来去匆匆，都是做木材生意和边贸生意的，很难见得到一个真正的当地人。市场上充满浮躁和喧闹，使我有种莫明的不安。我逃出市场进了片马依山而建的小公园。

在风雪丫口附近山上发现的二战驼峰战机残骸已经搬下来运到公园供人们参观。在抗战最艰苦的 1942 年 5 月至 1945 年三年间，1000 多架运输机曾在这条航线上夜以继日从不间断地向中国战场运送了 80 万吨抗战急需物资，人员 33477 人。

驼峰航线，又名"空中地狱"。当时的运输机载重时只能升至 3500 米左右，往往达不到飞越山峰的必需高度，飞机只能在峡谷中穿行，飞越喜马拉雅、横断山脉运进我国西南大后方。由于航线经过喜马拉雅和横断山两条高高的山脉，起伏的飞行路线恰似驼峰，人们就形象地把这条航线称为"驼峰航线"，飞这条线的飞机自然就是"驼峰战机"了。当时没有可靠的天气预报和导航设施，雷雨季节还常有强烈的气流变化，如遇意外又找不到一处可以迫降的平地，飞行员即使跳伞也会落入荒无人烟的丛林而难以生还，同时，日机的空中拦截给毫无自卫能力的运输队造成巨大的威胁。

在这条航线上，中美双方共损失 563 架飞机，牺牲 1500 多人。"至战争结束，在那

风雪丫口上眺望群山起伏绵延

条长520英里、宽50英里的航线上，飞机的残骸到处散落在陡峭山崖。于是那里的山谷被称作'铝谷'。晴朗的日子里，飞行员甚至可以把这些残片作为航标，循着它们绵延不绝的反光，飞完这一世界上最危险的航程。"这是1946年美国《时代》周刊记者笔下的"驼峰航线"。这充分说明了驼峰航线的危险程度、抗战的悲壮和所付出的惨烈代价。我们每一个中国人，特别是战后出生的人都应该牢记那段真实的历史，感激那些为世界和平、为中华民族生存而前赴后继、抛头颅洒热血的英烈。

站在驼峰战机残骸前，我感兴趣的并不只是一堆冰冷的金属碎片。通过这些飞机的残骸作一个切入点，那场战争中一个又一个、一件又一件有血有肉的人和事，马上就浮现在我的眼前。比如驼峰航线C-53号机的机长福克斯，他本身是个独生子，来中国之前没有结婚，所以这场战

由胡耀邦题字的"片马人民抗英胜利纪念碑"

争给这个家庭所带来的，就是它繁衍的链条被这场战争打断了，乃至于这个家庭在美国得克萨斯州那个叫达尔哈特的小镇上已经消失了。这就是一个普通的美国飞行员的结局，而他的故事只是那场战争的一个碎片。有一名飞行员叫佩塔奇，这个人在飞虎队解散后，宁愿以一种什么都不是的身份继续留下来作战。两周后他在江西上空阵亡。他死的时候才二十几岁，太太是当时飞虎队的女护士，已经怀有7个月的身孕了。根据中航坠机的一个记录，有一个飞行员，第一次飞机坠毁，他侥幸活了；第二次飞机又出事故，又活了下来。但是紧接着在后面的记录中记载，几个月之后，在第三次事故中，他摔死了—— 一个在中航公司服务的美国人。这些年轻的外国人，鲜血是多么的热啊，却心甘情愿洒在不是他们祖国的土地上。

公园还有一座白色的片马人民抗英纪念碑高高地矗立在山上，纪念碑线条流畅、造型独特，有着强烈的视觉冲击力。片马是代表着中国人民在近代史上各民族抵御外

秘境『香格里拉』

侮的一座丰碑，有着"蓑衣兵"、"弩弓队"反抗外敌入侵和痛击侵略者的光辉历史。

听命湖位于泸水县（六库）与片马之间、距离高黎贡山风雪丫口走三四小时路的地方。路非常难走，需要攀爬峭壁穿越丛林，前往时最好找个向导。听命湖为一小型高山湖泊，处于雪山环抱中，海拔约3540米，湖面呈圆形，平静而安详，四周植被丰茂，环境自然优美。

听命湖最神奇的地方在于，一旦有人在湖边呼喊，数分钟后山间就会凝结小片云雾，然后飘将过来淅淅沥沥下一场小雨，即便红日当空也如此。很早以前发现这个秘密的人以为自己是神仙可以呼风唤雨，于是下山告诉乡里，大家亲自随他而来看他施法，百试不爽。为了弄清这个听命湖的神奇所在，科学家和记者亲自前往，果然灵验，真是有求必应。气象学家解释听命湖能灵验的原理有三：周边水汽充沛，山谷有拢音作用，声波引起空气震荡导致水汽凝结而下雨。同时具备这3个条件的只有高黎贡山所青睐的听命湖。由于喊叫的人都喊"下雨！"而天有时果真下雨，好像是应命而下一样，故名"听命湖"。

实用资讯

咨询

怒江州旅游局　0886-3624247
泸水县旅游局　0886-3812266
贡山县旅游局　0886-3512285
福贡县旅游局　0886-3411431
兰坪县旅游局　0886-3211467

交通

昆明南窑汽车总站、西苑客运站每天有直达六库的夜班车，行车约13小时，票价189元/人；甚至有直达贡山的卧铺班车；比较近的保山、大理也有很多班车往返六库。六库至贡山、福贡、片马每天都有班车往返。

六库每天有一班直达丙中洛的班车，贡山县至丙中洛约1个多小时就有一班车往返，票价20元/人，行车约2.5小时，这段路不太好走。

门票：丙中洛风景区50元/人次；片马纪念馆6元/人次。

住宿

贡山宾馆　地址：贡山县城　电话：0886-3511929
怒江佰亿大酒店　地址：六库　电话：0886-3627988、3625999
丙中洛多是私人旅馆，15~20元/床，公用卫生间。

藏东篇

神圣「香格里拉」

盏盏长明不熄之火

照亮尘世迷雾

世事洞明

灵魂温暖

167

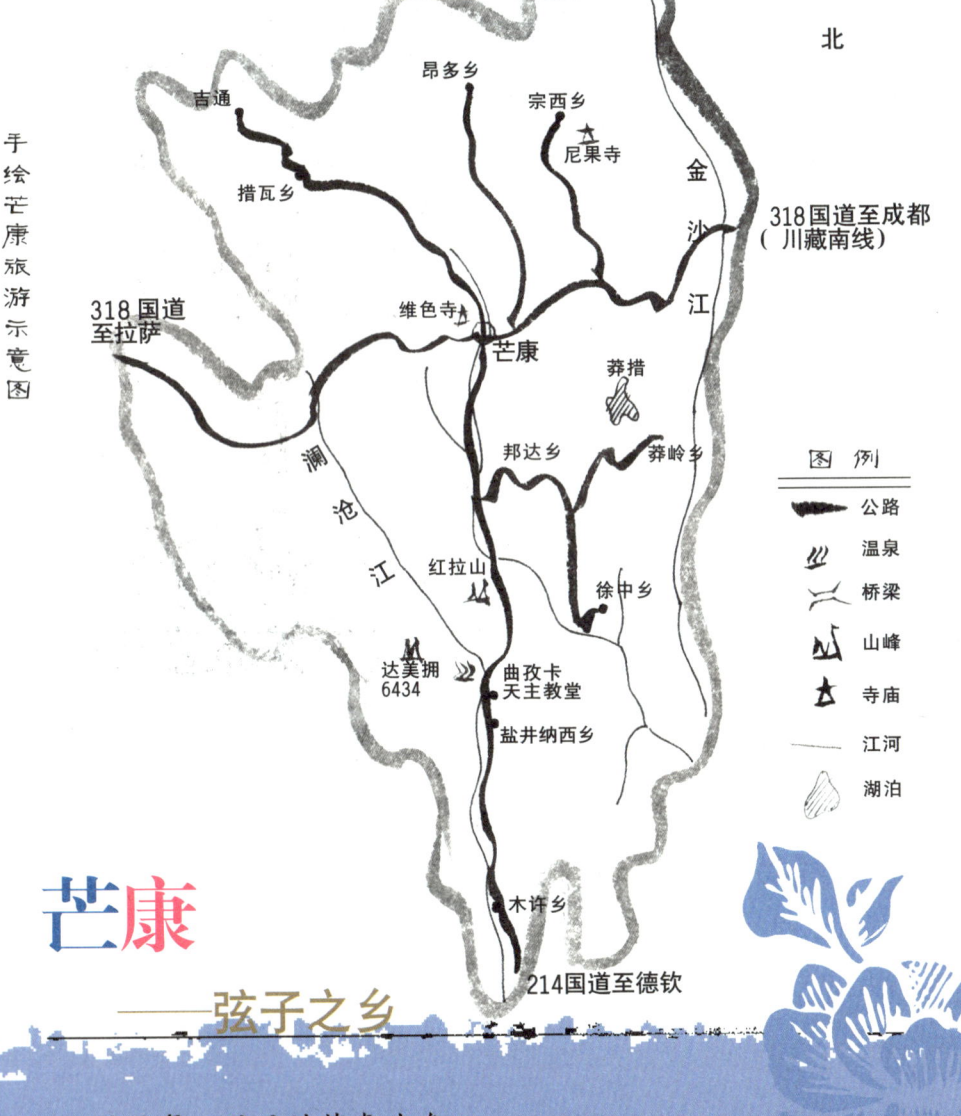

北

手绘芒康旅游示意图

昂多乡

吉通

宗西乡

尼果寺

措瓦乡

金沙江

318国道至成都
（川藏南线）

维色寺

318国道
至拉萨

芒康

莽措

邦达乡

莽岭乡

图 例

澜沧江

红拉山

公路

温泉

徐中乡

桥梁

达美拥
6434

曲孜卡
天主教堂

山峰

寺庙

盐井纳西乡

江河

湖泊

木许乡

214国道至德钦

芒康

——弦子之乡

弦子舞以弦子的节奏为准
一般都是先慢后快
在悠扬缓和的弦子中开始
在流畅欢快中表现
在升腾热烈中结束

纳西民族村

下午近2点，我到盐井一下车，顾不上放下行李和吃中午饭，就一头扎进纳西民族村。因为在横断山脉地区的拍摄经验告诉我，南北走向的高山下午4点多就会挡住西边的太阳光。

盐井纳西族的人们都说他们是云南丽江纳西族木竿王的后裔。他们性格开朗，非常热情友好，见我一个外地人在村子里边走边拍，主动地给我指明去盐田的路。而且不止一个人是这样，每当我在岔路口犹豫张望的时候，还未等我开口问路，他们就会主动告诉我或用手势给我指方向。我心

大山、麦田、掉光了叶的冬天树枝，构成一幅饱满的风景画。

盐井的纳西人入乡随俗，房子式样完全藏化。

里有点好笑，我额上又没有凿着"去盐田"几个字，他们怎么就那么一致地猜中我的意向呢？我心里想：一定是曾经有很多拿相机的外地人都要找盐田。盐田在盐井人心目中是最值得骄傲和自豪的。

其实他们值得引以为荣的还有他们那些颜色非常漂亮的藏式房子。盐井纳西人这些完全藏化的民居，与丽江纳西人的房子风格有天渊之别。在盐井，从外表很难分得清藏族人和纳西族人，以至我要发问，才能证实他们是纳西族人还是藏族人。

尽管他们对祖先何时进入盐井的说法不一：有的说是唐朝，有些人说是更早一点。从历史的角度来分析，明洪武十五年（1382年）云南叛乱，明

盐井街景

皇帝朱元璋亲自率领大军平息，丽江七代木氏土司木竿率部效忠，得赏识，赐木姓、丽江土司知府土司职，并给予其特殊政策。丽江纳西木竿在滇、川、藏交界处取得优势，实力不断增强。明正德四年（1509 年），木竿家族沿着"茶马古道"率部进攻吐蕃地区，占领了许多要地，包括现云南省的中甸、德钦，四川省的巴塘、理塘（这些地方当时属于吐蕃管辖），现西藏的芒康等吐蕃的很多地方，并采取了"屠其民，而徙麼些外"的移民政策，纳

清晨寒气逼人，盐井明月照雪山却是那样美丽。

西木竿王的一些属民迁徙来到盐井。这就是盐井纳西民族的来源。

独特的盐井古盐田

　　沿着有些路段浸水的小路，我来到澜沧江边。江的两岸一层层分成一格格的便是盐田。

　　"盐井"的得名源于这里打井取卤水晒成盐。盐井藏语名为"察卡洛"，"察"指盐，整个名意思就是"产盐的地方"。

　　盐井的盐业生产有着悠久的历史，传说格萨尔王的故事中就有记载。据历史考证，在唐朝时期盐井就有晒盐的历史。在刘赞廷的《盐井民国志》中记载："参观盐井盐田，系澜沧江两岸下有底泉，以石砌坎，就山坡架木为畦，上铺寸厚之黄土，以人汲倾于畦内，见风成盐。每日一人可晒净盐三十余斤。盐呈红黄两色，食之味浓……"

　　这就是盐井盐田从古到今的生产方式，直到千年之后还在延续，不能不说是个奇迹。

　　目前盐井生产盐的有纳西、曲孜卡两个乡，仍然采用祖先传下来的原始生产方式。由于生产力水平低下，因而产量也不高，两个乡加起来年总产量仅达70万余斤。

盐井的古盐田千年不变的晒盐方式在世界上独树一帜

藏东篇

神圣『香格里拉』

从事盐业生产的有320多户，有2700多块盐田。盐民从澜沧江边的盐卤水井中用木桶背上卤水倒在各自的卤池中风吹浓缩，再倒到盐田进行风干，结晶成盐。这种工具原始、方式原始的天然晒盐法，已是世间罕见的人文景观，也是世界上仍保留完好的一种古老文化。我穿行于支撑盐田密密麻麻的立柱间，看着纳西妇女们在陡峭

入乡随俗的盐井纳西人建起的藏式民房

的小道上背着木桶运盐卤水而过，真有一种时光倒流的感觉。

没完没了的北风在呼啸，滔滔不绝的澜沧江伴随着岁月在流淌，刻苦耐劳的盐民一代接一代地在重复着昨天的故事，大自然与人合唱着一首首和谐的交响曲。我希望外来的音符不是刺耳的，应使美妙的乐章能持续发展、永恒地弹奏下去……

外人已很难从外观上分得清盐井的纳西人和藏族人了

婚姻节

纳西乡下辖的加达村，位于澜沧江西岸的江边。传说这个村的山神是个好热闹的山神，如果村民每年不举行假结婚以敬山神、祈祷山神保佑平安幸福，庄稼丰收，将会遭受山洪暴发，淹没房屋、农田、盐田等灾难。所以，每年的农历正月初九至十一日的某一天，加达村都要举行一个热闹的婚姻节，以假结婚为主要内容。若仔细分析就不难看出，婚姻节就是一个以假结婚为由，敬地祇、凑热闹、促感情的一种娱乐活动。加达村坐落在澜沧江边，背靠雄壮的达美拥雪山，人们长年累月忙于晒盐种田，缺少娱乐活动。为了调节生活、寻找刺激，年轻人想出了玩结婚——娱乐敬神两不误，以至形成了现在的婚姻节。

婚姻节首先是要筹备婚礼，也就是婚礼前一天，由一位德高望重、口才了得的人来主持全村年轻人的会议，评选出当年最美的、最俊的、最勤劳的几对年轻人为新郎新娘，并抽签定出主办婚礼的家庭。新人们要开始洗礼，其他年轻人就去准备明天的婚礼。

第二天，天刚蒙蒙亮，全村的男女老少带着结婚的礼物来到操办婚礼的那家，进行模拟婚礼。伴郎伴娘们帮助新郎新娘好好打扮，其他人分组干其他事情。吃了中午饭，举行婚礼的庆典，这是婚礼的重头戏。才华横溢的主持人来到主会场宣布婚礼开始，伴郎伴娘们簇拥穿着节日盛装的新郎新娘来到画有"卐"字的吉祥图案中，主婚人开始祈祷祝词，藏语叫"当谢"。之后，男女双方代表进行祝词，再进行答辩。答辩是婚礼的精彩部分，气氛达到高潮。到了下午人们在欢笑之中庆典就此结束。晚饭后，全村男女老少聚集在广场上跳弦子舞，直到凌晨节日才算完毕。

加达村的婚姻节，比起一般的家庭婚礼隆重得多、热闹得多，有祈祷、有祝词、有答辩、有歌舞，是一个独具民族特色和地域特色的民族风情、民族文化，能把人带入欢快与畅怀、圣洁与纯净的民族文化氛围之中。

神圣「香格里拉」

古老的纳帕节

盐井是西藏地区纳西族人聚居的地方，长期以来纳西民族皆保留了独具特色的民族风情，纳西民族的"纳帕"也是一个独特的文化之一。很多人把"纳帕"译成为"天猪"，这是一种字面上的直译。事实上"纳帕"是祭祀祖先的一种活动，并不是祭天，所以"纳帕"应译为"杀猪祭祖"。它来源于纳西民族的领袖木竿王。明朝时因支持朱元璋平叛乱，丽江七代土司木竿王势力得以发展壮大，占领了"茶马古道"沿线很多地方，并移来了纳西民族，这些纳西族人延续了这种祭祀方式，以祭祀他们的民族领袖木竿王。这就是"纳帕"的来源。

"纳帕"节是在每年的农历正月初六至初八的某一天举办。凡是纳西族村的人都可以参加，由于一次不可能全部家庭都杀猪祭祀，所以每年分组轮流来进行祭祖活动。"纳帕"节的前一天晚上，凡是参加祭祀活动的人（各家男子汉），每人带1斤麦子、1斤大米、1瓶酒，都聚在被轮到祭祀的那家，吃了晚饭，天黑以后进行一种叫"北增"的仪式，即骑马在全村庄各个路口边喊边跑，犹如招魂的活动。

第二天，黎明前的4点左右，将用以祭祀的猪喂饱酒，使其"不省猪事"，然后把它抬到指定的地点宰杀，但脱毛不用开水，要用火烤烧。再取出内脏，解剖肢体，并以猪的肝、胃、肠及骨骼来断定当年的吉凶、收成等。

扎古西峡谷和文成公主庙

扎古西峡谷位于上、下盐井之间。藏语"扎古西"意为"打开山崖门"。扎古西峡谷具有喀斯特地貌特色，两边山崖雄峰对峙，山高谷深，峡谷悬崖落差达200米，宽处仅100米左右，真可谓壁立千仞，摄人心魄！峭壁上有多处溶洞，传说曾是高僧、活佛修炼之处。文成公主庙也坐落在悬崖中间，庙里有一块大岩石，上面有藏王松赞干布和文成公主的自然神像，其像雍容逼真、大方得体，凹凸有致的奇形怪石，是大自然鬼斧神工的杰作，让人赞不绝口。

西藏唯一的天主教堂

从盐井镇坐车顺着G214国道往北走，很快就到了两三公里外的上盐井村。远远的我就看见左边房顶有十字架的屋子，那就是西藏自治区唯一保存的天主教堂——盐井天主教堂。教堂占地面积6000多平方米，传说是1855年由一位叫邓得亮的法国传教士创建。建筑风格兼藏汉建筑之精华和西洋建筑之特长。1855~1949年间，先后有17位外国传教士在这里传教，至今上盐井80%以上群众都信仰天主教，每周都由一名当地藏族神父在这里主持礼拜，念译成藏文的《圣经》。教徒的取名和葬礼都按天主教方式进行，而生活方式、习俗又和当地群众相同。

有诗云：大道不同两相殊，神仙一样书葫芦。慢说慈航渡鹫岭，不为天主共桃符。

我发觉在盐井有个很有趣的现象：外来的纳西族人几乎全信了藏传佛教，而本地的很多藏族人却信了天主教；纳西人的房子都盖成藏族风格，而信天主教的藏族人名字都改成西洋名。在藏传佛教占据绝对强势的西藏，有一块外来教派的飞地，真使人惊诧。

曲孜卡温泉度假中心

出天主教堂沿G214国道再往北，不多时就可以看到左边澜沧江畔西岸有一个美丽的村子名叫"曲孜卡"，藏语意思是"有热水的地方"。曲孜卡气候宜人，阳光明媚，风景独特：面对滔滔不绝的澜沧江，背靠雄壮的达美拥雪山，身处桃李芬芳的田间树林，蕴藏着得天独厚的温泉资源。气壮中有幽雅，澎湃里有宁静，给人一种大自然的雄伟气魄或回归田园的生活温馨。度假中心有108个水温不同的泉眼，有着不同的祛病效果，有止痒的、治胃病的、治关节炎的等等，又可祛风、消肿、止痛，是一个无需打针吃药的"医疗室"。

来到依山傍水出温泉的曲孜卡，洗去一身的尘土或者在江边晒晒日光浴、钓钓鱼。天蓝云白，水碧涛哗，使人心旷神怡，精神焕发，遐想联翩。人与大自然的奇妙合一，体现了造物主的无穷力量和伟大之处。

到江边泡温泉不用买门票，室内的每人10元。

芒康路上的大山雄伟壮丽

坐敞篷货车去芒康

我第一次到盐井时，盐井去芒康这段路是没有班车走的，虽然盐井是属于芒康县管辖。

站在汽车必经的岔路口，我逢车便拦，但往往得到的是否定的答案和一阵灰尘。时间一长，拖着重感冒病体的我再也无力站立了，一屁股坐在背囊上，背靠在路边涂过白灰水的墙上。明知灰水脱色会弄得我一身脏，我也顾不得那么多了。人到了站都站不稳的地步，还能有什么讲究？

我终于拦到一部去芒康的大货车。货车后面的货卡连挡板都没有，只焊了两条槽钢挡住货不掉出去，并已载满了货和坐了不少的藏民。我艰难地爬了上去脸朝后坐在那一包包货物上，一只手死死地抓住槽钢，一刻也不敢放松，另一只手不停地用卷纸擦鼻水。感冒了加上北风呼啸，鼻水哪里能停得下来？

这段路比上一段险更差，车一拐弯，我坐着的车尾一甩已是到了悬崖外，令人毛骨悚然，心早已提到嗓子眼上。

藏族有个古老的祭山神、战神习俗沿革，每经过神山垭口有经幡的地方，藏民们都要大叫"啦索索！"（神胜利了！）却把我吓得整个弹起。我病了怕风迎面吹只好脸朝后坐，看不见到了什么地方，整车人只我一个傻乎乎地毫无思想准备，他们不约而同地突然大喊，我能不吓一跳么？神胜利了，我却被吓坏了。

半路又上来父子三人，儿子手拿着一部傻瓜相机，一看就知道是父亲要带俩儿子到县城见识一下。送行的母亲一边呜呜地哭一边抹眼泪。"儿行千里母担忧"这种毫不掩饰的母性的自然流露，令我想起家中日夜为我牵肠挂肚的慈母。要是她知道我此时的情况，不知会担心成怎样！想到这，我突然鼻子一酸，眼泪忍不住夺眶而出，像喷涌的泉水肆意地奔流。记得叶倩文唱过的一首歌有句歌词"原来每个女人心里都会有个弱点"，想不到我一个数次面对死亡危险都未流过半滴泪、未哼过半声的男子汉也有个弱点！看似最柔弱的慈母泪竟然可以像重锤打动我的心，使之缺了一个口，感情像洪水般泛滥！

巍峨多姿的达美拥雪山

达美拥雪山，也叫"神女峰"，是藏东著名雪山之一，海拔6434米。传说这座山峰是"梅里雪山"的第三女儿，当她到这一带来体验生活时，看到这里的百姓生活相当贫困，满目疮痍，处处都是民不聊生的景象。于是点洞取水，点出股股温泉，用这些温泉水给百姓洗澡能治他们的疾病。从此以后，这里的人们疾病少了，群众生活也好起来了，身体也更健壮了。

达美拥的山峰就像群仙聚会，由很多座差不多高的雪峰成列排坐。神山背后有一个湖泊，叫"措那旺姆湖"。传说这个湖泊里有一条很大的黑蟒蛇，曾经是在山南地区羊卓雍措吃人的魔鬼。有个降魔捉鬼的高僧要追杀这条大蟒蛇，从羊卓雍措追赶到这里，达美拥女神把它藏在了这个湖泊里，救了蟒蛇的性命，从此这条蟒蛇就改邪归正不再咬人，这一带也太平了。

如果有专业的向导带领，又经过专门训练的登山爱好者可从海拔2200米的曲孜卡温泉度假中心出发，攀登美丽的达美拥雪山。由度假中心登临雪山顶峰的途中，可一路观赏措那旺姆湖，游览"一山有四季，移步不同天"的自然景观。但请谨记：观景不走路，走路不观景！

达美拥雪山群峰并列，气势不凡。

金丝猴栖息地 —— 红拉山

红拉山国家级自然保护区位于芒康县城60公里处，盐井到芒康县城的G214国道线一带，以红拉山为主体，包括曲孜卡乡的小昌都、徐中乡的比拉卡、卡拉、那弟叶、玛龙普、重重普等宽50公里、长80公里的宁静山一带的山林。1987~1988年，经西藏珍稀动物考察队考证，确认当地老百姓称之为"准察"的花猴为世界上濒临灭绝的灵长类动物滇金丝猴，其同大熊猫一样珍贵。

自然保护区内森林覆盖率达80%。据初步统计保护区内有三个家族的滇金丝猴，以滇藏公路G214国道为界分东西两个片区，西小昌都境内的红拉山有一个家族，东徐中乡的比拉卡、卡拉、那弟叶、玛龙普、重重普等地有两个家族。1985年以来，由于有比较好的保护措施，以及当地群众保护意识的提高，即将灭绝的滇金丝猴在西片区由1992年的50多只，发展到1998年已有100多只了，并在距小昌都村庄600米处的原始森林中就可遇见。

每年的夏季是游览红拉山的最佳时节，此时公路沿线冰雪消融，漫山遍野开满了杜鹃花，林中百鸟鸣啭，郁郁葱葱的原始森林中随时可以看到滇金丝猴自由蹿跃、采摘果实、追逐嬉戏的动人情景。

被遗忘的重镇 —— 南墩

现在叫"拉堆"的"南墩"，藏语意为"各路神佛聚集地"，也就是降佛、神的地方。南墩位于芒康县邦达乡境内（与八宿县有机场的邦达不是同一个地方），自唐朝以后，由于"茶马古道"的开通，南墩就成为"茶马古道"南至云南、东至四川两条道路的交会点，自然就成为"茶马古道"上的重镇。在刘赞廷的《民国宁静志》的记载："宁静古时以南墩为川滇藏交易之所，万商云集。有关帝庙，土人呼为汉人寺（大日如来殿，藏语为朗巴朗增），其寺以西有广场，南北数里，即当年易马之跑道也。至康熙五十九年（1720年）平定西藏设站通商，凡藏中土产悉输至打箭炉（康定）出口，换掉川茶杂货，回藏由此。光绪年间，滇越铁车通云南，开阿墩子为埠，凡本县土产皆往阿墩子出售，以便换掉杂货，以通南墩为集市，以所属出口货物以药材皮革为大宗，"南墩因久为商场，竟知汉礼，嗣后汉人在此安家或联婚入赘，半为同化"。这些详述了当时繁荣之景象。现在说起南墩这名字基本上已无人知晓，仅留有关大日如来殿的传说而已。

大日如来殿是小乘佛教的主尊。据传说这座大日如来殿的佛像是唐朝时由文成公主路经此地为怀念家乡而雕刻的，所以说在康区久负盛名，很有影响。人们通常有"朗巴朗增是自然形成的，而大昭寺的释迦牟尼是人铸的"之说法，所以朗巴朗增足以与大昭寺的释迦牟尼佛像相媲美。大日如来殿内雕塑有大日如来佛像、观世音菩萨像、地藏菩萨像，还有老子、庄子的雕像，是"茶马古道"把藏汉文化融会在一起的主要象征，也是"茶马古道"上特有的一种文化。

野生飞禽的乐园 —— 莽措

莽措，现在很多资料写成"莽措湖"或"莽错湖"，其实是不对的。藏语的"措（或译作'错'）"就是"湖"的意思，译成"莽措湖"不就变成"莽湖湖"了吗？我把它直接称"莽措"好了，因为相信随着大家对藏区的了解，普遍对藏语"措"就是"湖"已经很清楚了。

莽措位于芒康县中部莽岭乡境内，距县城约90公里，而且不在滇藏公路路边，一条岔路往北进去还有60公里。莽措海拔4313米，为金沙江二级支流错龙门曲源头的一个高原湖泊，是横断山脉中最大的高原湖泊。湖长7.2公里，平均宽2.5公里，水最深处达21米。湖中有堆确、堆穷两座石质小岛。湖盆四周山地由紫红色砂岩组成，湖盆内部地势较缓，湖的北面出口处有沼泽草甸分布，是良好的牧场。每年5~10月份草地开满各种野花，十里飘香。湖水清澈透明，高原裂腹鱼等鱼类悠然自得，成群畅游。尤其是这里一群群的黑鹳、大雁、白鹤、水鸭、黄鸭等野生飞禽翩翩起舞，令人目不暇接；羚羊在湖边悠闲吃草，怡然信步。湖映山影，蓝天白云，山光水色，融为一体，宛如画卷。傍晚或清晨，微澜不起，湖面如镜。此时，在鸟语花香之中，

神圣『香格里拉』

汇入牧民清脆的歌声，把人引入香格里拉的梦幻之中。

夏季，荡舟于湖中去到两个小岛上，各种禽鸟蛋处处皆见；冬天，四周雪山银色一片，草场一片金黄，湖面结成厚厚的冰层，就如镶了金边的宝镜，别有一番壮丽景色。高原圣湖的美，引人神迷就在其中。

神山之冠 —— 尼果

尼果位于芒康县宗西乡境内，是一个县级自然保护区，距芒康县城70多公里。"尼果"藏语意思为"神山之冠"。

这里最有趣的是尼果寺人和野生的几千只岩羊、雪鸡、雉鸡、血鸡、藏马鸡和睦相处，只要手握盐巴、食物即可喂食。僧尼们长期的善待，令这些动物不怎么怕人了，已与人类产生了"亲近感"，加上这里山清水秀，云雾缭绕，有茂密的森林，有广阔的草原，一幅祥和恬静的人间伊甸园画卷就展现眼前。

在尼果的《神地广义》中记载：西藏著名的有三大"尼"，即巴·魏·达藏尼、堆·安日·达藏尼和康·达藏尼，尼果就是康·达藏尼的冠头。由此，尼果历来就是藏传佛教宁玛派高僧活佛的修炼之地，宗教文化的遗迹较多，有十几处修行的溶洞，有星罗棋布的印迹和自然形成的佛像、经文等。偷得浮生几日闲，亲临这"神山之冠"，超然于凡人琐事、忙忙碌碌、喧嚣纷繁之上，执著迷恋于某种神秘力量的驱使，才能真正感受到回归自然、陶醉于人间仙境的无穷乐趣。

古道神韵弦子舞

弦子舞是西藏芒康独有的民族舞。在1.1万多平方公里的土地上生活着的芒康

西藏芒康僧人有型有款

180

藏族人号称"会走路就会跳舞，会说话就会唱歌"

人民，在生产劳动和对外交往过程中，创造和发明了独具浓郁地域和民族特色的歌舞艺术，目前已是蜚声海内外，因此芒康被称赞为"弦子的故乡"。弦子舞历史已经非常悠久，据考证，唐朝时期芒康就有跳弦子舞的历史，但那时的弦子舞是以个人单一的拉唱为主，属于家庭形式的小型歌舞。唐朝时期"茶马古道"的开发和逐渐兴盛，给芒康弦子舞注入了创新和发展的生机，才智聪明的芒康人民在与其他民族和周边地区的交往中，不断地吸收外来的文化元素，不断地增色滋补，不断地发展创新，形成了现在的歌舞相结合，以悠扬歌声伴随着优美舞蹈，以一切生活现象为题材，人人创作，人人唱跳，人人加工，不断丰富和发展起来的一种独具地方民族特色的文化艺术。弦子舞有广泛的群众性，是他们普遍的一种爱好和娱乐活动，成了藏民族文化艺术历史长河中的一颗明珠，被誉为"古道神韵"。

弦子舞是以弦子（类似二胡）为乐器，男女聚集伴随着音乐载歌载舞。藏语叫"蕃谐羌"，"蕃"是藏族自称，"谐"为歌舞，"羌"意跳。弦子叫"白央"，也就是当地群众自己发明的一种二胡，比起其他地区的二胡短而粗，在历史书中称为"胡琴"。跳弦子舞不受任何限制，不管人有多少，场地大小，或台上或台下或空地，均可以跳弦子舞。跳时一般都围绕篝火成圈起舞，人多时可圈中套圈，男女分开各半，男子拉弦子站立排头，带领人群拂袖起舞，时而圆集，时而散开，时而绕行边唱边跳。唱词为"谐"体的民歌，也可即兴创作，男女分班一唱一和，此起彼落，借以抒发内心的情感。跳舞的节奏快慢都以男子拉弦子的节奏为准，每首歌的节奏一般都是先慢后快，在悠扬缓和的弦子中开始，流畅欢快中表现，升腾热烈中结束。

弦子舞有"谐本"，即领头人。一般都是由在弦子舞中有影响力的人，既能歌又能舞，并且能作词作曲、编舞的人出任。跳弦子舞时舞者随着弦子的晃动而发出的阵阵"颤声"，舞蹈上相应产生一股股"颤法"，多以模仿一些善良、吉祥的动物姿态动作作为其形体特征，如孔雀吸水、兔子欢奔等等。其舞步圆润、舒展，曲调悠扬流畅，弦子舞的"拖步"、"点步转身"、"晃袖"、"叉腰颤步"等动作，尤其是长袖飘飞很有特色。弦子舞舒展中带有矫健奔放，在流畅中带有优美开放，在舞蹈中表现出康巴人剽悍气质和性格。

维色寺 —— 藏区十八呼图可图之一

维色寺就在芒康县城驻地嘎托镇城北 200 米处，是藏区十八呼图可图、昌都地区三大呼图可图之一。历代呼图可图的神话故事在康区广为流传。维色寺是芒康县城附近老百姓进行宗教活动的主要场所，该寺每年都举行跳神、酥油灯会等宗教活动，具有较高的艺术欣赏价值和宗教文化价值，是全县黄教寺庙中较大的一座，历来就是母寺，下辖20座子寺，分别在芒康县境内和左贡县境内。

维色寺占地总面积为 11817 平方米，其中经堂面积为 1579.3 平方米，僧舍

芒康维色寺里好斗的公鸡在激战，心诚的信徒在转经。

和食堂面积为 2825.8 平方米。该寺现有僧众 64 人，以前该寺僧众有 195 人，历史上记载活佛转世已有十七世。

维色寺内围廊和门口边上的玛尼筒

错过去察隅的车

芒康县政府所在地嘎托镇地方很小，只有两三条路，在20世纪90年代，两三层的楼房也没几座。拖着疲惫不堪的病体，我在芒康县城到处找车。我有一个坚定的信念，就是爬也要爬到拉萨布达拉宫。

几经周折，我在一个修理档找到两部正在修理的吉普车，车主说等一下修完车

芒康路上的景色

后要去察隅，并说察隅是西藏的江南，不到察隅就等于没到西藏云云。我跟他们说好要坐他们的车就回到我放背囊的路边小食店里等。

天气实在是冷，我在门外吹着北风，不一会就受不了了，只得叫另一个也想坐车的人轮流在门口看着车来了没有。偏偏那两部吉普车就在我"下岗"的时候经过，另一个人又没有见过那两部吉普车，等到喊我出来看看是不是那两部车时，那两部吉普车已绝尘而去，剩下我在路边捶胸顿足。

 实用资讯

咨询

芒康县旅游局 0895-4542536

住宿

芒康康盛宾馆 地址：芒康县嘎托镇14号 电话：0895-4542668 传真：0895-4542668 邮编：854500

电信温泉疗养中心 地址：盐井曲孜卡 电话：0895-4618888

图 例

———— 公路

⋀⋀ 山峰

🔺 寺庙

~~~~ 江河

昌都旅游示意图

扎曲

昂曲

瓦擦民族工艺乡

拉多雪豹保护区

谷布神山

小恩达遗址

珠角拉山

恐龙化石

317国道至江达

昌都

澜沧江

卡若遗址

至类乌齐

大脚印

至察雅

昌都

——茶马古道交会点

奇峰异洞、神山圣湖
造就了它雄伟的自然景观
千百年来的历史积淀
形成了它独特的康巴文化底蕴
而古老的茶马古道
更赋予了它神秘深邃的探险气质

藏东门户 —— 昌都

　　昌都地区位于西藏自治区东部，总面积10.87万平方公里。由于位于金沙江、澜沧江、怒江中上游，素有"藏东三江流域"之称。昌都地区东以金沙江为界，与四川省甘孜藏族自治州隔江相望，东南与云南省迪庆藏族自治州接壤，西南、西北分别与西藏自治区林芝地区、那曲地区相邻，与青海省玉树藏族自治州交界。特殊的地理位置，使昌都地区成为连接藏、青、滇、川的枢纽。

　　昌都地区地处横断山脉，西北部高、东南部低。西北部山体较完整，分水岭地区保存着宽广的高原面。东南部山岭基本被切割成星罗棋布状，岭谷栉比，河谷深切，仅有零星残存的高原面。高原主要分布在他念他翁山北段和宁静山，海拔4000~4500米以上，最高处是边坝县境内的念青唐古拉山脊，海拔高达6980米，在北纬30°以南则是典型的高山峡谷地区，河谷底部海拔2500~3500米，最低处是芒康县的金沙江河谷，海拔仅2200米。

　　昌都地区山脉为南北走向，三条大江与三列山脉相间分布，平行并列。由西向东依次是伯舒拉岭、怒江、他念他翁山、澜沧江、宁静山、金沙江。山脉海拔多在4000~5000米左右，山脉之间有深邃的河谷，山岭与河谷的高差达1000~2000米。独有的自然地貌和地形结构，使昌都山河愈显雄浑壮美，多彩多姿。

　　昌都地貌以高山峡谷为主，河流落差大，地表水排泄入海的路径畅通，因此湖泊均系外流湖。区内大的湖泊主要有：然乌湖、莽措、布托湖、八东湖、仁措以及普玉三色湖等。由于印度洋暖湿气流沿河谷北上时，受到东西向的念青唐古拉山高大山体的阻挡，与冷气流相遇常形成降雪，加之海拔高，气温低，因而在海拔5400米

　　→昂曲和扎曲在昌都汇合成澜沧江，一路向南奔流。

以上的他念他翁山、念青唐古拉山和
伯舒拉岭及宁静山脉的大山山脊，形
成了永久积雪的冰川，景致十分壮观。

　　昌都位于高原寒温带与亚热带湿
润季风区的过渡地带，年平均气温为
7.6℃。一年中最低的是1月，月均气
温-2.5℃，温度最高的是7月，月均
气温16.3℃，可谓气候宜人。昌都降
雨集中，干湿季分明。

　　昌都是一个农牧业并举的地区，
不仅有众多的动植物资源，而且矿产
资源丰富，水力资源充沛。

　　栽培作物主要有青稞、小麦、玉
米、小米、油菜，以及西红柿、辣椒、
茄子等，还有苹果、梨、葡萄、石榴、
核桃等果树和花椒等经济作物。

　　昌都地区是西藏的第二大林区，
全区活木蓄积量3.64亿立方米。主要
树种有云杉、冷杉、川滇高山栎、槭
树等。除乔、灌木外，昌都还有药用
植物1200多种，其中以冬虫夏草、贝

母、大黄等最为有名。在林区、草原均有丰富的菌类资源。

　　在昌都地区辽阔的草原上和茂密的森林中，除有多种家养动物外，还繁衍生息
着种类繁多的珍禽异兽。其中有猕猴、滇金丝猴、藏羚羊、小熊猫等国家一级保护
动物17种，金猫、马来熊等二级保护动物54种。

　　昌都地区具有良好的成矿地质构造条件，矿产资源主要有金、银、铜、铁、铝、
锡、铬、钼、铀和云母、水晶、盐、大理石、石灰石等近百种。经多年勘探查明，昌
都地区含有丰富的铜矿资源，该地区的玉龙铜矿为亚洲第二大铜矿。

　　昌都地区江河湖泊众多，三江水资源丰富，是我国水能资源的富集地区。怒江、
澜沧江、金沙江三江年径流量达389.4亿立方米，河流的天然水能理论蕴藏量居西藏

各地区之首。

茶马古道，这条横贯四川盆地、云贵高原、青藏高原的神秘古道，无论是从云南普洱茶的原产地西双版纳、思茅出发，还是由"天府之国"四川成都起步，南北两线均必经藏东重镇昌都，并在这里会合，开始其雪域高原之旅。

藏人"嗜茶如命"的记载古已有之。生活在雪域高原的藏民族，世代以肉类和糌粑为主食，缺乏蔬菜水果。而茶可以消除其肉乳之腻，又可解炒青稞粉（糌粑）之热，补充微量元素和维生素。这就是"艰于粒食，以茶为命"、"如不得茶，则病且死"、"汉家饭果腹，藏家茶饱肚"、"宁可三日无食，不可一日无茶"的原因。开放的唐朝出现的"茶马互市"也就顺理成章。茶马古道作为一种载体，不仅是商品物资交流的一个通道，也是汉藏民族文化交流的通道。

昌都，是川、滇、青三省进藏的重要门户，是藏东政治、经济、文化与交通的中心，名扬四海的川藏、滇藏两条公路即交会于此。昌都历史悠久，地理位置特殊，自古以来就是历代中央政府高度重视之地。早在公元 7 世纪，吐蕃王朝以昌都为基地，向东边的唐朝和西南的南诏扩张。宋代，佛教逐渐在昌都传播壮大。元代，朝廷为了管理藏区，专设了"朵甘思宣慰使司"，管辖今昌都地区及四川甘孜、阿坝两州。明朝在昌都一带设立"朵甘卫指挥使司"。清末实行改土归流后，始设昌都府。民国时期，昌都地区是西康省的一部分。新中国成立后，昌都在 1956 年划归西藏自治区。现在的昌都地区辖昌都、芒康、左贡、八宿、洛隆、边坝、类乌齐、丁青、江达、贡觉、察雅 11 个县，总人口约 60 万，其中 95% 是藏族。

昌都是三江并流的主要区域，旅游资源极为丰富。奇峰异洞、神山圣湖等造就了这里雄伟壮观的自然景观；千百年厚重的历史文化积淀，形成了这里独特的康巴文化底蕴；古老而神秘的茶马古道，赋予了这一地区鲜明的文化特征和深邃的文化内涵。茶马古道作为古代西藏高原与祖国内地进行政治、经济、文化交流的重要途径，作为古往今来藏族同胞与祖国各民族之间长期交往的明证，其沿线的人文与自然景观奇绝独特，有着丰富的文化品位，在历史上及藏区内外影响广泛，是我国"三横"旅游线路中最南端、最神秘、最后开发的一条黄金线路。

昌都地处横断山脉与青藏高原连接之地，幅员的辽阔和生物气候的多样性，为动植物生长繁衍提供了优越条件。昌都境内因雉类禽鸟种类多、数量大而被称为"雉类王国"。特殊的地貌和气候环境，造就了红拉山滇金丝猴自然保护区、长毛岭马鹿自然保护区、莽措珍禽动物保护区、朱角山唐代柏树林自然保护区等各级各类自然

西藏昌都的康巴汉子喜爱戴皮毛帽子

康巴汉子的头饰打扮很有"型"

保护区，面积达 50 多万公顷。

昌都悠久的历史和独特厚重的文化底蕴，为这里留下了众多价值极高的古代遗存和人文景观。被列为国家级重点文物保护单位的卡若遗址以及嘎学岩画、小恩达遗址、仁达摩崖造像等众多的历史遗迹，举世闻名，尽显康巴文化风采。谷布神山、然乌湖、怒江峡谷、来古冰川以及古老原始的盐井盐田，奇异壮美，展示出三江流域的无限神韵。

昌都素有"西藏宗教圣地"之誉，除藏传佛教的格鲁派（黄教）、宁玛派（红教）、萨迦派（花教）、噶举派（白教）四大教派外，还有藏区的原始宗教苯教（黑教），以及天主教、伊斯兰教。区内古刹名寺建筑恢宏，宗教文化博大精深，有殿宇巍峨、享誉四方的康区最大格鲁派寺庙强巴林寺，有久负盛名的噶举派祖寺嘎玛寺、查杰玛大殿，有历史悠久的萨迦派古刹同夏寺、瓦拉寺，有康区著名的宁玛派寺庙斯卓钦寺，还有西藏原始宗教苯教圣地孜珠寺，以及伊斯兰教昌都清真寺，西藏唯一的盐井天主教堂等。原始宗教与外来教派齐聚于此，留下了凝重多姿、气象万千的宗教文化，交织成纷繁多彩、影响深刻的信仰习俗。

昌都也是"帕措"的主要分布地。"帕措"系藏语，"帕"意为父亲，"措"意为集团或群体。据史料记载，昌都三岩的"帕措"已有六七百年历史，直到20世纪

50年代民主改革以前，这里仍保留着这种无官无法的社会组织。"帕措"是在特定历史条件和特殊地理环境下，为维护群体和自身利益，以父亲血缘关系为纽带而自然形成的一种父系制度氏族群体。

昌都在汉魏时期称康，是康巴人主要的聚居之地，也是康巴文化的发祥地。康巴人体格魁梧剽悍，性格豪放粗犷，素以勤劳勇敢、忠诚信义、热情好客、能歌善舞著称。昌都县的藏戏、锅庄，丁青县的热巴，芒康县的弦子等民族舞蹈艺术独具魅力，堪称人间瑰宝。昌都一些县、乡的唐卡绘画艺术、雕塑石刻艺术、经版木刻艺术造诣高深，闻名全藏。这些艺术品既是康区文化艺术的表现形式，也是藏族文化艺术中的珍品，无不散发着康巴文化的无穷魅力。

昌都地区自然景色有明显的垂直地带分布规律，素有"一山见四季，十里不同天"之称。这里气候宜人，较之我国北方可谓"冬无严寒，夏无酷暑"，且日照长，阳光辐射强，昼夜温差大，每年的5~10月为旅游黄金季节。这里降雨集中在夏季的7~9月，往往是东边日出西边雨，雨过天晴后天际彩虹横跨，空气清新，是充分体验大自然美景的难得之地。

昌都地区比较适合的旅游活动类型主要有民俗风情游、宗教文化游、茶马古道探险游、澜沧江漂流游、高原牧场赛马游、避暑旅游、温泉医疗健身游、原始森林生态环境游等，G317，G318国道线更是自驾车旅游者的极好选择。

昌都地区旅游综合接待能力逐年提高，已具备了全面接待海内外游客的能力。旅游业是昌都地委、行署列入昌都地区社会经济发展的新兴支柱产业，在其周边地区旅游业迅猛提速的影响下，正在快速崛起。昌都地委、行署根据实际情况，在税收、用地、人才引进、招商引资等方面实行了一系列有利于旅游业发展的优惠政策，政府逐年加大基础设施的投资力度，交通、通讯、能源、文化、卫生等方面已有明显改善。以茶马古道旅游品牌为代表的昌都地区旅游业正在兴起，旅游管理机构趋于健全，行业管理逐步规范，旅游接待能力日益增强，客源市场潜力巨大。

随着昌都地区茶马古道众多旅游资源的深度开发，适应游客需求的多样化、个性化的旅游产品格局逐步形成。昌都地区茶马古道旅游的知名度、美誉度将会大幅度提升，对海内外游客的吸引力将逐步增强。

神圣『香格里拉』

神秘的"东女国"故都

　　史籍记载，在南北朝至唐，青藏高原上有两个以女性为中心的女权国家，西部的称"西女国"，东部的称"东女国"。当今男权社会风气太盛，使人们对这种"女人话事"的特例更有兴趣。"东女国"这个人们想象中神秘、浪漫的女儿国，曾经在历史上一度活跃，一度辉煌。骄傲而诗意的女子，支配一个偌大的国家，梦一样的国度，谜一样的王朝，流星般划过历史的夜空，神秘地消失得无影无踪，渐渐被历史遗忘，留给后人无尽遐想与谜团。

　　东女国是公元6、7世纪出现的部落群体和地方政权，是西部地区及整个藏族历史上重要的文明古国。

　　后晋刘昫等撰《旧唐书》中记载："东女国，西羌之别种，以西海中复有女国，故称东女焉。俗以女为王。东与茂州、党项接，东南与雅州接，界隔罗女蛮及白狼夷。其境东西九日行，南北二十日行。有大小八十馀城。其王所居名康延川，中有弱水南流，用牛皮为船以渡。"

　　据藏学专家任乃强先生考证，"康延川"即今昌都一带，"弱水"即今之澜沧江，所谓"大小八十馀城"，谓其国辖有八十余"纵"，即农业聚邑。大抵而言："昌都、察雅、类乌齐、八宿、察瓦龙、盐井、门空、贫台，北至隆庆，西至丹达山之地，皆旧东女国境"。可知东女国东与茂州（今四川茂汶一带）交界，东南与雅州（今四川雅安一带）交界，包括了今四川阿坝茂汶以西、甘孜州的巴塘、理塘（白狼夷故地）以北及整个昌都地区，范围十分广大。由于女王居于昌都一带，可知东女国是以昌都为政治、经济中心的。

　　当时的东女国已有较发达的文明，人口"户四万余众，兵万余人"；有文字，"文字同于天竺"；有历法，

高山流水相伴的昌都

"以十一月为正"；有高达9层的建筑，"其所居、皆起重屋，王至九层，国人为六层"。说明了其高超的建筑水平，很有可能是今丹巴、金川一带碉楼的模式。早在《后汉书·南蛮西夷列传》中就记载先民"众皆依山居止，累石为室，高十丈，为邛笼"。李善注《后汉书》之"邛笼"说："按今彼土夷人呼为雕也"。邛笼就是现在还能见到的石碉。

所以也有专家推断，"康延川"是四川省金川县安宁地区，弱水是指大金川河。

东女国文化最突出的特点之一是以女性为中心，以及女性崇拜的社会制度。《旧唐书》称该国"俗重妇人而轻丈夫"，东女国以女性为王，"女王号为'宾就'。有女官，曰'高霸'，平议国事。在外官僚，并男夫为之。其王侍女数百人，五日一听政。女王若死，国中多敛金钱，动至数万，更于王族求令女二人而立之。大者为王，其次为小王。若大王死，即小王嗣立，或姑死而妇继，无有篡夺"。由此可见，东女国采用了女王终身制，继承权由家族垄断，男子无权参与。《新唐书》卷146《西域传》上"东女国"条则记载东女国"俗轻男子，女贵者咸有侍男"。

东女国还有着占卜之风和独特的丧葬制度。据《旧唐书》记载："其俗每至十月，令巫者赍楮诣山中，散糟麦于空，大咒呼鸟。俄而有鸟大如鸡，飞入巫者之怀，因剖腹而视之，每有一谷，来岁必登，若有霜雪，必多灾异。其俗信之，名为鸟卜。"现盐井的"纳帕"杀猪观内脏卜运情颇有些相似于"鸟卜"。"其居丧，服饰不改，为父母则三年不节沐。贵人死者，或剥其皮而藏之，内骨于瓶中，糅以金屑而埋之。"这种二次葬，今昌都地区还有类似的葬俗。而"国王将葬，其大臣亲属殉死者数十人"，则表明东女国仍有残酷的人殉制度，并非人们想象中那么"浪漫"和"诗意"。

东女国与唐朝中央政府保持了友好关系。唐高祖武德年间，"女王汤滂氏始遣使贡方物"，唐太宗时曾降玺书以示慰抚。武则天时，册封东女国敛臂为左玉钤卫员外将军，赐予瑞锦制蕃服，东女国使者亦多次来朝。后来，吐蕃强大，统一了青藏高原，东女国成为吐蕃政权的一部分，"其部落，大者不过三二千户，各置县令十数人理之。土有丝絮，岁输于吐蕃"。东女国旧部又接受唐朝赐予的丝帛，成为内地与吐蕃进行丝绸贸易的中间商，所以《旧唐书》云东女国"部落代袭刺史等官，然亦潜通吐蕃，故谓之'两面羌'"。既表明了东女国旧部的中介性质，又说明了羌、藏文明密不可分的联系。

东女国虽亡，但其文化却为吐蕃所吸收，成为吐蕃文化暨藏族文明的重要组成部分。从今天藏区很多习俗就可以清楚地看到二者的传承关系，而据民族学专家的

藏东篇

神圣「香格里拉」

调查结果表明，至今川藏地区仍残存有东女国文化因素。今四川藏区的嘉绒藏族，名称应是"嘉尔墨杂瓦绒"的简称，意即"女王的谷地"。嘉绒藏族群众仍信奉对墨尔多神山的古老崇拜。而所谓"墨"，在藏语中一般指女性。"嘉尔墨"意即女王、后妃或神妃。民族学和语言学的调查研究成果表明，嘉绒地区在古代存在过以女性为中心，或以女性为王（首领）的女性崇拜时代。"嘉尔墨"应该就是唐代时吐蕃人对"东女国"的称呼。

川藏北线上翻越的大雪山

然而，东女国是女性国家而不是母系氏族社会，母系氏族社会是早期原始社会，但东女国却是独特的世界上少有的由女人全面管理的国家。因此东女国是一种文化，其内涵和当今社会中的女权主义有些相似。

加水站上的冰雪特写

黄教大寺 —— 强巴林寺

昌都强巴林寺，位于昂曲和扎曲两水汇合处，昌都镇的一处如雄鹰盘踞的四级台地上。占地面积300余亩，寺内主供奉强巴大佛，所以取名为"强巴林寺"。据藏文资料记载，格鲁派宗师宗喀巴1373年时由青海到拉萨学经途中，路过这两水交汇的秀美之地时曾预言这里将是兴寺弘佛之地。后在1444年由宗喀巴的晚年弟子麦·江森喜饶桑布在此历时8年建成。据说建寺时喜饶桑布到一个千户家去讲经化缘，该千户就将自己家的草场奉献了出来作建寺之址。现在寺庙五大扎仓（林堆扎仓、林麦扎仓、奴林扎仓、库秋扎仓、夹惹卡巴扎仓）之一的林堆扎仓的位置，就是当年千户搭牦牛帐篷的地方。扎仓是藏传佛教僧舍或僧侣学院。其组织机构完整独立，有经堂、佛像、僧伽和法学系统，且有自己管辖的土地、属民、庄园等，实际上就是寺院中的寺院。

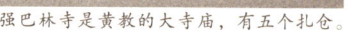
强巴林寺是黄教的大寺庙，有五个扎仓。

寺庙内主要的建筑都保存完好，佛像、壁画和唐卡十分精美，可以说是汇聚了昌都能工巧匠的聪明才智和代表了昌都地区最高水平。强巴林寺主要有强巴佛殿、释迦牟尼佛殿、宗喀巴殿、护法神殿等，但总的来说也和藏区其他藏传佛教寺院里看到的大同小异。强巴林寺最值得一看的应该是它的"古庆"神舞，这是在每年的"觉阿却巴"，也就是酥油花节期间才表演的一种神舞，表演主要以狰狞逼真的面具、整齐典雅的造型、奔放有力的舞姿、气势恢宏的场面而闻名于世。表演的神舞和服饰华丽、舞姿古朴的"卓"舞是在雪域高原自成一派、享有盛名。

强巴林寺历史上与内地王朝关系很紧密，主要活佛受历代最高统治者的册封。清康熙年间，强巴林寺在平定准噶尔之乱中为清军极为出力，六世帕巴拉受清圣祖敕封为"诺门汗"，并正式颁发正呼图克图铜印，至今仍在寺内保存。这是清康熙年间敕封班禅额尔德尼之后，最早敕封的呼图克图之一。康熙还御笔亲题"甘丹强巴

强巴林寺里的酥油花灯

林寺"的匾名，钦赐给该寺。此时，强巴林寺的势力也达到鼎盛时期，共有僧人3500多人，下属寺庙135座，遍布昌都、林芝、那曲等地区，成为东藏一带格鲁派的大寺院。该寺有五大活佛世系，·拥有林堆、林麦、奴林、库秋和夹惹卡巴五大扎仓，由帕巴拉三世起传承历代帕巴拉主持该寺。现任全国政协副主席的帕巴拉·格列朗杰为目前该寺第一大活佛。

喇嘛上早课，几百对僧鞋摆满一地。

　　我在昌都镇老区昌庆街对面那个广场的一角，沿一坡度极陡的盘山公路往上爬，边走边拍边喘气。好在路不是很长，大概十几分钟就可以走到寺庙大门口。手拿转经筒绕转寺庙的信众川流不息。由于该寺所处之地在昌都镇地势最高的台地上，所以站在大门口就能俯瞰到昌都镇全景。在此可以看到穿城而过的昂曲和扎曲在寺庙下面的山脚处交汇，合并成了著名的澜沧江向南奔腾而去，这样的地方会让你不得

几百个红衣喇嘛在大殿里上早课，场面颇为壮观。

两个喇嘛一动一静，相映成趣。

不感叹高僧大德们对于寺庙选址的精妙和独到。

广场放满了和尚们的靴子，约有几百对，蔚为大观，由此可知道里面诵经的有多少人。大殿前有不少的信众在虔诚地磕长头，他们把地面摩擦得光滑干净。

步入大殿，经堂里坐满了红衣喇嘛，抑扬顿挫的诵经声不绝于耳，极具韵味。我在墙边架起脚架不停地拍。忽然，"下课"时间到了，喇嘛们一行接一行冲出大殿，汇成一股"红"流。我赶紧贴墙站着，但还是被无意地撞了一下，几乎扑倒在地。要早知这样，我先出门外等着，一定能拍到喇嘛们鱼贯而出满地找鞋的精彩镜头。

澜沧江源头广场

澜沧江源头广场是我进入昌都第一个见到的景点，位于扎曲、昂曲汇合处的澜沧江源头，因是天津市援建，故又称"天津广场"。广场融现代雕塑与民族建筑于一体，为昌都人民和外来人在城区开辟了一块休闲、娱乐、观景的去处。

广场中央矗立着一座高21.8米的鲲鹏展翅雕塑，基座为门型设计，寓意西藏东大门；顶部的大鹏展翅意为昌都21世纪经济文化腾飞；拱部东大门托举的仿卡若遗址出土双耳陶罐样汲水瀑布，与广场的喷泉相连，意为昌都与天津、澜沧江与海河相连；基座上的天津海河、藏东民族风情浮雕及广场中北部用汉白玉制成的和氏璧，象征民族大团结和圣洁。广场临河面为三级阶梯设计，游人层层漫步，可尽情体验两河汇合的磅礴气势。

昌庆街

为庆祝昌都解放50周年建成的商业步行街——昌庆街，位于昌都镇中心，是集藏、汉建筑造型为一体，融古今建筑风格为一身的特色建筑群。该建筑汇集了康区建筑之精华，街两端分别建有一个名为"昂布"的雕塑，由当地群众搭晾青稞的架子抽象而来，寓意昌都发展欣欣向荣。昌庆街项目设计以人为本，强调遵从自然、尊

昌庆街是昌都的一条商业步行街

重人和地方精神，在2001年获"中国人居环境范例奖"。

对于附近地区的人来说，昌庆街不失为繁华闹市的一个缩影。但我个人还是喜欢其附近横街窄巷五花八门的自由市场。那些亦铺亦场的皮档、银饰档、铜器档等更具有民族特色和生活气息，更贴近当地平民生存的真实状况。

昌都地区唯一的清真寺

我问了很多人才找到清真寺所在的聚盛街。这条街很多当地人都不知道，其实就在农业银行向北走几十米，左边有一条上坡的小街。找到街还是看不到清真寺，因为寺隐藏在民居里，门口跟其他民居没

回教信徒们走进隐藏在民居里的昌都清真寺

什么两样。幸好昌都市民都很热心，多问一下人就行了。

清真寺始建于清朝康熙五十八年（1719年），是昌都地区仅有的一座穆斯林寺院。早在12世纪初，即有陕西回民在昌都做生意，回族先民们为求得生存，保持信仰，一致拥戴一位德高望重的阿訇执管一切，并集资修建了一座"陕西回馆"，作为早期穆斯林宗教活动场所。后来回民逐渐增多，简陋的"陕西回馆"不敷使用，遂在距"陕西回馆"不远处修建清真寺。从此，昌都的穆斯林入寺礼拜。

清真寺内，穆斯林在做礼拜。

做完礼拜后，年轻的阿訇又带领回民们学阿拉伯文，并给他们颁发文具等奖品，以资鼓励，激发后辈学习祖先传统文化的热情。

新石器时期的卡若遗址

卡若遗址，是西藏三大原始文化遗址之一，位于昌都县城东南约12公里的加卡区卡若村，海拔约3100米。1977年，水泥厂在施工中发现了大量的石斧、石锛和陶罐等原始文物和工具。1979年西藏文管会和中国社会科学院考古研究所、四川大学历史系考古师生和云南省博物馆联合组成卡若遗址考古队进行正式发掘。发掘面积1800平方米，发现清理出大量房屋遗迹、道路、石墙、圆石台，出土石器共计7968件，骨器366件，陶片2万余片，装饰物50余件等文物，以及部分动物骨骼和粟米，经测定这些物品均出自4000~5000年前的新石器时期。

卡若遗址占地面积约为1万平方米，文物种类繁多，古文化堆积层丰富。该遗址的发掘出土，在西藏的历史和考古上具有划时代的意义。它将西藏的历史提前到了距今约5000年以前，并以大量的出土文物证明早在四五千年以前，卡若遗址文化就与黄河上游甘肃、青海地区的古文化以及云南境内的元谋文化有着千丝万缕的联系。

如出土的石器、陶器的形状和花纹，与黄河流域同一时期的文化特点十分相似。出土的骨针，针尖锐利，穿孔细小，状如现代的钢针。那些骨锥、陶纺轮、线坠、陶坠、陶壶、陶钵上有刻纹、压印、圈点和彩绘的装饰，说明西藏的古代居民已经有很强的审美能力。出土的石铲、石锄、犁、石刀、磨石、磨棒和粟类农作物，以及加工工具的石斧、石凿、石钻、石砧等，反映出当时的农业经济十分发达。而出土的手镯、珠饰和与其他地区交换来的玉器、海贝等物又说明古人的交往。从卡若文化的内涵来看，它既不是纯粹的土著文化，也不是纯粹的外来文化，而应是两者的结合体。这充分说明了在新石器时代，昌都就可能已经是各个民族和各种文化的交融区。

有趣的是，一个现代工业废弃的水泥厂和古人类村落遗址夹叠在一起，让人颇觉有些"后现代"的意味了。

去卡若遗址很方便，因为离昌都镇不远。我在市区搭乘往水泥厂去的中巴车，在水泥厂终点站下车，发现这里是一处观景和居住俱佳的地方。两山夹峙，中间形成了一条山谷，雪山和森林里流出的卡若水流水潺潺，对面就是澜沧江。依山傍水又有森林，看来古人还是很会挑地方居住的。"卡若"，藏语意思是"城堡"。下车以后继续顺着公路往前走，沿着路右边水泥厂的围墙走到头，可以看到不远的右边还有一座废弃的水泥厂，有一条满是尘土和煤灰的土路通往那里。顺着那条路可以直接走进废弃的水泥厂，在到处都是废弃生锈的破机器和荒废的一座几十米高的水泥塔之间，可以看到一座由四方形的围墙围起来的一片杂草丛生的荒地。有没有搞错？没错，大名鼎鼎的卡若古文化遗址就坐落在这"现代工厂遗址"里。要不是看到围墙门口立的一块标有"卡若遗址"的水泥牌，谁会想得到围墙里那块荒地就是藏族文化的发祥地、中华民族远古文明的发源地之一的"卡若遗址"呢？对于我等大多数并非考古专业人员来说，到了昌都不去卡若遗址有点遗憾，但去了一定遗憾，一定会有一种失落的感觉。

藏东篇

神圣·『香格里拉』

侏罗纪遗迹大脚印奇观

在昌都镇去邦达的公路约40公里处，路边的山崖上挂着不少哈达。走近抬头一看，隐约可以辨认出好像是脚印的痕迹。主景点"大脚印"长约1.8米，宽约0.6米，显现在侏罗纪—白垩纪紫红色岩层面上。在旁边的崖壁上还有一行红漆字，字迹因时间长了的关系，已有点模糊，依稀可以看出是"侏罗纪早期距今一亿五千万年前古脊椎动物活动遗迹"。在周围几百米还有大小不一的"脚印"，当地群众皆相信是古人或神的脚印。据专家考察，"大脚印"可能是地层形成过程中所造成的一种沉积构造，因为侏罗纪—白垩纪时候未有人类，大型的陆地动物只有恐龙，而恐龙的脚印与人类的极不一样。但这种印痕的真正谜底还有待进一步深入研究才能揭开。

大鹏穿过的谷布神山

谷布神山是康区十八座著名的岩山之首，全称"匝吉果乌琼普"，意为大鹏穿过的溶洞。相传该山是莲花生

雪山垭口经常可以看到五彩经幡飞舞

祖师修行之地，1300多年以前，莲花生师尊主仆5人以神变之力，在5天之内打开

在山野自由奔走的野狐狸

了这里的金刚岩，将匝吉果乌琼普洞建成了殊圣修行之所。

神山距昌都县城50多公里，位于日通乡与如意乡的交界处，海拔5400多米，是昌都附近最高的山峰之一。登上顶峰，有"会当凌绝顶，一览众山小"之气概。谷布神山险峻雄伟，异峰突起，山顶是裸露的石灰岩，高原岩溶所特有的石芽、石柱、石墙、竖井、溶洞随处可见。山上的80多个溶洞中除藏有1500多年前的佛像、经文外，还有自然形成的药袋、石猫、石鹰、石狮，以及千年不化的冰状灵塔和贝壳、海螺化石等。位于谷布神山半山腰的仁宁洞，是该山上规模最大、知名度最高的一个洞，洞口处建有不少佛塔和塑像。该洞洞口不大，但洞内可容纳上千人，堪称昌都地区第一大洞。

实用资讯

咨询

昌都地区旅游局 0895-4821273

昌都地区旅游质量监督管理所 0895-4828716

昌都县旅游局咨询热线 0895-4827951

交通

在成都购买到昌都的机票，除在民航售票处购买外，还可以到以下两处购买：

西藏成都办事处 地址：武侯祠横街3号天驰宾馆 电话：028-85553632

昌都成都办事处 地址：一环路西一段（高升桥）昌都宾馆 电话：028-85062288转3804。航班时刻见下附表四。

公路客运班车时刻、里程、票价见下附表三。

住宿

昌都住店很多，招待所和私人旅店一般20~40元/人，公用卫生间；宾馆180~280元/标间，豪华套房1188元/间（淡季6折）。

神圣『香格里拉』

北

至洛隆

郭庆

至昌都

同卡

益庆

贡日达吉
5686

吉中

拥巴

邦达

夏里

至左贡/芒康

果弄
5708

八宿(白马

略觉

拉根

普隆

吉达

扎捕
5657

至波密

瓦村

然乌

安目措

然乌湖

至察隅

八宿旅游示意图

图 例

━━━ 公路

湖泊

山峰

寺庙

江河

八宿
——勇士山脚下的村庄

湖边是碧草如茵的高山草甸
围着碧绿带蓝的湖水、郁郁葱葱的树林和白雪皑皑的山峰
春夏树影婆娑，秋冬薄雾弥漫
使人如进梦幻之境

然乌雪山冰湖

西天瑶池然乌湖

　　然乌湖位于昌都地区八宿县境内西南角、距离县城白马镇约90公里的然乌镇。形成原因是由于山体滑坡或泥石流堵塞河道而形成的堰塞湖。在地质运动活跃的藏东南一带有很多这样的堰塞湖，然乌湖因为紧靠川藏公路而为许多走川藏线及滇藏线旅行的游人所熟知，更因其与西欧风光异曲同工而被人称为"东方的瑞士"。

　　然乌湖面积为22万平方公里，湖面的海拔高度为3850米。湖畔西南有岗日嘎布雪山，南有阿扎贡拉冰川，东北方向有伯舒拉岭，四周雪山的冰雪融水构成了然乌湖主要的补给水源，并使湖水向西倾泻形成西藏著名河流雅鲁藏布江重要支流帕隆藏布的主要源头。然乌湖的湖边是一大片碧草如茵的高山草甸，围着碧绿带蓝的湖水是郁郁葱葱的树林、白雪皑皑的山峰，景色如诗似画。狭长的阿木措向西蜿蜒10余公里逐渐收缩成一道河谷，随季节的不同，河水也呈现出或碧蓝或青绿等数种颜色。河道中许多岩石和小岛点缀其间，湖面上春夏树影婆娑，秋冬薄雾弥漫，四季美景都会使人如进梦幻之境。

　　旅行者通常会被然乌镇西面的漂亮湖泊所吸引，虽然在许多的地图上该湖也标作然乌湖，但当地人一般称其为"安目措"。当地人称为然乌湖的湖泊是在小镇东面往察隅去的然（乌）—察（隅）公路旁。地图上这样标注大概是因为两湖之间有水道相连，且相距不远的缘故吧。

　　沿帕隆藏布一路向西，离然乌镇10公里处有一村名"瓦村"。村里的房屋是典型的藏东南林区建筑风格，采用大量的木材建造，连屋顶都是用木材来铺就。黄昏时分，斜射的阳光下黑亮的木屋顶反射着暖暖的光线，村落里炊烟袅袅弥漫着浓郁的藏家韵味，是拍摄出佳片的好地方。

　　然乌湖早晚的景色都十分漂亮，拍摄全景可以在然—察公路大桥或者镇外的山坡上。要想去到湖边，需要涉过或跳过草地上的许多条溪流，因此务必穿着防水性能好的鞋子。湖岸边近水处多为湿软沙地和沼泽地，因此要想尽量靠近湖边拍摄的话，最好要在10：30以前，因为那时候太阳还没将前一天晚上冻住了的沙地和沼泽解冻，地面还较为坚硬，但要速战速决，否则回头时湿了脚很易受凉得病。经过然乌湖畔的然乌村继续往察隅方向行两三公里，有一个半岛，在那里可以拍到很漂亮的然乌晨景。

　　黄昏时拍摄帕隆藏布西南的雪山夕照，若采用侧逆光摄影，拍出来的照片有灰

然乌湖边的高山草甸

雾不清晰。建议不要在夕阳落山前拍摄，最好提前一个多小时，在太阳照射角度还不是很低时拍摄。

然乌镇的一片低矮破旧建筑中，最醒目的就是鹤立鸡群的移动通信基站铁塔。手机在然乌镇信号很好，可以随意拨打。镇容破旧的然乌居然有这么发达的通讯设施，这倒是让人倍感意外。在修得很气派但经常关着门的邮政局里可以交押金打长途电话，但时有光缆无接续信号的问题发生，每当这样的时候电话就成了摆设。手机也有同样的问题，基站不开时（原因不明）则全天都无法使用。

八宿县然乌镇派出所办公室就在"平安旅社"内，而且好像全所只有1名警官。因为每当他放假回家时，镇上就再也找不到一个穿警服的人了。

冬天的然乌风光

不过这大概说明然乌镇的治安还不错吧，游客当然乐于看到当地人安居乐业，警察成摆设。

因为然乌乡位于国道G318线旁，又是然一察公路的起点，来往车辆较多，一般情况下无论是从西面127公里的波密扎木镇还是从东面90公里的八宿白马镇，都可以较为方便地搭到顺风车。

住宿可在然乌运输站招待所，位于然乌运输站内，或位于然乌镇东面镇口的平安旅社。留宿这里的好处是许多过路的司机也是在此住宿，可以很方便地打听到许多路况和车辆信息，还可以跟他们天南地北地吹吹牛，他们和我一样都喜欢互相交流信息、聊天解闷。

然乌镇上有好几家川味小餐馆。我向来不善食辣，每顿都要叫厨房里的师傅不要放辣。因为地处偏僻，饭菜价钱较贵，但总比顿顿方便面好。

神圣「香格里拉」

来自古代的来古冰川

然乌湖西南面岗日嘎布，发育了规模巨大的现代冰川，其中最大的来古冰川一直延伸到湖边。每当冰雪消融时，雪水便注入湖中，使然乌湖经常有丰富的水源。

来古冰川旁有一藏族小村——来古村，因而得名。来古冰川是西藏已知的面积最大和最宽的冰川，是美西冰川、雅隆冰川、若娇冰川、东嘎冰川、雄加冰川及牛马冰川6个冰川的统称。其中雅隆冰川最为雄壮、神奇、瑰丽。由于地势山形的影响，一般从来古村所看到的只有美西、东嘎和雅隆3个冰川。

雅隆冰川生成于岗日嘎布山脉东端，处于印度洋季风向青藏高原输送冷空气的主要通道上，降水充沛，十分有利现代冰川发育。冰川长约12公里，从海拔6626米的主峰一直延伸到海拔4000米的岗日嘎布湖中，真可谓一泻千里、气吞山河。

多拉神山与六字真言

多拉神山位于八宿县白马镇以东63公里的川藏公路旁，交通极为方便。这座神山规模不算很大，传统上分为外圈、中圈、内圈，徒步转中圈一圈约需4小时。沿途可以观赏天葬台和各类石刻艺术。登上主峰，可鸟瞰整个多拉神山的美景。而从内圈转一圈不超过2小时，这是多拉神山的核心部分，也是主要的参观点。途中可朝拜并欣赏以莲花生大师为主的各类佛像、佛塔、六字真言及藏文祈祷经。山坳中还有一座规模不大的经堂，内供有佛像。多拉神山的神秘之处在于漫山遍野的石灰岩上，刻满了佛像和六字真言。由于年代久远，加之长年累月的风吹雨淋，风化现象极为严重，故早已失去了人工雕凿的印痕，这反而使不少人相信这些佛像和六字真言是上苍显灵、自然形成的，是无量佛祖的造化，更增添了这座神山扑朔迷离、神秘莫测的色彩。

在藏区随处可见的"唵（ǎn）嘛（mǎ）呢（ní）叭（bá）咪（mī）吽（hóng）"

是当地佛教信徒常常念诵的六个字。密宗认为这是秘密莲花部的根本真言，也就是莲花观音所说的真实言教，所以称之为六字真言。"唵"表示"佛部心"，念时身体要应于佛身，口要应于佛口，意要应于佛意，也就是说身、口、意都与佛成为一体，才能获得成就。"嘛呢"二字梵文的意思是"如意宝"，表示"宝部心"，这个宝贝又叫"嘛呢宝"。据说它隐藏在海龙王的脑袋里，如果得到这个宝，入海就会有各种宝贝前来汇聚，进山则能得到各种奇珍异宝，所以又叫"聚宝"。"叭咪"二字梵文意思是"莲花"，表示"莲花部心"，比喻佛法像莲花一样纯洁。"吽"字表示"金刚部心"，是祈愿成就的意思，即必须依靠佛的力量才能达到"正觉"，成就一切，普度众生，最后达到成佛的境界。藏传佛教将这六字真言看成是一切经典的根源，循环往复不断念诵，即能消灾积德，功德圆满而成佛。

一望无边的邦达草原

邦达草原位于距八宿县城 130 多公里的邦达镇，属集中乡、益西乡辖区，海拔 4300 多米。邦达草原是天然形成的草场，面积 138894.6 公顷，人工种草 13190 多亩，围栏 110375 亩。每到夏季，草原上绿草成茵，繁花似锦，牧民们赶着成群的牛羊在草原上放牧。时有成群的盘羊、马鹿在草原上嬉戏觅食，景致十分迷人。这里还盛产野生天然菌类，尤其以黄菌、白菌最为珍贵，是佐餐食物和保健佳品。

世界海拔最高机场 —— 邦达机场

海拔 4334 米的邦达机场，是目前世界上海拔最高、跑道最长的民航机场。它位于八宿县邦达草原，距昌都镇 130 公里。

邦达机场始建于 20 世纪 60 年代，后经大规模改建和扩建，1995 年 10 月正式通航，为进出昌都架起了便利的空中桥梁，也为昌都地区的经济建设、社会发展提供了巨大的支持和保障。

仁措

　　仁措位于八宿县郭关乡境内，这里地势开阔，环境幽静，绿草茵茵，是良好的天然牧场。由于湖水来源于雪山冰峰，水源充足，一年四季清澈透明。仁措面积不算小，需一天时间才能转一圈。湖中的鱼类资源极为丰富，尤其是盛夏之际，大量的鱼在碧蓝的湖水中悠闲地游玩，各种各样的飞鸟则在这幽静的地方筑巢栖息。如果在欣赏仁措美景后在湖旁的温泉里泡上一会，那真是一种别有情趣的野外享受。

藏民的火点燃了我的心

　　不知是不是高原烧水不到100℃就开的原因，或者本身感冒未好身体抵抗力差，我在芒康到拉萨这段路上一路拉肚子。我坐的那部车比我也好不了多少，一路都在停车修理。这倒帮了我的忙，车一停修，我就赶忙下车找地方"蹲点"。记得有一晚停在了出了名的通麦大塌方路段，我实在找不到隐蔽的地方，只好在路边一边"蹲点"，一边眼观耳听密切留意着山上不时滚下来的石子。这时前边一部货车上走下来一群藏民，他们就在我的前面走过。我第一次面对如此尴尬的情景，脸上顿时像火烧一样。虽说是夜晚，但高原月光毫不留情地把我暴露在众目睽睽之下。不过转念一想，很多当地人不都是这样吗？他们连白天都不怕，我顶多算入乡随俗罢了。

　　天亮了之后，车又再次停下大拆大卸。我例行蹲完点后见车一时半刻修不好，便走到河边去拍冰凌。一不小心踩在结了一层薄冰的石头上滑下了河，鞋子灌满了冰冷的水，两只脚无一幸免。我连忙爬上路边捡了一些干柴，两只冻得僵硬的手怎么弄也没能把火点起来。一队修路的藏民经过，不声不响地上山捡了一些松枝，帮我点着了火然后才离开。我顿时全身暖透，藏民渐渐远去的背影在我看来如此高大……

附表一：昌都地区民族宗教节日

名　　称	日　期（藏历）	内　　容
洛萨	正月初一	藏历新年
酥油花供灯节	正月十五	祈愿法会
对松	二月十五	迎请弥勒佛
萨嘎达瓦节	四月一日至十五	释迦牟尼诞辰、圆寂、成佛月
藏岭西松	五月十五	敬神供佛时
仲确节	六月十五	修行仪轨节
安确节	十月二十五	宗喀巴成佛日
古庆节	十二月二十七日至二十九	驱鬼节

附表二：昌都地区旅游文化艺术节

名　　称	日　期（藏历）	地　点
康巴旅游文化艺术节	七月十五日	昌都县
江达旅游赛马节	七月二十五日	江达县
芒康茶马古道旅游文化艺术节	八月九日	芒康县
八宿县然乌湖旅游文化艺术节	八月一日	八宿县

附表三：昌都地区客运站汽车班次

（客运站地址：昌都县卧龙街；电话：0895-4827351）

发往	里程（公里）	票价（元）	班次	发车时间
重庆	1700	502	隔日	11:00
成都	1300	452	每日	11:00
拉萨	1121	312	每日	9:00
中甸	846	318	每日	9:00
那曲	736	242	星期一、三、五	8:00
八一	713	222	每月双号	9:00
德钦	655	242	隔日	9:00
盐井	550	177	星期一、三、五	8:00
察隅	526	202	星期三、六	9:00
边坝	489	202	星期二、四、六	8:40

神圣「香格里拉」

（接上页）

发往	里程（公里）	票价（元）	班次	发车时间
波密	485	162	隔日	9:00
芒康	436	132	每日	8:00
洛隆	299	102	每日	8:40
左贡	278	67	每日	8:00
八宿	265	82	每日	9:00
贡觉	254	102	每日	8:00
丁青	248	102	每日	8:20
江达	228	72	每日	8:00
青泥洞	175	57	每日	9:00
类乌齐	105	52	每日	8:20
察雅	89	27	每日	10:00、17:00
妥坝	105	42	每日	9:00

附表四：航班时刻表

航班号	机型	起至港	班期	离港	到达
AC4407	波音757	成都—邦达	周一、三、五	7:30	8:35
AC4408	波音757	邦达—成都	周一、三、五	9:30	10:35
AC4401	空客A340	成都—邦达—拉萨	周四	7:30	8:35（邦达）
AC4402	空客A340	拉萨—邦达—成都	周日	8:45	10:00（邦达）

（以上资讯仅供参考，请以实际发布为准。）

康巴风情篇

『香格里拉』的民俗文化

漫漫转经路上

朝圣者用心吟唱

这是世上最完美的祝福

一块块石头

布满了灵性和神圣

美丽的康巴女子，一颦一笑都是风情。

康巴文化融合了黄河文化、巴蜀文化、长江文化、云南的少数民族文化的精华部分到传统文化中，形成了豪迈粗犷、热情奔放的文化特色，既有多方位、多民族文化复合，又有康区独特个性和浓郁宗教色彩，具有丰富的内涵和底蕴。这充分表现在语言、服饰、宗教、民俗、建筑、文艺、工艺等方面。

康巴人的传统服饰以裙袍为主，多穿用虎皮、豹皮、水獭皮镶边的皮袍，内着丝绸服装。现在，康巴人的服装更为讲究，不仅华贵精美，而且颇具欣赏价值。康巴汉子多带有腰刀、护身盒等物品，并将用黑色或红色丝线与头发相辫的英雄穗盘结于头顶，显得刚武勇猛。康巴女子的服饰更以雍容华贵而著称，其内衣多以丝绸料，外衣讲究用毛皮镶边缝制，并拼合精美图案予以修饰，以示吉祥。康巴女子都有头饰、胸饰、背饰、腰饰和其他饰物，这些饰物往往是世代相传的宝物，如用猫眼石、玛瑙、翡翠、红珊瑚、绿松石、蜜蜡石和纯银制作的各类饰物等。这些服饰价值少则几十万，多则上百万，成为其家庭财富的标志。

民居又有农区、牧区之分。牧民多逐水草而居，一般住帐篷，这种帐篷多用牦牛绒线编织而成，不仅美观大方，而且遮风挡雨，冬暖夏凉，搬迁便利，深得牧民喜爱。农区的房屋多为土木结构，一般为两层，下面为牛羊圈，上面为经堂、厨房、

头戴英雄穗、轮廓线条分明的康巴汉子

寝室和存放粮食的库房，牧草和粮食则在阳台上晾晒，这种房屋也有三四层的。

　　康巴地区的民间歌舞、说唱、绘画、雕塑、木刻、石刻等艺术更是多姿多彩。世界最长的史诗《格萨尔王传》便产生和广泛流传于该地，卓舞（俗称锅庄）、弦子、热巴等大众化的民间艺术遍地开花，唐卡等更是蜚声中外。各种宗教教派和平共处，相互包容；婚俗、葬俗奇特多样，各放异彩。

宗教文化

香巴拉

　　藏文史籍对"香巴拉"的记载很详尽：香巴拉位于雪山中央的西端，圆形如同莲瓣，周围被雪山环抱，从白雪皑皑的山顶到山脚下的森林，生长着各种鲜花和药草，大小湖泊星罗棋布，青草茂盛，绿树成荫，有许多修行圣地。其中央耸立着富丽堂皇的迦罗波王宫殿，宫殿中央是各种王的寝宫宝座，各种王拥有许多大臣和军队，可以乘骑的狮子、大象、骏马无数。这里物产丰富，人民安居乐业，从王臣权贵到庶民百姓都虔信佛法，供奉三宝……

玛尼堆

　　在藏区的城郊乡野、村边路旁、山顶沟端，到处皆可看见一堆堆用石块垒起的石堆就是玛尼堆。藏族人民不论男女老少，不论徒步或骑马，总是绕其左侧转过，有些甚至要转数周，以期消灾免祸，赐福延年。

　　玛尼堆多由刻满藏文和多种图案造像的石块组成，藏文多刻"六字真言"和各种佛教经文，字体流畅规范。

藏区经常能见到的玛尼石堆

雕刻造像的玛尼石更是丰富多彩，内容广泛，有反映拜物教的龙、鱼、日、月画像，还有各种鸟头、兽头人身像，各种护法像、天王像，其刻法均形象逼真，浑厚有力，栩栩如生。也有刻意刻画宗教史上有名人物的，如宗喀巴、莲花生、文殊等。这些作品形象准确，线条明快，刀法娴熟，风格多样，民族特点浓厚，不但反映了藏族

玛尼石

群众尊崇佛教、消灾祈福的信仰和愿望，同时还具有极高的历史价值和艺术价值，是绚丽多彩的藏族民间文化艺术宝库之一。

龙达

　　又称"风马旗"，汉族俗称其为"经幡"，多用以指人的气数、命运、五行。典型的风马旗是长方形或正方形的五彩布幡或纸幡，蓝、绿、白、红、黄五种颜色和上绘的动物分别对应金、木、水、火、土。中央的马代表土，奔驰的马背上驮有佛、法、僧三宝。右上方的动物是鹰或大鹏鸟，右下方是狮子；左上方是天龙，左下方是红虎。风马旗以五行的循环往复表示生命的经久不衰。龙达常挂在屋顶、房头、堤岸、山顶、祭台等高处。

龙达在神山下飞舞

煨桑

　　即用松柏枝燃烧后焚起烟雾，是藏族祭天地诸神的仪式。据说在煨桑的过程中产生的香气，不但使凡人有舒适感，山神闻到也会十分高兴。因而信徒们以此作为敬天地诸神的一种供品，希望神会降福于敬奉它的人们。

转经

　　是围绕寺院或神山圣湖绕行一周或数周的祈祷仪式。藏族群众认为神山圣湖养育并护佑着他们，寺院是供奉菩萨和诸神之所，更是自己敬仰之地。能够绕着这些神圣的地方转游诵经，即可积功德、免灾难。所以转经是藏族群众礼拜祈祷的重要内容，也是其精神和信仰寄托的集中表现。

唐卡

　　是流行于藏区的一种卷轴画，常绘于布帛或丝绢上，是西藏绘画的主要形式之一。唐卡通常悬挂于寺院殿堂中，也可卷起带于身边。按所用材料的不同，唐卡可分

康巴风情篇

『香格里拉』的民俗文

边走边摇转经筒的藏族老妇

为"国唐"和"止唐"两种。"国唐"是用丝绢绸缎等材料以手工绣制而成;"止唐"是用颜料绘制于画布上的作品。唐卡的表现题材十分广泛,包括佛像、画传、历史、民俗等各个方面,是了解西藏的百科全书。

磕长头

是藏传佛教信徒们一种虔诚的拜佛仪式。在藏区的大小道路上,信徒们从遥远的故乡开始,不畏千辛万苦,沿途三步一磕,用身体丈量着道路,耗时数月甚至数年到拉萨朝佛。

五体投地是磕长头的基本姿势

行进叩拜时,双手合十高举过头,前行一步,双手继续合十移至面部,迈第三步,然后双膝跪地,全身俯伏,两手前伸,额头轻叩地面,再站起,重复前面的动作,叩拜时口中要不断念诵六字真言。

右绕

在寺庙、佛塔和玛尼堆旁常能看到信徒手持念珠,转动着转经筒,口诵经文,从左往右绕转圈走,这就是右绕。右绕是依顺佛法的意思,可积功德、消灾病。喇嘛教中对右绕极为重视,如转经筒、转经轮要向右转动,海螺的旋纹也要选用右旋的才能作法器。

擦擦

"擦擦"是藏语对梵语的音译,意为"真相"或"复制",是指一种小型的脱模泥塑。擦擦的图案以天降塔、门塔、菩提塔和神灵佛像为多。信徒制作擦擦的目的是积善功德。擦擦一般放置佛塔内部,或供奉在寺院屋顶、玛尼堆之上及修习的岩窟内。

牛头、羊头

在藏区随处可见的牛头、羊头装饰，是作为一种祭供，为早期苯教牦牛崇拜习俗的沿革。

牛头与擦擦

习俗与禁忌

在藏区旅游，经常会遇到一些与藏族同胞民族习惯、宗教文化有关的问题，了解一些这方面的常识，既可以避免很多麻烦，也有利于加强与藏族同胞的沟通和交流，丰富自己的旅途生活。下面介绍一些藏族同胞在宗教文化、生活习俗方面的禁忌事宜，以期引起大家的注意。

A.进寺庙时，男士需脱帽，女士需放发辫，忌讳吸烟、摸佛像、敲钟鼓、翻经书，对于喇嘛随身佩戴的护身符、念珠等宗教器物，更不要动手抚摸。男人的护身符忌女人触摸。

B.在寺庙里要肃静，就座时身体要端正，切忌坐活佛的座位。

C.忌用单手接递物品。

D.忌在拴牛、拴马和圈羊的地方大小便。

E.不得动手摸弄藏族同胞的头发和帽子。

F.忌用有藏文的纸当手纸、擦东西以及用脚踩踏。

G.进入藏胞的帐房后，男的坐左边，女的坐右边，不得混杂而坐。

H.忌将骨头扔入火中，认为会招鬼怪，污染佛神。

I.藏族家里有病人或妇女生育时，门前都会做标记，有的在门外生一堆火，有的在门口插上树枝或挂一红布条，外人见到此标记，切勿进入。

J.藏族同胞一般不吃猫、狗、蛇、蛙、鱼虾、老鹰、乌鸦、驴、骡、马、鸡肉、鸡蛋。虽然现在这类饮食习惯已有很大改变，但在初次接触，不了解对方饮食习惯的情况下，最好不要勉强劝食。

K.藏族同胞在家中有人去世时，最忌讳直呼死者的名字，只称其为亡人。若无故直呼死者的名字，会被视为对死者亲属最大的侮辱和挑衅。

L.在藏区，有"哪怕是寺院着火，也别叫吃过大蒜的人去救火"之说，这是因为藏民认为吃了大蒜去寺庙或圣洁的地方，臭气会熏脏了圣灵，故进寺庙前不宜吃蒜。

M.在婚礼上，昌都藏民忌讳"1"这个单数，忌讳只送1条哈达，希望送礼成双。但在葬仪中，又忌讳双数，意在不希望不好的事成双。另外，人们普遍认为"81"是个不吉之数（如同西方忌讳13一样），不管商人做生意、牧民数牲口、日常拿东西或数数，都忌讳提"81"，宁可将其说成80或82。

N.越山顶时，禁止发声，否则，认为会招致风雪、冰雹、雷电。

O.忌母子、父女、翁媳间说脏话，否则全年倒霉。

民俗风情

献哈达

　　藏民常在朝拜佛像、拜会尊长、迎送亲友、馈赠以及日常交往中都使用哈达，表示敬意和祝愿、祝贺。哈达是一种白色丝麻织成的长条礼帛，根据质量和长短，分为"朗佐"、"阿喜"、"索喜"等十几种。献哈达一般是根据自己的经济条件而决定。

　　哈达是元朝时传入西藏的。萨迦法王八思巴会见元世祖忽必烈后返藏时，带回了第一条哈达。这条哈达，上面有"吉祥如意"字样。藏族人民认为白色象征纯洁、吉利，所以哈达一般是白色的。五彩哈达的颜色为蓝、白、黄、绿、红，蓝色表示蓝天，白色是白云，黄色象征大地，绿色是江河水，红色是空间护法神，佛教教义解释五彩哈达是菩萨的服装，所以五彩哈达只在敬神等特定的时候方才使用。

　　敬献哈达时，双手平托，根据受献者身份，或搭于肩上，或献于手上，并祝愿其"扎西德勒"（吉祥如意）。

献上美丽的哈达，送上真诚的祝福。

敬酒

　　敬酒是藏族群众迎送亲友时常见的一种礼仪，它和献哈达同时进行，敬酒时还要唱歌、祝词，祝愿亲友吉祥如意。一般在婚礼场面常见。敬酒时主人拿起斟满酒的银碗，平平举起，唱起酒歌或者说上几句祝词，之后客人接过碗，先用无名指蘸点酒向天弹，如此三次，祝"扎西德勒"后饮酒。藏族人认为无名指是洁净的，蘸酒向天空弹三次表示敬佛、神、天地。有时为了表示深厚情谊，也有敬三口一杯的习俗，藏语叫"桑贞下达"，也有三杯一口的习惯。

敬茶

　　藏族百姓非常好客，客人到家首先敬酥油茶，有的在路上碰见熟人也请进家里喝酥油茶。来客进屋后，主人便端碗斟茶，斟茶时不能将碗倒满，否则是对客人的一种不满。客人喝过一口后即可斟满，表示主人的大方、不吝啬。客人只喝一碗或者是斟过茶后

给客人斟上一碗又香又浓的酥油茶

而不喝就告辞，表示对主人的仇恨或者不满。客人告辞时，茶碗里的茶不能全喝完，表示对主人的尊敬和谢意。

名字

　　藏族名字有名无姓，一般有男女性别之分。名字通常是两字或四字，多取自佛教经典，故重名的人较多，但可在名字前加上"大"、"小"或本人的特征、出生地、居住地、本人职业等，以示区分。

　　一般藏族小孩生下来满月后，父母大都要请活佛、高僧赐名。起名以宗教、吉祥物和祝贺为主命名。

以宗教吉祥物为名的有：

　　多吉——金刚　拉姆——仙女　曲珍——度母　曲扎——兴教　白玛——莲花　罗布——宝石

以自然界吉祥之物为名的有：

尼玛——太阳 达瓦——月亮 嘎玛——星辰 珠扎——龙啸 朗卡——天空 加拥——彩虹

以祝贺和吉祥之日、生日命名的有：

次仁——长寿 旺堆——聚财 扎西——吉祥 加安——十五 次松——初三 次吉——初一

除非是平辈之间，否则不能直呼其名，总是要在名前后加尊称和爱称，借以表示敬爱和亲切。

服饰

藏族的传统服装，其特点是袖长、腰宽、襟大，不管男女都穿一件大领、宽腰、开右襟、左襟大、右襟小的藏袍。但是男女服饰各有其特点，不能搞混，最忌男子穿女子衣服。男子藏袍宽大一些，一般都有宽大的袖子，在襟上和腋窝下都有各种彩色飘带，这就是男子藏袍的特点。男子穿藏袍，先将衣服顶在头上（也可穿上），垂下的部分均收在腰部，下襟要高于膝盖，再把腰部剩余部分左右折叠往背后腰部收起，系上腰带，腰部和腹部便自然形成一个囊袋，可以放进随身携带的物品。把衣服穿好后，有些穿左袖，右袖在背后自然垂放，有种洒脱、飘逸感。有的把上部衣服均收在腰际，两袖左右分开系在腰上，在腹前系结，表现出轻松、精干，再佩带藏刀（有的插在腹前皮带上，有的在右胯悬挂），头上缠上"扎羞"的红带或者是黑带，更加英武潇洒。"扎羞"是康巴汉子的主要特征之一，一般都是丝线做的，长约有

芒康"茶马古道旅游文化艺术节"的藏装展示

1米，有红色和黑色两种，可根据喜好选用。一般情况，年轻人比较喜欢红色，老年人爱戴黑色。

款式漂亮独特的藏族女鞋

女子藏袍有两种，一种是有袖藏袍，一种是无袖藏袍。有袖藏袍一般冬天穿，无袖藏袍夏天或劳动时穿。妇女穿藏袍比较简单，穿上后把衣服左右拉开往后背折收，系上腰带即可。有的便于右手活动，脱下右袖，自然垂放在背后。妇女除藏袍外，内衣喜欢穿上各种颜色的花纹衬衫，腰前系一块五彩横条的"帮垫"，即围裙。女子的发式，具有地域性的特色。半农半牧区的妇女一般情况下梳两条辫子，辫子上加丝线和牦牛尾巴合编在一起，左右分开缠在头上。节日时都喜欢梳妆"加察"的发式，梳编方式比较复杂。首先上部梳编几十条细辫子，一尺来长后合为一，接上红、蓝、青色丝线做的英带，缠上银丝，在背后自然垂放。农区妇女一般都梳叫"女子扎羞"的发辫，头发与各种颜色的毛线或者丝线合编为一，在头上缠绕一圈便成。

冬天，很多藏族男女都穿质地较厚的氆氇藏袍，或羊羔皮做的藏袍，喜欢戴狐狸帽子或者是"次仁金钩"（长寿缎子帽）。有的还喜欢穿一件短羊羔皮袄。

康巴藏族漂亮的服饰

藏靴是藏族的又一个特征。藏靴有很多种，常见的有氆氇或者是毡子做的藏靴，有牛皮彩色靴，一般是男子穿。还有厚牛皮底的藏靴，节日或者赶集时穿。

节日服饰主要以华贵为主，男女都有穿缎子、羊羔皮、毛料的藏袍，襟边、袖口、下边缘都镶有珍贵毛皮做装饰。男子藏袍的装饰以水獭、虎、豹皮为主，妇女藏袍以水獭皮为主。

缎子都以龙凤图案为主，男子藏袍一般为红、黄、青、蓝、紫的缎子，女子以青、蓝、紫为主。男子还喜欢穿一件齐腰的缎子夹衫，丝、麻织布的白色宽大裤子，脚蹬五色皮靴，头上缠着英带或者戴着英冠（索夏），脖子上挂着珍珠、玛瑙，斜背"护身符"（神龛），更加显现出康巴汉子的英武、潇洒、华贵、庄重、大方。女子身着华贵的服饰，脖子上挂着珍珠，腰上系上银子做的"卡玛"、"扣羞叭羞"，更加动人、俏丽。

饮食

　　藏族的主食是糌粑、小麦（面粉）、酥油茶、青稞酒、牛羊肉、奶制品。

　　糌粑（炒面）是藏族特有的一种主食。糌粑的做法是先将青稞洗净，拣出石子或杂质，用比较薄的特制平底锅炒熟青稞，然后进行水磨、手磨，磨成粉即可。糌粑由于原料的不同分为几种，纯青稞糌粑为"尼糌"，玉米糌粑为"丹布糌粑"，豌豆糌粑叫"色玛糌粑"；青稞和豌豆或者是玉米合起来的糌粑叫"色巴糌粑"，是喂养牲畜用的。糌粑的食用方法主要是拌和酥油茶，用手捏成团食用，叫"阿罗仁"，还可用酸奶子或青稞酒、酥油拌和捏团食用，舔食喝酥油茶也可。藏族群众有时用肉、萝卜或白菜、盐、奶渣等加在一起煮成粥，藏语叫"土巴"，一般用以作副食。

　　酥油茶除了就餐时喝外，平时也是藏族人不可缺少的主要饮料。它的做法是把大茶熬成浓汁，根据自己喜好的浓淡加开水，倒入木质桶内（根据各家庭情况有大小），加上盐巴和酥油、奶或奶粉，再用一种活塞式棍轴在桶内上下冲击、搅拌，使茶汁、酥油等交融即成。打好后，倒入陶质（现在大部分为铝质）的专门的茶壶内，置于文火上，随时取用。有时也饮用盐茶，也叫"加当"即清茶和"吹吹茶"。酥油茶是藏族人民招待客人的首要饮料。藏族人十分好客，如不是赤贫，首先就用酥油茶

藏族人的铁炉灶

待客，客人不能轻易谢绝，否则为失礼，也不能只喝一碗，这是仇恨或者不满的表现。

←奶酪

除了酥油茶外，常用的饮品还有青稞酒。青稞酒一般有两种，一种是将青稞煮熟发酵后蒸馏的青稞白酒，藏语叫"蕃然"或"尼然"；另一种是青稞煮熟发酵加水取酒，叫"琼"。藏族喝青稞酒很普遍，除了接待客人外，红白喜事时，更是不可缺少的最佳饮料。

牛羊肉是藏族人民不可缺少的食品，除了煮炖食用外，冬天人们还把鲜牛羊肉割成肉条稍经腌制后挂于通风阴凉处风干，成为牛羊肉干，藏语叫"夏刚"，酥脆香甜。食用时，用刀割和手掰成小块直接食用。同时，它又是接待贵客的最佳食品。

奶制品有两种，一为酸奶子，一种为奶渣，也叫奶豆腐。酸奶子是提炼过酥油（也有的是未提炼过酥油的奶子做的，这种更有营养，主要给老人和待客食用）的牛奶经过糖化作用后制成的饮料，营养丰富，易于消化，是春夏季的主要副食品之一。奶渣是牛奶提炼过酥油后奶子经煮加酸水，使其水中分解出来形成的奶酪，可以做成奶饼、奶条、奶块等食用。

婚嫁

藏区的婚姻制度，在解放以前处于封建农奴制的统治下，有严格的门第制度，统治阶级和被统治阶级之间是不能通婚的，领主只和领主家庭通婚，平民与平民嫁娶，便是所谓的"门当户对"，否则会受到统治阶级的压制和社会的谴责。解放以后，这种制度有所改变。父母提亲、媒人说合是一种方式，20世纪80年代以后在农牧区群众中也有大批自由恋爱结婚的。

农牧区群众婚姻形式有三种：一妻多夫、一夫多妻、一妻一夫。

一妻多夫

内容是兄弟共妻、朋友共妻。产生这种情况，主要是农牧业生产方式与劳动力需求和经济上的原因。这种家庭以女性为中心，主妇占一间房子，各夫轮流与主妇同居，主妇对各夫公平，很少为此发生不和。

一夫多妻

这种形式，旧社会主要流行于上层阶级中。平民百姓中也有这种情况，现在这

223

种情况的一般都是招婿而产生的。丈夫先与姐姐或者妹妹结婚，事实上后来是姐妹共夫，或者是姐妹招婿。这种一夫多妻家庭与汉族的娶妻纳妾不同，不分大小，每个妻子地位完全一样。也有一个丈夫做两个家庭的男主人的情况。

一妻一夫

这种形式占主导地位，主要以男子娶妻组成家庭，家中无男孩，也有招婿的。一裔一个家庭只留一个男孩或女孩传宗接代，其余兄弟外出为僧或入赘妇方，姐妹也有为尼或与人为妻的。

婚礼和离婚

康藏地区农牧民群众的婚嫁很繁杂，儿女的婚嫁一般情况下由父母决定做主。父母给儿女考虑娶嫁，要通过媒人选媳或招婿，再请喇嘛或历算师根据男女的生辰、二十八宿十二宫算出是否相克、吉祥。算卜结果满意，再行第二步，即求婚。一般求婚，男方或女方请亲朋好友和媒人带一条哈达和酒到对方家正式提出，若对方同意，即将礼物和哈达接收，并回敬一条哈达。然后便举行订婚典礼，藏语叫"隆琼"，意为订婚之酒。这一天双方的长辈都来喝此酒，并商议陪嫁等下一步的事项，喝了此酒婚约就算定下来了，再选择吉祥日子迎娶。迎娶新娘（郎），双方都要设宴，该村的各家各户要来送礼祝贺，娶媳的亲朋好友们穿着盛装骑马赴对方家，时间为天亮前。有的由于路程较远或为了礼仪在对方家过一夜，对方家的伴娘们和亲朋要热情款待，载歌载舞、敬酒、献哈达、彻夜欢庆，并准备亲友送亲。迎亲结束后，亲朋好友们献哈达、送贺礼，以表祝福。第二天新娘和送亲的回娘家，或住十天半月，或住一两个月，有的甚至住一年半载，最后按商定的时间由男方把新娘接回婆家。

在康藏地区离婚也普遍存在。原因有多方面，或感情不和也包括婆媳感情，或因对方有病，或因女子缺乏持家能力等等。手续也十分简单，若女子主动提出离婚时，男方不能给其任何补偿，女方可以将陪嫁的财产带走就是，如果男方要离婚时，财产除了嫁妆退还外，还得给予相当数目的补偿。所生的子女，男归父，女归母，双方均可另找对象。

由于康藏地区很大，各个地方婚俗也会有差异。

新中国成立以后，随着《婚姻法》的颁布实施，康藏地区青年的婚姻受到了保护，自由恋爱、自主结婚普遍存在。尽管一夫多妻、一妻多夫的婚姻形式在偏僻山村仍然存在，但一夫一妻占农牧区婚姻的主导地位。

高原特产

昌都地区

冬虫夏草

俗称虫草，是我国医药宝库中的一味珍贵中药材，常与人参、鹿茸一起被列为三大补品。冬虫夏草是由昆虫和真菌联合而生。虫草真菌于冬季前后侵入虫草蝙蝠蛾的幼虫体内，吸收养分而发展菌丝，等菌丝充满虫体，虫即僵死。到了夏季，从死虫的头顶长出菌座露出土面，故名夏草。虫草一般生长在海拔4000米左右向阳湿润、地质肥沃的山坡。

冬虫夏草富含虫草酸、蛋白质和脂肪。有补肺益肾、止血化痰之功，亦具有我国传统的"食养疗法"之效。冬虫夏草阴阳皆备，冬虫属阴，夏草属阳，起阴阳并补作用。虫草在国际国内市场均为短缺药材。

雪莲花

雪莲花是生长在海拔4800~5800米高山以及雪线附近的草本植物。其亚属植物有20余种，绝大部分产于我国青藏高原及其毗邻地区。雪莲花全草都可以入药，有祛寒、壮阳、补血和暖宫的功效。主治妇女病、风湿性关节炎及肾虚、腹痛等病症，对乳腺癌有一定疗效。水母雪莲还有强身作用。

红景天

红景天是指景红科景天属植物，大多生长在海拔3500~5000米的高山灌木丛林中。红景天主要以根茎入药，全株也可入药。主要成分有红景天贰及酪醇，并含多种生物活性微量元素，其叶与茎中含有少量生物碱。西藏民间常用红景天来治疗咳血、咯血、肺炎咳嗽、妇女白带等症，后经我国专家和前苏联军事医学专家研究，发现其具有良好的扶正固本作用，并对健身壮体、抵抗不良环境影响有独特的功效。可广泛应用于预防高原反应和抗疲劳、抗衰老及提高能力、体力机能等方面。

藏红花与草红花

藏红花又叫番红花或西红花，是一种活血通络、化瘀止痛的珍贵药材，其治疗创伤、痈肿，特别是养血功能早已是闻名于世。《本草纲目》中将其列入药物类，其养血功能远远超过草红花。

草红花又名红花，原产埃及，花可入药，有活血通络之功效。草红花种子含油量达55.38%，长期食用这种油，可降低血液中的胆固醇，防止血管硬化，因此可用它来治冠心病。

草红花与藏红花虽仅一字之差，但却是两种完全不同的植物。它们在活血通络方面功能相似，但在系统演化、形态发育和其他用途等方面存在着很大的差异。

藏刀 / 金银铜首饰

昌都、丁青等地的金银铜手工业已有数百年历史，主要产品有金银首饰、银盘、藏刀等，尤以藏刀最为有名。

另外，麝香、鹿茸、卡垫、雪鸡、雪蛙等都是昌都有名的特产。

康巴风情篇

"香格里拉"的民俗文化

迪庆州

贝母

在碧罗雪山、哈巴雪山等地是天然药材宝库，珍贵的药材就出产在这里。

贝母为多年生草本植物，生长在海拔4000米以上的雪山草甸地区，植株矮小，颗粒圆滑，形如珍珠，俗称珍珠贝。盛夏，雪山冰雪消融，草甸百花萌发，是挖贝母的最好季节。贝母具有润肺、沁脾、止咳的神奇功效。

竹荪

竹荪菌是世界著名珍贵食菌，又名竹笙、竹参、僧竺草，是迪庆特产的一种名贵食用菌。菌体细嫩洁白，味道鲜美，是上好的调味品，而且能延长汤类的存放时间。

竹荪菌体美丽，其头部是浓绿色的帽状菌盖，中部是雪白柱状菌柄，基部是粉红色的蚕形菌托。有趣的是，在菌柄顶端生着一围细致洁白的网状菌裙，并从菌盖下面凌空撒开。竹荪生长在全州的一些竹林地方，其中以维西出产最多。近年来，野生竹荪供不应求，人工栽培也取得一定进展。

雪茶

藏语称"夏软"或"岗馈"，为地茶科地衣类植物，分布在迪庆州境内海拔3000~5000米的草地、石面上，远看如一层寒霜铺盖。雪茶并无根茎枝叶，形状为长圆条形，长30~70毫米，粗1~3毫米，两端渐尖，有单一或小刺状分叉，体表有凹纹，中空。颜色为灰白色。雪茶是高原藏区特有的药物，主治热病、口干、神疲、眼花，能清热、醒脑、生津、明目，有抗炎、解热等功效。

地方特色饮食

昌都地区

虫草炖鸡

把鸡去内脏，整鸡插满虫草，放盐、姜片、胡椒清炖。这道菜香味十足，营养丰富，是招待贵宾的上等佳肴。

贝母炖鸭

把鸭去除内脏，放盐、姜片、胡椒、贝母整鸭清炖。这道菜苦中带香，营养丰富，属保健食品，是昌都当地的上等佳肴。

酥油炖鸡

把鸡肉连同内脏切块后与新鲜酥油相炖，除放盐外，不加任何作料，此菜也是招待贵宾的上等佳肴。

酥油糌粑鱼汤

将鱼肉连骨碾磨成粉，与酥油、糌粑一道放入开水中，加盐煮沸1小时后，即可饮之。这种鱼汤味道特别香，具有明目、养肝、润肺、强体作用，是老人的极好补品。

生肉酱

将新鲜瘦牛、羊肉剁为肉酱，放入盐、姜、蒜、花椒、辣椒等作料，加少许冷开水，调成肉酱后即可食用。这种生肉酱不仅没有丝毫生肉味，反而有一种极富吸引力的香辣味。

手抓肉

也叫滚锅肉，即把大块带骨的牛、羊肉放在锅中煮，只搁少量花椒和盐巴，水沸血干即捞出。手抓肉是藏家招待客人的主要食品，藏家有谚语："牛吃肋巴，羊吃胸岔。"牛肋巴肉细且香，羊胸岔肉肥而不腻，是手抓肉中的上品。

风干肉

这是昌都地区的传统肉食，风干肉一般为牛肉。加工风干肉，既不用水煮，也不用盐腌，直接将鲜牛肉风干即可。经冻后的风干肉入口即酥，更具特色。

血肠

把牛小肠洗净，以牛血为主，内掺糌粑，放盐后灌入肠中，煮熟食用。血肠具有很大的滋补作用，老人、产妇及病后体弱者用血肠调养身体最好。

酥油人参果

先将人参果煮熟，熬好酥油，把煮熟的人参果放入熬好的酥油里，加糌粑和白糖。味浓甘甜，是逢年过节、款待贵宾的佳肴。

迪庆州

苏里玛酒

苏里玛酒是迪庆藏区的一种很有特色的饮品，俗称"藏酒"或"藏啤酒"。制造工艺不复杂，但需一种煮酒的"感觉"。将青稞料炒熟后加适当酒曲，蒸煮7天后从桶腰小管流出。苏里玛酒口感平和、恬淡，然而一旦醉酒需较长时间才能醒酒。

琵琶肉

琵琶肉是一种采用藏族传统的腌肉方法制作的肉食。做法是将猪的内脏和骨取出，放入花椒、草果、食盐等调味料后，将其缝合，压上石板腌制。因其形状像琵琶，故称"琵琶肉"。

油松茸

用鲜松茸和姜片、草果面、八角、胡椒、花椒粒、白糖、盐等十多种作料拌和，将油烧至七成热时，放入锅中翻炒。油松茸色泽粉红，香脆可口，具有防癌、抗癌的功效，人称"蘑菇之王"。

油炸虫草

将干虫草用冷水浸泡，待涨发饱满后，沥去水分，放入小火溶炼的酥油汤中，炸至金黄色后离火，倒入藏式木碗中。油炸虫草色泽金黄，酥脆芳香，具有润肺益肾、益气补血之功，是迪庆藏传佛教寺庙的寺院菜。

附录：旅行锦囊

旅游季节

　　到大香格里拉区旅游一年四季都可以，5~10月份气候适宜，风景最美，是旅游的黄金时节。靠南边即纬度低的木里、泸沽湖等地区11月份秋叶最美。太子十三峰雪山（即现在很多人说的梅里雪山）10月下旬至次年2月因云量少最易看到"日照金山"。7~9月的雨季要留心灾害天气的影响。横断山脉高海拔地区日温差都比较大，注意随时增减衣服避免得疾病而增添旅途麻烦。山区10月后就会有雪，冰封雪飘景色也很壮观，但坡大的路汽车难行且有危险。有些地区因冬季封山要来年春天才能解冻，进去时要考虑能不能出来。

川藏公路

　　川藏公路始于成都，经雅安、康定，在新都桥分为南北两线。北线经甘孜、德格，跨过金沙江，进入昌都地区江达县，再经昌都县在邦达与南线会合。南线经雅江、理塘、巴塘，过金沙江进入昌都地区芒康县，由芒康翻越脚巴山后即抵达邦达，与北线会合。南北二线会合后继续西行，经八宿、波密、林芝到拉萨。川藏公路南北二线，实际上就是当年茶马古道（由四川甘孜、德格和由理塘、巴塘过金沙江进入昌都）进入西藏的两条道路。经川藏北线由成都到昌都，全程1292公里，沿途最高点是海拔5050米的雀儿山。经川藏南线由成都到昌都，全程1218公里，南线因路途短且海拔低，所以由川藏公路到昌都多选行南线，时间约2~4天。

　　沿川藏公路进西藏到昌都，一路景色壮丽，有皑皑雪山、原始森林、草原、冰川，还有若干条大江大河，是旅游探险爱好者和摄影发烧友极具乐趣之处，特别适宜自驾车旅游探险和摄影创作。

交通指南

成都与昌都、康定之间每天都有长途客车往返。

成都簇桥昌都运输站地址：簇桥八一家具城南50米，联系电话：028-85012541

成都新南门长途汽车站联系电话：028-85433609

特别提示

沿川藏线进出昌都，可在沿途寻找便车、军车或货车搭载，价格可与司机面议。坐顺风车比较方便停车拍照。川藏线因泥石流和塌方频繁（特别是雨季），需将行程安排宽裕一些，如果是自驾车沿川藏线进藏，最佳时间是每年5~10月份。

川藏公路沿途饮食以川味为主，可在招待所、运输站内的食堂和街上的餐馆用餐。沿线各城镇都有招待所和旅店。

滇藏公路

滇藏公路南起云南下关，经剑川、中甸、德钦，北达昌都地区芒康县，全长714公里。滇藏公路1974年建成通车，北在芒康接川藏公路南线，南接滇缅公路，沟通了西南地区公路交通网。滇藏公路是4条入藏线路（川藏、青藏、新藏、滇藏）中海拔最低的通道，最高处红拉山口海拔4300米。沿途气候温和湿润，雨水充足，林木茂盛，景色秀丽。由于横断山脉受澜沧江、金沙江等大河切割，山高谷深，公路大多傍江盘山而行，一天之内便可经历四季不同的气候和风光，亦可饱览高山峡谷的奇险与壮丽，加之沿途少数民族众多，地方风情浓郁，是摄影爱好者和专业摄影工作者、自由撰稿人及旅游探险者极有价值的一条旅行线路，亦很适宜自驾车旅游。

交通指南

目前由昆明经滇藏线前往昌都地区，尚无直达长途班车，游客需沿途数次转车。具体乘车线路为：先由昆明客运西站乘班车到下关，再转下关到中甸的班车到中甸；中甸每天有4班车到德钦（具体请看第二章第1节的班车时刻表），德钦每天有班车到芒康（盐井）。到了芒康的盐井即进入了昌都地区。盐井到芒康县城、芒康到昌都每天都有班车。按此行程，正常情况下需4~5天。

特别提示

滇藏公路的最佳行车季节为每年5~10月，德钦至芒康一线路况较差，常遇泥石流和塌方，应提前打听路况以避免耽搁。因沿途需数次转车，行程应安排出一段备用时间。

另外，游客还可以由拉萨沿G318国道经工布江达、林芝、波密到达昌都，亦可由青藏线上的那曲（黑河）经黑昌公路到昌都。

康巴风情篇

"香格里拉"的民俗文化

旅行探险常用物品

必备类

身份证、护照等证件；现金和银行卡（有银联标志能异地取钱的）；已订购的飞机、火车、汽车、轮船票。

装备类

帐篷、睡袋、防潮垫（以上露营要带）、背囊、登山杖、雨衣、水壶、头灯或电筒（配好电池等）、指南针、小刀（坐飞机只能托运）、打火机、绳子、针线包、笔、纸、哨子。

穿戴类

帽子、太阳眼镜、防晒霜、润肤露、润唇膏、替换衣服、袜子、登山鞋或旅游鞋、拖鞋、手巾、牙刷、洗发液、洗澡液、卫生纸、口罩。

资讯类

地图、旅游指南书、通讯录和电话簿（手机及充电器）。

药品类

止血贴、绷带、防治高山反应药、感冒药、退烧药、肠胃药、解蛇毒药、清凉油、晕车药（有需要者）、驱虫剂。

食品类

巧克力、压缩饼干或干粮、小包食盐、口香糖。

摄影类

相机、镜头及清洁用品、备用电池、数码伴侣、充电器、胶卷、摄像机、录像带或卡及附件、脚架、摄影包。

后 记

　　尘封多年的记忆，被最近的一次重游大香格里拉勾起，就好像正在对焦的镜头把模糊的影像一下子变得清晰。行走中很多鲜活的形象、感人的情景、经典的画面已深深刻在了我的脑海中，永远也不会被抹去。只是人世间很多事情、很多体验、很多感受和思考难以完全用镜头和文字准确地还原。

　　人生短短的几十年，比起我们生活着的地球的历史，简直短暂得不能用"一刹那"来形容。从这个角度来看，每个人生命的长度都不会相差太多，也就是说是相对固定了。我们可以塑造的只有宽度和深度。人活着就是为了感受人生，如果我们不把握机会，在这有限的时间和空间里，用多彩的画笔去描绘自己人生的履历，那我们的一生就如一锅没烧过的凉水一样死寂无味。我们越来越沉溺于物欲需求的迷惘中，而不再注重生活的本质，忘记了为什么而忙忙碌碌地活着。表面上看，好像是勤勤恳恳，实质上却是行尸走肉。每个人的环境不一样，每个人的能力有不同，但我们每个人都可以尽自己的能力去过自己真正喜欢的生活，去攀登自己生命里的顶峰。有钱人可以去登珠峰，富豪们可以上太空，我们这些无钱、无名气、无地位的"三无人员"也可以去干一些自己真正喜欢的、力所能及的事情。只要努力去做了，就问心无愧，对得起自己人生这"半刹那"。我相信，人只有梦想的不同，实现自己的梦想时的快乐是一样的。

　　川滇藏旅游黄金三角区，即大香格里拉区的确有着《消失的地平线》中香格里拉的某些影子。拿着一部小说杜撰的"香格里拉"去找某个地方证实就是"真正"的"香格里拉"，无疑是幼稚浅薄、滑稽可笑的。"香格里拉"只是一个概念，只不过是人们精神寄托的一个乌托邦，它包含有很多人生哲学和生存理念。我们在游走中看到了令自己心旷神怡的美景，领略到迥然不同的人文风情，感受到人与自然的微妙关系、领悟到人生哲理的真谛，这就足够了，也就可以说找到自己心中的"香格里拉"了。大香格里拉由于地理环境和历史原因，保留了很多"绝世"的真、善、美的自然风光和人文风情，随着全球气候变暖等自然环境的恶化、商业铜臭的熏染，将会慢慢变味和消失（我真心希望这永远也不会成为事实）。我们能够做的是引起大家的关注、达成一个共识：珍惜和保护好上天赐予和祖祖辈辈积累下来的宝贵遗产，留给我们子孙后代一个美好的家园、一个可持续发展的和谐世界！这将是全人类的福分！

在长期行走和本书的成书过程中，我都得到了无数热心人的帮助，在此向他们表示衷心的感谢！特别感谢木里县各部门领导和群众、芒康县县委宣传部和旅游局、德钦县县委宣传部和旅游局、丹巴县旅游局、香格里拉县委宣传部以及沿途各景点、各有关单位和人士对我的大力支持与帮助。再次感谢所有关心我和本书的人！

由于本人的水平有限和时间仓促（我用了1个多月到现场核实资料和补拍照片，再用1个多月每天工作十几个钟头赶稿和整理照片），本书存在的不足和错漏肯定不少，恳请大家批评指正。我的E-mail: zhangguangxia001@163.com。

张广夏